TIC, colonialité, patriarcat :
Société mondialisée, occidentalisée, excessive, accélérée… quels impacts sur la pensée féministe? Pistes africaines

Joelle Palmieri

Langaa

Langaa Research & Publishing CIG
Mankon, Bamenda

Publisher:

Langaa RPCIG
Langaa Research & Publishing Common Initiative Group
P.O. Box 902 Mankon
Bamenda
North West Region
Cameroon
Langaagrp@gmail.com
www.langaa-rpcig.net

Distributed in and outside N. America by African Books Collective
orders@africanbookscollective.com
www.africanbookcollective.com

ISBN: 9956-763-06-3

© Joelle Palmieri 2016

TIC, colonialité, patriarcat

*Société mondialisée, occidentalisée, excessive, accélérée… :
quels impacts sur la pensée féministe ? Pistes africaines.*

Table des matières

À Rita, Mercia, Binta, Fatou
et toutes les autres

Mise en perspective. Dakar. Décembre 2000. Je suis venue assister au Tribunal populaire des femmes contre la dette qu'a organisé une coalition d'organisations de femmes locales. Je suis invitée par Binta Sarr, militante féministe, altermondialiste, anticapitaliste. Je la connais par l'intermédiaire de réseaux de lutte contre le néolibéralisme, étant moi-même engagée de longue date dans le mouvement féministe et dans les mouvements sociaux français et plus globalement dans des mouvements sociaux internationaux, notamment à travers les usages stratégiques des technologies de l'information et de la communication (TIC) pour le changement social. Je suis depuis quatre ans présidente-fondatrice d'une association qui porte une agence internationale féministe d'informations en ligne du nom des *Pénélopes*. Au banc des accusés de ce tribunal de la dette, le FMI, la Banque mondiale, les pays du G7, les gouvernements des pays pauvres. Le chef d'inculpation : « crime contre l'humanité et non assistance à personne en danger ». Les avocats plaident les impacts négatifs sur les femmes des plans d'ajustement structurels et du remboursement de la dette en termes de santé, éducation, économie. Ils citent comme témoins à charge une jeune fille analphabète, une femme ayant perdu ses enfants de maladie, une pêcheuse ne trouvant pas de débouchés à sa production, une agricultrice non propriétaire de ses terres... Au terme du réquisitoire, l'accusateur réclame une peine sans circonstances atténuantes : « La dette est historiquement injuste, socialement insoutenable et juridiquement infondée ». Le verdict est sans appel : « Le tribunal virtuel des femmes et des populations du Tiers Monde déclare la Banque Mondiale, le Fonds Monétaire International, les gouvernements du Nord et du Sud coupables des faits constitutifs de crimes internationaux ».

Le tribunal réclame l'annulation de la dette, le remboursement intégral des fonds recouvrés illégalement, le remboursement du surplus perçu, le remboursement de la dette écologique, le remboursement de la dette humaine liée à l'esclavage, des dédommagements aux victimes d'échanges inégaux, aux millions d'êtres humains morts ou souffrant de maladies non soignées suite aux diminutions des budgets de santé, aux millions d'enfants qui n'ont pas eu accès à l'éducation suite aux réductions des budgets d'éducation, à l'arrêt des politiques d'ajustement structurel. Cette décision fixe également l'astreinte comminatoire à un milliard de dollars de jour de retard.

Jouée à la fois par des acteurs professionnels et des membres d'organisations de la société civile, le montage de ce tribunal a permis un travail préalable de mobilisation auprès des populations mais aussi la présence massive de femmes qui sont venues s'exprimer, réclamant leur place aux tables de négociation, exposant leurs voix sur des situations, libérant des savoirs spécifiques. Je prends à cette occasion et pour la première fois la mesure de ce que je cherche depuis longtemps : les savoirs sont uniques et appartiennent à ceux qui vivent les situations.

Belgrade. Février 2001. Je reviens de Porto Alegre. Le contraste est grand. Il fait froid. Dans les rues, sur les visages. C'est encore la guerre en quelque sorte. Je suis venue faire un repérage auprès d'organisations de femmes ou féministes dans la perspective d'organiser des formations sur l'utilisation stratégiques des TIC pour ces mêmes organisations. L'idée est le fruit d'un long processus né à Séoul en 1998, dans le cadre de la préparation de Pékin+5, la Conférence mondiale des femmes organisée par l'ONU et qui aura lieu en juin 2000. Je fais partie du groupe international qui peaufine le plaidoyer du point dit « J » de la Plateforme de Pékin adoptée en 1995, le point « Femmes et média ». C'est sans doute dans ce groupe que s'est cristallisé le mouvement « Genre et TIC » que je citerai souvent. C'est aussi en son sein que je rencontrerai Lin McDevitt-Pugh à qui je dois bien des ouvertures tant professionnelles, militantes, qu'intellectuelles. Féministe, certainement sur un autre registre que le mien, nous nous entendons très vite sur notre envie incommensurable de partager. D'échanger. Elle est imbattable en matière de recherche de partenariats et de fonds. Je sais créer des supports d'informations et de communication et former tout public à les produire. Nous décidons de partir à la conquête des Balkans qui sortent de dix ans de conflits. Me voici donc face à Lepa, Miliça, Natasa. Elles me parlent des « bombes de l'OTAN ». De « l'impérialisme de l'Occident ». Me questionnent, me réclament des justifications. Qu'est-ce que je viens faire au juste ? Je me surprends à développer un discours d'aide, de soutien à leur apporter ce qu'elles soulignent immédiatement en le rejetant. Natasa, la plus jeune, me fait même remarquer la mauvaise qualité de mon anglais. Je prends conscience du niveau de mon intrusion. Nous parlons résistance, guerre, paix, violences, appropriation du corps des femmes. Chute du mur. Néocolonialisme.

Union européenne. Discours bienfaisants des Européens de l'Ouest sur le « barbarisme » des Européens de l'Est. Quelques souvenirs me rattrapent au vol : la Palestine en 1983, le Pakistan pendant la guerre d'Irak en 1991 et surtout les nombreuses discussions passionnées avec mon amie Andrée Michel, omniprésente, l'éternelle résistante, celle auprès de qui j'aurais tant appris et auprès de qui j'apprends toujours autant. Je visite des lieux insoupçonnés, dans des caves, des hangars, des usines désaffectées. J'essaie une incise sur le mouvement des logiciels libres. L'autonomie. Le cyberféminisme. J'attire davantage les regards. J'explique. La défense du bien commun inaliénable y compris dans le domaine du logiciel, l'avancée fulgurante de la brevétisation du vivant par virtuel interposé, les mouvements de résistance internationaux à cette tendance. Au bout d'une semaine, nous concluons un projet de programme sur quatre ans de formation à la rédaction de contenus en ligne et à l'utilisation stratégique des TIC d'un réseau d'organisations féministes de toute la région : Serbie, Croatie, Macédoine, Bulgarie, République Tchèque. Nous formerons des formatrices, mettrons en place une base de données des compétences locales tout autant que des besoins des organisations et créerons un site Web publiant les ressources ainsi collectionnées. Ce programme sera intégralement financé par la fondation néerlandaise Hivos. Son évaluation sera très mitigée évoquant la faiblesse des réalisations « pratiques », faisant référence au peu d'attention apportée par les protagonistes à la notion d'outils versus stratégie politique. Cette expérience aura eu l'avantage de me faire poser l'équation entre offre et demande des bailleurs dans ce qui est désormais nommé la « société de l'information ». Cette équation restera un fil conducteur à la fois dans mes actions à venir et dans mes réflexions féministes sur le sujet et plus généralement sur les systèmes d'institutionnalisation des concepts, ici le genre et les TIC.

Johannesburg. Août 2002. Je suis venue couvrir avec ma collègue Anne Marchand le Sommet de la Terre. Je dirige alors depuis deux ans une agence de presse dédiée à la promotion de l'économie sociale et solidaire qui réunit mouvements sociaux, coopératifs, mutualistes, associatifs et médias français. Nous sommes hébergées chez Sally Jean-Shackleton, permanente d'une des organisations membre du « groupe de Séoul ». Nous sommes d'emblée choquées par l'ambiance qui entoure le Sommet onusien. Les navettes qui assurent le transport des participants de la ville au lieu des débats sont prises en charge par l'entreprise *Chrysler*. Et il en va ainsi de bien d'autre services qui démontrent la présence ostentatoire des entreprises privées. À l'intérieur les négociations piétinent voire régressent par rapport aux acquis de Rio, dix ans plus tôt. Mais là n'est pas le plus rude. Notre arrivée à l'aéroport et chez Sally avait donné le ton. En bonnes journalistes, nous avions bien lu, préparé notre voyage, étudié le contexte. La réalité nous a plus que rattrapées. Des murs, des barbelés, des *bippers* pour ouvrir et fermer chacune des portes de maison, de bus, de voiture, de local…, des *townships* qui côtoient les centres commerciaux de luxe, des Blancs dans des résidences surveillées, des Noirs sur des terrains vagues, des enseignes *Coca-Cola* ou *BP* sur les toits des écoles, et surtout la violence, nous envahissent. Sally Jean-Shackleton nous sermonne : ne jamais sortir de la voiture, ne jamais prendre un taxi qu'on ne connaît pas, ne jamais sortir dans la rue, ne jamais aller déjeuner ou dîner seules, ne jamais… J'ai pris des contacts en amont avec des organisations féministes. Nous allons à leur rencontre caméra au point. À Soweto. Le troisième plus grand hôpital du monde. Nous y rencontrons une organisation qui porte assistance à des femmes atteintes du sida. Les militantes tiennent à ce que nous visitions la morgue autant que la cellule de recherche expérimentale de soin du VIH. Durant la même journée nous verrons des frigidaires plein de cadavres et rencontrerons des femmes en bout de vie tout autant que des femmes en colère qui nous dirons qu'elles bénissent les multinationales qui paient leur trithérapie contrairement à leur gouvernement qui les a trahies. Au bout d'une semaine, notre angoisse et notre fatigue sont à leur comble. De par son engagement syndical, Anne connaît des militants au Cap. Nous y volons. Enfin nous pouvons marcher dans l'herbe. Libres. Un peu plus. Je rencontre Mercia Andrews, militante des droits des paysans, des sans terre. Le début d'un long échange. Elle nous explique l'état des mouvements dans son pays. Bas, très bas. La transition entre néocolonialisme et néolibéralisme. Le rôle des élites, à l'*African National Congress* (ANC), dans les mouvements. Et le féminisme, quasi inexistant, noyé par la lutte pour l'Union nationale. Elle me fait rencontrer des organisations de femmes qui travaillent auprès des paysannes et des pêcheuses. Qui font leur révolution à leur niveau, en récitant leur vie quotidienne. Je mesure alors à quel point la révélation du quotidien dans un contexte de violence multiple est une valeur fondamentale. Je vois à travers ces femmes qui se racontent où ce situe le pouvoir et ce qui fait domination.

Dubaï. Avril 2006. Dans la boucle des Balkans, j'ai rencontré Mina Saadadi, journaliste iranienne, militante marxiste, en exil aux Pays-Bas depuis une vingtaine d'années, interdite de séjour dans son pays d'origine. Elle est aujourd'hui prête à fonder une agence féministe iranienne «de l'intérieur et de la diaspora» et me mandate quelques jours aux Émirats dans le but de rencontrer l'équipe de démarrage et d'asseoir la politique éditoriale. Je comprends sur place que Mina souffre de la position de ses principaux bailleurs, la *Radio Netherlands Training Centre* (RNTC), considérant les Iraniennes comme «apprenants», ayant besoin d'assistance, de soutien. La responsable de la radio néerlandaise affirme: «Les principaux obstacles à surmonter pour organiser des actions spécifiques vers des Iraniennes dans le secteur de l'information sont les stéréotypes et modèles de genre culturellement enracinés dans la société iranienne, les questions de représentation, et le problème "de plafond de verre"». À partir de cette assertion, elle bâtit tout le programme d'appui à l'agence sans pour autant consulter les principales concernées. Parmi elles, Hannah Darabi, une jeune féministe, perçoit les partenaires hollandais comme «en recherche d'exotisme» alors qu'une des partenaires hollandaises juge l'ensemble des présentes «trop peu disciplinées et peu professionnelles». Je suis moi-même placée d'emblée du côté de «celles qui savent» en opposition à «celles qui ont besoin d'acquérir des connaissances» alors que tel n'était pas l'objet de mon intervention au départ. Malgré tout, l'agence naît, permet la publication de nombreux articles et le lancement de campagnes contre les inégalités de genre grâce aux TIC, dont la campagne «Un million de signatures pour moins de discrimination»[1], ce qui en Iran est pratiquement impossible. Ce court épisode alimente ma perception que la relation entre bailleur et organisation féministe reste un jeu complexe entre dominants et subalternes —ceux et celles qui ne peuvent pas parler— où il est à la fois question d'institutionnalisation et de transgression.

---

1   Pour en savoir plus: <http://www.we-change.org/spip.php?article19>, consulté le 21 octobre 2015.

Région parisienne. Juin 2006. L'agence de presse pour la promotion de l'économie sociale et solidaire ayant fermé ses portes en 2004, je fréquente Pôle emploi depuis deux ans quand une conseillère avisée me parle de la validation des acquis de l'expérience. J'ai 45 ans, n'ai que le Bac en poche et hors mis deux ans passés sur les bancs d'hypotaupe et taupe au lycée Condorcet à Paris je n'ai jamais fréquenté l'université. J'ai toujours travaillé et acquis mes savoirs en agissant. Je m'inscris simultanément dans trois établissements et obtiens l'année suivante deux Masters II en communication. Un bouleversement s'opère. Je suis reconnue par des pairs dont je ne connaissais pas l'existence quelques jours auparavant. J'entre dans une académie dont je ne distille pas les codes. J'en suis à la fois flattée et apeurée. Anoblie et réfractaire. En rédigeant et en soutenant un de mes mémoires sur «Genre et Internet: un rempart contre les dominations? – Iran et Europe de l'Est et Centrale», je comprends que je suis placée dans les «atypiques», ceux qui ne feront jamais vraiment partie des «académiques», des savants. Néanmoins quelques temps après l'obtention de ces diplômes, Michel Cahen m'invite à écrire une thèse: «compte-tenu de ta connaissance de l'Afrique et de l'analyse que tu as développée de l'usage des TIC par les femmes en Iran et en Europe de l'Est et Centrale, tu devrais continuer en Afrique du Sud et au Sénégal». Comme je suis une bonne ouvrière, je n'hésite pas. Et je repars convaincue que ce que l'on ne connaît pas est une dimension essentielle de la connaissance.

Je m'adresse à vous

Aujourd'hui, journaliste, chercheuse, militante, j'ose vous transmettre mes interrogations et les réponses que j'ai pu glaner depuis 2008 sur la politisation/dépolitisation des organisations de femmes et féministes en contexte de mondialisation. Cette transmission, je l'ai voulue imprimée, non virtuelle. Et puis, son sujet. J'ai beaucoup hésité. Les TIC. Le Web. La «société de l'information». Le genre. Le mouvement féministe. La théorie féministe. L'épistémologie de la domination. S'agit-il d'un nouvel ouvrage sur les uns ou les autres ? Sur le genre et les TIC ? Sur le genre et l'Internet ? Sur le genre et le Web ? Sur les réseaux sociaux numériques et les relations de pouvoir ? Beaucoup a déjà été écrit. Que dire de neuf ?

Une première piste. Le terrain de mes observations. L'Afrique du Sud, le Sénégal. Le «Sud». Un peu moins étudié, quoique de nombreux travaux ont fleuri depuis les différentes éditions du Sommet mondial de la société de l'information (SMSI). Je ne souhaite pas écrire un nième livre sur la «fracture numérique de genre», ce qui est le plus étudié lorsqu'on s'intéresse aux femmes africaines et à leurs actions. Si j'opère une veille sur les domaines du genre et des TIC depuis longtemps, c'est pour mieux explorer ce qui fait innovation, alternatives, créativité sociale ou épistémique.

Je m'intéresse depuis toujours à l'action politique. C'est également un angle à creuser. Je m'interroge : dans ces différents domaines, quels sont les facteurs de l'inhibition ou de la genèse de cette action politique ? Je sais que pour pouvoir répondre correctement à cette question, je dois me pencher sur les mécanismes de son institutionnalisation. Je me passionne tout autant pour les savoirs propres des femmes. Leur invisibilité ou leur transmission. J'ai toujours pensé que les TIC, et en particulier le Web, étaient une arme violente, partout dans le monde. En faveur de la subversion comme de l'aliénation, sur les terrains sociaux, politiques, économiques et épistémiques. En qualifiant tant l'institutionnalisation de l'action politique des organisations de femmes ou féministes africaines que les savoirs libérés par ou à travers cette action par leurs usages des TIC, je fais d'emblée le choix de percer les nouveaux rapports de domination, de classe, de «race», de genre[1], que ces usages produisent en contexte contemporain.

---

1 DORLIN Elsa (dir.), avec la collaboration d'Annie Bidet-Mordrel,

Par ailleurs, en Afrique, j'ai pu vérifier que, la mondialisation en fond, les effets politiques des usages des TIC par les organisations de femmes et féministes ne sont pas clairs. Ils ne présentent pas de contours nets. Ils ne peuvent pas être classifiés, normés, ni de façon géographique, ni de façon temporelle. Ils sont paradoxaux. Ils s'avèrent subversifs ou banals, voire les deux à la fois, ce que ne sont pas forcément les effets politiques des actions des mêmes organisations. Ce constat interroge le contexte où ces usages et actions se produisent. Existe-t-il un clivage entre action « sur le terrain », dans le réel, et action dans le virtuel ? Si oui, pourquoi ? Comment s'exprime-t-il ? Comment se justifie-t-il politiquement ? Où et quand opère-t-il ? Par quoi est-il provoqué ? Quelles conséquences a-t-il ? Sinon, où se situent les intersections ? Comment contribuent-elles au changement social ? Plus globalement, c'est-à-dire à l'échelle mondiale, en quoi et comment le lien virtuel-réel est-il politiquement performant ? En quoi ce lien change-t-il désormais la façon de déconstruire les relations de genre ? De penser le féminisme ?

C'est à l'ensemble de ces questions auxquelles j'essaie de me confronter depuis quelques années. Quand j'ai commencé, j'avais pour objectif initial de renouveler la critique de la société dite de l'information. J'ai alors émis l'hypothèse selon laquelle les inégalités de genre étaient la seule source des problèmes d'invisibilité politique des organisations de femmes ou féministes dans le cyberespace[2]. De la même façon, je m'arrêtais aux critiques de la « société de l'information » qui constatent l'expansion du néolibéralisme et l'usage courant des TIC par l'Occident à des fins uniquement économiques. Le seul volet économique de ce domaine me servait de pilier à la démonstration.

Ces postulats de départ étaient le résultat de mes recherches ou reportages réalisés en Europe de l'Est et Centrale ou en Iran et s'inscrivaient dans le prolongement de travaux théoriques et empiriques du mouvement « Genre et TIC ». La confrontation au terrain africain

---

Sexe, race, classe : pour une épistémologie de la domination, Paris, PUF, coll. Actuel Marx/ Confrontations, 2009, 320 p.

2   L'écrivain William Ford Gibson a créé le terme « cyberespace » puis une iconographie de l'ère de l'information avant-même la reconnaissance de l'Internet dans les années 1990. GIBSON William Ford, *Burning Chrome,* Ace, 1986 ; Revised edition (1er octobre 1986), 208 p.

a complexifié mon analyse et m'a amenée à comprendre que le problème n'est pas uniquement patriarcal, économique et néocolonial, ni même lié au seul usage des TIC. En effet, le contexte de genre de la «société de l'information» africaine et sa diversité demandent à revisiter conjointement les études féministes, post-coloniales, subalternes et de l'information. Il engage à ne pas plaquer sur l'Afrique des appareillages théoriques comme le patriarcat, le genre, la colonialité du pouvoir, la subalternité, la sociologie de l'innovation par les TIC. Rien moins que cela.

J'ai donc du interroger tant mes a priori théoriques que ma façon d'agir. La domination masculine, le genre, le néocolonialisme, l'impérialisme économique sont-ils les bons concepts pour établir une analyse critique des usages des TIC ? Ces concepts rendent-ils compte à eux seuls des rapports de domination dont la «société de l'information» est le produit ? Permettent-ils de rendre compte qu'elle produit elle-même des rapports de domination ? En somme, suffisent-ils à rendre visible un renouvellement de la domination ?

Afin de répondre à ces questions, j'ai lu des fondamentaux et j'ai mené une enquête en décembre 2008 et en janvier 2009 avec 29 personnes – 15, dont 14 femmes et un homme, âgés de 25 à 60 ans au Cap en Afrique du Sud, 16, dont 15 femmes et d'un homme, âgés de 30 à 60 ans à Dakar au Sénégal. Ces personnes représentaient 28 organisations de femmes, féministes, instituts de recherche travaillant sur le genre ou des organisations centrées sur la création numérique, le soutien aux droits des paysans ou à la trithérapie, mais ne travaillant pas sur le genre ou même avec une perspective de genre. Ces organisations avaient ou non accès à l'Internet, avaient ou non des sites Web. Pendant une à deux heures, la plupart du temps dans leurs locaux, je les ai interrogés sur leur vie personnelle (lieu de résidence, âge, milieu social, accès à l'Internet…), sur leur représentation de la situation nationale générale, politique, sociale, étrangère, numérique, pour revenir à leurs usages des TIC dans leurs organisations (essentiellement leur support Internet ou projet de support), en leur demandant de le qualifier de façon précise: idée de départ, ambition et mission, protagonistes, choix du support (site web, liste de diffusion, blog, chat, wiki, réseau social numérique…), mise en œuvre, obstacles, processus de recherche et de traitement de l'information, appréciation…

J'ai choisi ces personnes, toutes en milieu urbain, par le biais de réseaux que je connaissais antérieurement. J'ai alors constitué des groupes, afin de diversifier la population interrogée : des femmes, des hommes, des Noirs, des métis, des Blancs, des jeunes et moins jeunes, des militants et non militants, des pauvres, des personnes de classe moyenne, des engagés/professionnels des questions de discriminations à l'égard des femmes ou d'égalité de genre ou de féminisme, ou de l'usage citoyen, social ou créatif de l'Internet.

Cette enquête a permis de faire apparaître entre et au sein des deux pays des nuances, similarités et similitudes, visibles ou invisibles. Elle a autant généré des doutes qu'elle a consolidé mon objectif de renouveler la critique des sociétés contemporaines en montrant qu'en Afrique, et plus largement dans le monde, les impacts de TIC et les inégalités de genre se conjuguent, aggravent les rapports de domination et paradoxalement peuvent créer des espaces où des savoirs non dominés de genre émergent.

Cet ouvrage représente ainsi l'aboutissement d'une réflexion que je souhaite partager avec vous : les sociétés contemporaines, fortement empreintes de *connexion numérique*, mixent colonialité du pouvoir et patriarcat et ce double système de domination peut faire création épistémique.

Les points sur les i

Vous aurez sans doute remarqué que j'utilise parfois les guille-mets. Je prends en effet quelques précautions sémantiques. Je m'ins-talle dans le domaine de la connaissance et cela s'impose. Dans l'en-semble de ce texte, j'emploie en effet volontairement les guillemets quand je cite les termes de «race», «société de l'information», ou de «fracture numérique de genre». Je tiens ainsi à signifier que j'inter-roge les constructions des concepts qu'ils recouvrent. De la même façon, je n'utilise pas le «s» majuscule pour citer la «société de l'in-formation», comme cela est fait quelquefois, afin de ne pas prendre pour acquis qu'il s'agit d'une marque déposée, d'une propriété, ou d'un nom propre. Je m'attache à comprendre en quoi ces concepts ou ces terminologies sont les fruits d'une construction politique, écono-mique et idéologique. Tous les autres termes entre guillemets le sont car cités par des personnes qui me sont extérieures.

Les termes en italique soulignent ma volonté de mettre l'accent sur des idées, définitions ou concepts. Le terme que j'utilise pour désigner les personnes avec qui je me suis entretenue au Sénégal et en Afrique du Sud soulève un certain nombre de difficultés. J'ai voulu éviter l'écueil de la déshumanisation ou de la dépersonnalisation tout autant que celui de l'instrumentalisation de ces personnes au titre de ce qu'elles sont ou de ce qu'elles font et pensent, plutôt qu'à celui de simples objets d'observation. C'est pourquoi j'ai préféré le terme «interlocuteur». Nos entretiens ont par ailleurs mutuellement nourri nos interrogations et analyses. De la même manière, après mûre et difficile réflexion, j'ai pris le parti de ne pas féminiser le texte (en ajoutant des -e, -euse, -trice…) par souci de faciliter la lecture alors que la très grande majorité de mes interlocuteurs sont des femmes. Seuls deux sur trente-et-un sont des hommes. Je n'ai pas retenu l'op-tion de tout féminiser, alors que le masculin est minoritaire. En outre, l'âge et autres informations que j'attribue à ces interlocuteurs sont ceux que j'avais au moment des entretiens. J'utilise le terme «race», entendu comme construction sociale et non donnée biologique, entre guillemets. J'entends ainsi rendre compte d'une réalité objective liée à la discrimination de «race» (au sens large, incluant les Noirs, les Blancs, les métis), comme les Afro-américains peuvent y faire référence[1]. Ce

---

1   DAVIS Angela, *Femmes Race et Classe*, Paris, Des Femmes, 1983, 342 p.

terme «race» n'est pas toujours réapproprié par les Africains franco-phones, qui privilégient le terme «ethnie» – c'est le cas de l'ensemble des personnes avec qui j'ai pu m'entretenir au Sénégal –, mais je ne souhaite pas intervenir dans le débat qui différencie ce concept à ceux d'«ethnie» et d'«ethnicité» qui décrivent des situations poli-tiques très précises[2].

J'utilise le terme «organisation» au sens gurvitchien, c'est-à-dire une entité à statut défini (association, ONG…), à différencier du terme «mouvement» qui détermine une structure informelle comme les réseaux ou mouvements sociaux. Concernant les organisations en Afrique, je tiens d'emblée à établir, comme Fatou Sow, la différence entre organisations féminines, de femmes et féministes[3]. Les exemples sont nombreux où des femmes sont mobilisées pour soutenir des objectifs que personne ne définirait comme féministes[4]. Il existe en effet des organisations de femmes qui ne sont pas autonomes et ne s'impliquent pas sur l'injustice de genre ou la transformation des relations d'oppression liées au genre. Cette distinction entre types d'organisations est centrale à l'identification différenciée des impacts des usages des TIC desdites organisations sur leurs mobilisations.

Ensuite, dans les deux pays, les modes de mobilisation des orga-nisations de femmes ou féministes diffèrent, notamment à cause de l'histoire coloniale locale. En Afrique du Sud l'interconnexion des rapports de genre, de classe et de «race» est bien plus présente qu'au Sénégal où elles sont globalement considérées comme obsolètes. Cette différence dans les modes de mobilisation se mesure et connaît des origines notamment dans l'institutionnalisation de genre et des politiques liées à la réglementation institutionnelle des usages des TIC auprès des populations, dites «politiques de TIC».

Le terme «État» est dans ce texte entendu selon la définition qu'en donne Judith Butler: «L'État désigne les structures légales et institutionnelles qui délimitent un certain territoire (bien que ces

---

2   CAHEN Michel, *Ethnicité politique. Pour une lecture réaliste de l'identité*, Paris, L'Harmattan, 1994, 176 p.

3   SOW Fatou, *Politiques néolibérales et alternatives féministes: l'apport des mou-vements de femmes en Afrique*, Laboratoire SEDET, CNRS, Université Paris Diderot (France), 2007, 11 p., p. 10.

4   MAMA Amina, entretien avec Elaine Salo, «Talking about feminism in Africa», *African Feminisms* I, n° 50, 2001, p. 58-63.

structures institutionnelles n'appartiennent pas toutes à l'appareil de l'État). Il est donc censé fonctionner comme la matrice de toutes les obligations et de toutes les prérogatives de la citoyenneté». L'État n'est pas un simple concept abstrait ni une entité homogène mais regroupe autant les mécanismes visibles et invisibles mis en place au niveau d'un pays visant ses gestion et réglementation que les discours associés[5].

À plusieurs reprises dans le texte, je suis amenée à utiliser la terminologie femmes de la «base». Je la reprends des personnes avec qui je me suis entretenue afin de définir les femmes pauvres, en milieu rural ou urbain. Le terme «société civile» est pris tel que Jean-Louis Quermonne le définit : «L'ensemble des rapports interindividuels, des structures familiales, sociales, économiques, culturelles, religieuses, qui se déploient dans une société donnée, en dehors du cadre et de l'intervention de l'État»[6].

Le terme «inégalités de genre» est utilisé pour qualifier les inégalités de droits entre hommes et femmes, mais aussi les rapports sociaux différenciés de sexe, et la hiérarchisation des identités sexuelles, le masculin restant dominant. Je m'appuie à ce sujet sur les travaux de Thanh-Huyen Ballmer-Cao, Véronique Mottier et Lea Siger selon lesquels les recherches adoptant la perspective de genre ne s'interrogent pas simplement sur la place des femmes dans la politique, mais s'intéressent surtout aux rapports entre les femmes et les hommes dans la société. Ces recherches mettent l'accent sur ces constructions sociales et politiques que sont les catégories de genre (les «hommes» et les «femmes»). Du même coup, elles remettent en cause la définition «biologisante» du genre fondée sur les caractéristiques biologiques des individus (le «sexe»), au profit d'une définition sociopolitique qui souligne l'importance des processus sociaux de construction des catégories de genre[7].

Le terme «Occident» désigne les pays d'Europe de l'Ouest, d'Amérique du Nord ainsi que l'Australie et la Nouvelle-Zélande

---

5   BUTLER Judith & SPIVAK Gayatri Chakravorty, *L'État Global,* Paris, Payot, 2009, p. 13.

6   QUERMONNE Jean-Louis, *Les régimes politiques occidentaux,* Paris, Seuil, 1986, p. 187.

7   BALLMER-CAO Thanh-Huyen, MOTTIER Véronique & SIGER Lea, *Genre et politique. Débats et perspectives,* Paris, Gallimard, coll. «Folio», 2000, 544 p.

et leurs socialisations. Ces régions du monde se considèrent elles-mêmes et sont considérées par les organisations internationales, et par une partie des organisations de la société civile au niveau global, comme au «Nord». C'est dans cette région que se décident globalement les politiques de TIC. Ce «Nord» s'oppose à un «Sud» et, selon Edward Saïd, à l'«Orient» (l'Autre), qui est «une création de l'Occident, son double, son contraire, l'incarnation de ses craintes et de son sentiment de supériorité tout à la fois»[8]. J'utilise d'ailleurs volontairement les guillemets pour évoquer le «Nord» (Australie et Nouvelle-Zélande inclues) et le «Sud» afin de caractériser qu'il s'agit davantage d'une construction coloniale que d'une réalité géographique ou politique.

Dans l'ensemble de ce texte, je privilégie l'orthographe «re-production» à celle de «reproduction» car je souhaite mettre l'emphase sur le double rôle social alloué aux femmes: celui de production, dans la sphère publique, et celui d'une autre production, dans la sphère privée, celle de la force de travail de la Nation. Je reprends ici à mon compte les thèses de Collette Guillaumin[9]. Je choisis également l'adjectif «épistémique» pour qualifier un ensemble d'attributs liés aux expressions, imaginaires, représentations et descriptions de savoirs et connaissances.

L'adjectif «néocolonial» et le substantif «néocolonialisme» décrivent des options politiques des États. Les termes «postcolonialisme» ou «post-colonialisme» signifient une situation historique, postérieure à la colonisation, qui n'inclut pas uniquement la proclamation politique des indépendances mais aussi les impacts du colonialisme sur les diasporas, les sociétés plus généralement, les résistances auxquelles ils donnent lieu, à des niveaux tant géographiques que culturels et épistémiques. J'ai explicitement fait le choix de faire référence aux études post-coloniales et subalternes. J'en discute néanmoins les avancées théoriques pour mieux me concentrer sur le concept qui m'est apparu parfaitement adapté au contexte que je veux analyser: la colonialité du pouvoir. Quoique plus fréquemment emprunté pour quali-

---

8   SAÏD Edward W., *L'Orientalisme. L'Orient créé par l'Occident*, Paris, Le Seuil, 1997 (Parution originale 1980), p. 210.

9   GUILLAUMIN Colette, *Sexe, race et pratique du pouvoir. L'idée de Nature*, Paris, Côté-femmes, 1992 (1978), 239 p.

fier l'environnement latino-américain, ce concept permet de davantage caractériser des États post-coloniaux par héritage, qui sont, selon Michel Cahen, caractéristiques des pays africains[10], tout en l'enrichissant d'une historicisation des relations sociales produites par le colonialisme, les régimes ségrégationnistes, aujourd'hui le néolibéralisme, et plus largement l'expansion du capitalisme dans les périphéries (pays non occidentaux). Dans le prolongement de l'option de privilégier le terme «colonialité du pouvoir», le terme «hypermodernité» est choisi pour qualifier une époque marquée par la pénétration accélérée des TIC dans la vie quotidienne. Cette intrusion quotidienne ne remet en rien en cause le *continuum* de la colonialité du pouvoir mais la renforce. Elle ne s'y substitue pas[11]. Elle forme système surabondant, excessif, en avance sur la demande immédiate.

Enfin, à propos du concept de «domination masculine» tel qu'il a été introduit par Pierre Bourdieu en 1998, je n'entrerai pas dans les débats féministes qui l'entourent (Mathieu, Louis, Tabet, Trat, Delphy, Butler, Thébaud). J'ai choisi d'utiliser cette terminologie à titre générique pour qualifier les rapports de domination entre hommes et femmes, États et femmes, populations et État, dont j'admets qu'ils s'appuient sur les inégalités de genre et l'appropriation du corps des femmes. Je ne considère pas ici comme le suggère Pierre Bourdieu que les femmes sont les productrices de leur domination, victimes de «violences symboliques», tout autant que les genres produisent les sexes, autant de conceptions qui font l'impasse sur les questions d'identité sexuelle et affaiblissent davantage le pouvoir des différents genres, notamment en assujettissant les dominés, en les considèrent comme victimes, non acteurs de leur vie dans un contexte de domination. À ce titre, Pierre Bourdieu sous-estime, voire amoindrit le pouvoir des femmes. Cela est notamment perceptible dans sa négation du féminisme[12].

---

10   CAHEN Michel, *L'«État colonial» et sa «transmission» Circonscrire les divergences, fixer les enjeux,* communication (non publiée) lors du Colloque CEAN, Table ronde L'État colonial existe-t-il?, 2008, p. 13.

11   CHIVALLON Christine, «La quête pathétique des études postcoloniales», *in* SMOUTS Marie-Claude (dir.), *La situation postcoloniale,* Paris, Presses de la Fondation de Sciences Politiques, 2007, p. 387-402.

12   BOURDIEU Pierre, *La domination masculine,* Paris, Seuil, coll. Liber, 1998, 134 p.

À l'origine, il y a…

D'où vient-on ? Vers où va-t-on ?

Des contextes locaux violents, accélérés, en régression

Mise en bouche. Parce que les sociétés dans lesquelles nous vivons ont leurs spécificités historiques et géographiques, je vais m'appliquer à décrire chaque contexte, en particulier au Sénégal et en Afrique du Sud, dans le but de situer les composantes violentes, économiques, inégalitaires et épistémiques des usages et politiques de TIC. Ces usages et politiques ne sont pas le fruit d'une pure création. Ils ont été construits. Ils prennent leurs sources dans les fondements patriarcaux de ces sociétés.

LE PATRIARCAT À L'ÈRE NUMÉRIQUE AFRICAINE

Lors de mes différentes visites en Afrique du Sud et au Sénégal, j'ai perçu que la gestion de l'urgence immédiate au quotidien – le terrain du réel – n'était pas sans relation avec l'accélération temporelle provoquée par les usages et politiques de TIC – le terrain du virtuel. Au point que la qualification de cette notion d'« urgence » se justifie. L'urgence contemporaine s'inscrit dans une situation d'inégalités de genre, visibles ou invisibles sur les terrains social et politique, générées par des relations sociales fortement codées, notamment en raison des héritages coloniaux, puis adaptées à la mondialisation libérale. Elles sont désormais régies par une série d'usages des outils dédiés à l'accélération dont cette mondialisation a besoin : les TIC. L'urgence se situe au carrefour du réel et du virtuel. Et ce sont les femmes de la « base » qui la gèrent, par allocation des rôles sociaux de sexe interposés. L'accélération de cette urgence est directement supportée par ces femmes sur le terrain du réel quotidien.

Mais de quelles inégalités de genre parle-t-on ? D'où viennent-elles ? Quel est leur lien avec le patriarcat, en particulier en Afrique ? Selon Andrée Michel[1], le patriarcat est un système qui utilise – ouvertement ou de façon plus subtile – tous les mécanismes institutionnels et idéologiques à sa portée (le droit, la politique, l'économie, la morale, la science, la médecine, la mode, la culture, l'éducation, les

---

1   MICHEL Andrée, *Que sais-je. Le Féminisme,* Paris, PUF, 1980, 2ᵉ édition mise à jour : 4ᵉ trimestre 1980, 128 p.

médias, etc.) afin de reproduire les rapports de domination entre les hommes et les femmes, de même que le capitalisme les utilise pour se perpétuer. Selon Christine Delphy, «le patriarcat est littéralement l'autorité du père»[2]. Parce qu'elle désigne dans la théorie féministe un système autoritaire masculin qui organise l'oppression des femmes, sans pour autant que cette oppression soit subordonnée à la lutte des classes (théorie marxiste), cette oppression est davantage le résultat d'une «division sexuelle»[3], les hommes étant voués à la sphère de la production, dite «sphère publique», et à ce titre dépositaire de l'autorité sur les femmes vouées à la maternité, ou sphère de la re-production[4], dite «sphère privée». Ce système de division sert des desseins hégémoniques, qu'ils soient coloniaux[5], hétérosexuels[6] ou de «race»[7] et est aujourd'hui davantage publiquement représenté sous la forme du masculinisme[8].

Ces définitions étant posées, l'analyse et la qualification de ce système en Afrique requièrent plusieurs précautions. La première consiste à s'appuyer sur sa critique contextualisée afin de ne pas tomber dans le travers de l'interprétation occidentale de la situation dite «difficile des femmes africaines», prises comme un groupe homogène. Afin d'identifier les manifestations de la division sexuelle sans pour autant prendre pour acquis que «les femmes» sont un ensemble humain en situation globale de victimes, la deuxième précaution consiste à poser d'emblée l'hypothèse que ce système croise les productions des sociétés contemporaines mondialisées à savoir que ces

---

2   DELPHY Christine, «Théories du patriarcat», *in* HIRATA Helena & *alii* (dir.), *Dictionnaire critique du féminisme*, Paris, PUF, 2000, (2ᵉ édition augmentée 2004), 315 p., p. 141-146.

3   KERGOAT Danièle, «Division sexuelle du travail et rapports sociaux de sexe», *in* HIRATA Helena & *alii* (dir.), *Dictionnaire critique du féminisme*, Paris, PUF, 2000 (2ᵉ édition augmentée 2004), 315 p., p. 35-44.

4   Colette Guillaumin, *op. cit.*

5   SPIVAK Gayatri Chakravorty, *In Other Worlds: Essays in Cultural Politics*, New York, Routledge, 1988b, 336 p.

6   BUTLER Judith, *Undoing Gender*, Londres, Routledge, 2004, 273 p.

7   Angela Davis, *op. cit.*

8   DUERST-LAHTI Georgia, «Reconceiving Theories of Power: Consequences of Masculinism in the Executive Branch», *in* MARTIN Janet M. & BORRELLI Maryanne, *Other Elites: Women, Politics, & Power in the Executive Branch*, Boulder, Lynne Rienner Publishers Inc., 2000, 268 p.

dernières le renforcent aussi bien qu'elles s'en nourrissent à différents niveaux : économiques, financiers mais aussi politiques, sociaux et épistémiques.

Au titre de la première précaution, le seul aperçu des inégalités de genre en Afrique du Sud va montrer que ces inégalités ne sont pas un indicateur si pertinent pour mesurer les rapports de domination. D'autres indicateurs comme par exemple l'augmentation flagrante du système des violences sexuelles s'avèrent bien plus probants surtout quand on les confronte à des notions telles que l'accélération, l'excès, l'abondance qui caractérisent les effets des usages et politiques de TIC. Au Sénégal, c'est davantage la combinaison entre libéralisme économique et tradition, souhaitée par les différents gouvernements qui se sont succédés après l'indépendance, qui fait office de marqueur de domination. L'identification de ces marqueurs permet de qualifier le type de pressions internationales et internes auxquelles les États des deux pays sont soumis. Une des résultantes importantes de ces pressions se mesure notamment au besoin accru d'une expression politique, en particulier discursive, d'une force masculine au plus haut niveau de l'État.

Ensuite, selon les deux pays, mes interlocuteurs ont témoigné de représentations différentes des relations hommes/femmes. En Afrique du Sud, c'est la différence de classe et de « race » qui est mise en avant y compris au sein des organisations de femmes, alors qu'au Sénégal ces notions sont absentes. Elles sont remplacées par l'identification de rôles assignés selon les sexes.

Enfin, et par souci de précision, il apparaît indispensable, comme Chandra Talpade Mohanty le fait[9], d'opérer une analyse critique de la vision « féministe occidentale » des « rapports de pouvoir subis par les femmes en Afrique », les prenant uniquement comme ultimes victimes, opprimées par la famille, la culture et la religion. Adoptons donc le déficit social des femmes de la « base » en tant que fil rouge : ces femmes produisent et re-produisent sans que ce capital économique et social soit rendu visible dans le PNB ni reconnu comme

---

9   MOHANTY Talpade Chandra, « Under Western Eyes: Feminist Scholarship and Colonial Discourse », *in* MOHANTY Talpade Chandra, RUSSO Ann & TORRES Lourdes (dir.), *Third World Women and the Politics of Feminism*, Bloomington, Indiana University Press, 1991, 352 p.

nécessaire à la paix sociale[10]. Et, en prenant les sociétés sénégalaise et sud-africaine à titre d'exemple, nous allons les analyser sous le prisme des différents éléments qui les divisent afin d'évaluer comment les hommes et les femmes établissent principalement leurs repères sur des lois juridiques, traditionnelles ou religieuses.

Cette option permet de qualifier la réalité de la dette des pays dits en développement en lieu et place de la définition du FMI et de la Banque mondiale. Le but est dans cette nouvelle qualification d'installer le lien entre les dominations. Cette dette ne s'arrête pas aux frontières de l'économie et de la financiarisation des sociétés et se développe sur les terrains politiques, sociaux et épistémiques, par l'entremise de l'augmentation des inégalités de genre croisée au développement à grande vitesse des usages et politiques de TIC.

DES INÉGALITÉS DE GENRE À GÉOMÉTRIE VARIABLE

En Afrique du Sud, la période postapartheid – vingt ans – se caractérise par l'évolution rapide des divisions culturelles que cette phase a engendrées. En particulier, les statut et rôle des femmes constituent des révélateurs des questions critiques portant sur la manière dont les acteurs politiques et sociaux de ce pays, devenu démocratique, négocient leurs contradictions et espaces de survie.

La caractérisation des inégalités de genre de ce pays, telle qu'elle est esquissée dans le tableau ci-dessous, ne présente aucune originalité comparativement aux autres pays du monde. En revanche, elle cumule des contradictions, liées au phénomène de transition d'une société ségrégationniste à une société néolibérale. Ces contradictions concentrent, comme par un *effet d'éponge*, toutes les inégalités de genre «classiques», dans tous les domaines, éducatifs, sanitaires, politiques, économiques... Ces inégalités ne sont d'ailleurs pas plus béantes qu'ailleurs, voire bien moindres, à l'exception des écarts de salaire.

---

10   MICHEL Andrée, «Recherches sur les femmes et le développement», *Femmes et Sociétés*, I (2), n° 99-100, Paris, l'Harmattan, 1991, p. 19-38.

Indice de développement de genre (IDG)	L'Afrique du Sud est 90ᵉ sur 144.		
Taux de développement humain (IDH)	L'Afrique du Sud est 111ᵉ sur 175 avec une valeur de 0,684.		
	Année	**Hommes**	**Femmes**
Espérance de vie	2007	50	52
Mortalité infantile (probabilité de décès avant 5 ans)	2002	86‰	81‰
Mortalité des adultes (probabilité de décès entre 15 et 59 ans)	2007	598‰	532‰
Probabilité à la naissance de mortalité en cas de mauvaise santé	2002	5,5 ans	7,3 ans
Probabilité de mortalité en cas de mauvaise santé	2002	11,3 ans	13,8 ans
Probabilité à la naissance de vivre au-delà de 65 ans	2000	24,9%	37,4%
Taux de fertilité des femmes	1970-75		5,1%
Taux de fertilité des femmes	2000-2005		2,6%
Alphabétisation des adultes	2001	86%	85%
Alphabétisation des jeunes (15-24)	2008	96,1%	97,5%
Recrutement en primaire, secondaire, université*	2000-2001	78%	78%
Salaire moyen annuel	2000	15,712 $	7,047 $
Chômage des jeunes	2001	58%	53%
Taux d'emploi des femmes	2008		43,67%

* Pas de données désagrégées par cycle.

Sources :

- Organisation mondiale de la santé, <http://www.who.int/countries/zaf/fr/>, consulté le 21 octobre 2015.
- *Human Development Indicators 2003*, PNUD – Programme des Nations Unies pour le développement, <http://hdr.undp.org/en/media/hdr03_HDI.pdf>, consulté le 21 octobre 2015.
- *South Africa – Statistics, 2001*, Unicef, <http://www.unicef.org/infobycountry/southafrica_statistics.html>, consulté le 21 octobre 2015.
- *Labor force; female (% of total labor force) in South Africa*, 2008, Banque mondiale,

<http://www.tradingeconomics.com/south-africa/labor-force-female-percent-of-total-labor-force-wb-data.html>, consulté le 21 octobre 2015.

• *Literacy rate; youth male (% of males ages 15-24) in South Africa*, Banque mondiale, <http://www.tradingeconomics.com/south-africa/literacy-rate-youth-male-percent-of-males-ages-15-24-wb-data.html>, consulté le 21 octobre 2015.

En première lecture, ce tableau révèle la visibilité et la connaissance des données, leurs mesure, suivi et surveillance (ou *monitoring*), contrairement à beaucoup d'autres pays et notamment ceux du même continent. Cette caractéristique – l'existence de données statistiques sexospécifiques – joue-t-elle ou non en faveur de plus d'égalité entre les hommes et les femmes ? Allons au-delà de ces chiffres. Ce pays connaît un des plus forts pourcentages de femmes parlementaires dans le monde (huitième place avec 42,3%[11], derrière le Rwanda qui se place au premier rang mondial en termes de représentation politique des femmes avec 56,3%), mais affiche également le plus haut niveau de viols du monde[12]. À elle seule, la violence, endémique, dont les impacts n'apparaissent pas explicitement dans ce tableau, relativise fortement l'effet de communication de ces statistiques, exacerbant une spécificité autant géographique que politique. Les hauts niveaux de criminalité et de violences sud-africains, et surtout de viol, sont expliqués par l'héritage ségrégationniste[13], une «récolte» directe du régime d'apartheid, lui-même ayant institutionnalisé la violence, et ses pourfendeurs ayant utilisé à leur tour les mêmes armes, «une réponse violente»[14]. La violence est une forme de socialisation[15], en particulier pour les Noirs, car serait devenue le seul mode de communication interpersonnelle[16]. Elle continue de façonner le seul moyen

---

11   Pour en savoir plus : *Women in National Parliament*, Situation as of 31 October 2012, <http://www.ipu.org/wmn-e/classif.htm#1>, consulté le 27 décembre 2012.

12   JEWKES Rachel & *alii*, *Understanding men's health and use of violence: interface of rape and HIV in South Africa*, Gender & Health Research Unit, Medical Research Council, 2009.

13   BROGDEN Mike, *La criminalité en Afrique du Sud, Au risque des espaces publics,* Paris, Annales de la recherche urbaine, n° 83/84, 1999, p. 239.

14   *Ibidem.*

15   BOLLIET Dominique & SCHMITT Jean-Pierre, *La socialisation*, Paris, Bréal, collection Thèmes & Débats Sociologique, 2002, 124 p.

16   DE COSTER Michel, BAWIN-LEGROS Bernadette & PONCELET

de résoudre des conflits entre les personnes[17]. Malgré la lutte contre l'apartheid et l'achèvement de la démocratie, malgré la création et le travail de la *Truth and Reconciliation Commission Bill* (Commission pour la vérité et la réconciliation), l'apprentissage de la pacification n'aurait pas encore commencé. Les conflits raciaux, de classe, de genre restent exacerbés par les inégalités de richesses entre Blancs et Noirs, hommes et femmes, toujours présentes, elles-mêmes renforcées par la situation de crise globale et une mise en concurrence économique et hégémonique spécifique du pays, en tant que modèle africain, à l'échelle internationale[18].

Une deuxième lecture du tableau pose alors les questions suivantes : comment ce pays peut-il croiser ces expériences, notamment de haut taux de représentativité politique avec un des plus hauts niveaux d'écart de richesses et de violence ? En quoi transforme-t-il ou non ces expériences ? Existe-t-il un lien entre lutte de libération nationale et violence ordinaire ? Comment se manifeste-t-il ? Historiquement, d'énormes différences ont façonné la vie des Sud-Africains, hommes et femmes, selon leur origine raciale. Comment cela s'est-il ou non transformé dans l'Afrique du Sud postapartheid ? L'inégalité a toujours fait loi[19]. En quoi le système de violences, inoculé par le régime d'apartheid, forme-t-il les bases de la libéralisation économique orchestrée par les pouvoirs publics et peut-être d'un

---

Marc, *Introduction à la sociologie*, 6ᵉ édition, Broché, Paris, De Boeck, Collection Ouvertures Sociologiques, 2005, p. 119.

17   KYNOCH Gary, *Urban violence in colonial Africa: A case for South African exceptionalism,* contribution présentée au Wits Institute for Social and Economic Research, le 15 mai 2006, publiée dans *Journal of Southern African Studies*, XXXIV (3), septembre 2008, Londres, Routledge ; SIMPSON Graeme, Tell No Lies, « Claim No Easy Victories: A Brief Evaluation of South Africa's Truth and Reconciliation Commission », *in* POSEL Deborah & SIMPSON Graeme (dir.), *Commissioning the Past: Understanding South Africa's Truth and Reconciliation Commission,* Johannesburg, Witwatersrand University Press, 2002, 264 p., p. 21.

18   HABIB Adam, *South Africa's Foreign Policy: Hegemonic Aspirations, Neoliberal Orientations and Global Transformation,* contribution lue lors de la première conférence du Regional Powers Network (RPN) à l'Institut allemand des Études mondiales et territoriales (GIGA) à Hambourg, Allemagne, 15-16 septembre 2008.

19   LEWIS Portia, *Participation et représentation des femmes : les cas du Rwanda et de l'Afrique du Sud,* IEP Bordeaux, mémoire de Master Gouvernance des institutions et des organisations politiques, 2007, p. 3.

impérialisme épistémique occidental ? Ou l'inverse ? La période postapartheid coïncide avec l'émergence de la « société de l'information » à l'échelle internationale en 1995. Comment cette coïncidence se révèle-t-elle au quotidien ? Des réponses à ces questions vont émerger au fur et à mesure du rapprochement que nous allons opérer entre effets conjoints du développement des usages et politiques de TIC et augmentation des différentes formes de violence ajoutée à la montée du traditionalisme que ce pays connaît.

Au Sénégal, compte-tenu de l'histoire coloniale du pays, le rôle alloué aux femmes dans leur ensemble depuis l'indépendance se cantonne à l'animation dans les partis, dans les associations, aux échelles locale et nationale. Leur travail, social et économique, n'est globalement pas reconnu[20]. « Les femmes » sont avant tout des mères. Les inégalités entre hommes et femmes, ou inégalités de genre, y sont structurelles. Assises sur l'institution du mariage, elles sont appuyées par ce qui est souvent qualifié de « pressions socioculturelles » et par des systèmes de domination-subordination banalisés, mais non verbalisés, comme ceux entre hommes et femmes, adultes et jeunes.

Ce socle d'inégalités n'offre-t-il pas un terrain favorable aux politiques de développement des institutions financières internationales ? Quels sont les impacts des plans d'ajustement structurel et de la dette sur ces inégalités et inversement ? La libéralisation économique organisée du pays ne représente-t-elle pas les fondements d'une oppression moderne, basée sur la division de sexe ? Les politiques de TIC n'alimenteraient-elles pas au Sénégal une dialectique entre libéralisme et tradition, où l'illusion d'un régime politique qui se veut moderne, se dit libéré des impérialismes occidentaux, autorise un culte nouveau à la valeur argent et enferme plus facilement la population dans une sorte de prison économique pour mieux l'éloigner d'une liberté politique ?

Dans ce contexte de mondialisation contemporaine, où le virtuel intervient au quotidien (notamment par mobile interposé), comment définir les modes d'assujettissement ? Si tabous il y a, en quoi incarnent-ils les termes de négociations des domesticités ?

---

20   SOW Fatou, « Les femmes, le sexe de l'État et les enjeux du politique : l'exemple de la régionalisation au Sénégal », *Clio*, n° 6, Femmes d'Afrique, 1997.

Enchâssent-ils une violence sociale ? Quels sont alors leurs impacts sur la vie sociale et ses changements ?

Quelques éléments de réponses se trouvent dans les entretiens que j'ai menés. Madjiguéne Cissé, un peu moins de soixante ans, d'origine prolétarienne, connaît bien le sujet. Après un long séjour en France où elle a longtemps lutté pour les droits des immigrés clandestins et a connu quelques poursuites judiciaires, elle habite désormais à Dakar où elle milite au parti politique de gauche *Yoonu Askan wi*. Elle préside également le Réseau des femmes pour le développement durable en Afrique (REFDAF), né au début des années 2000. Elle m'accueille dans ses locaux à Dakar, entourée de quelques membres de son bureau. Madjiguéne dresse un tableau qui se veut concret de la situation des femmes sénégalaises et insiste sur le problème posé par la gestion du temps et le manque d'accès aux ressources de la majorité des Sénégalaises :

> «*Les femmes, de façon générale, sont analphabètes, elles sont sous-qualifiées, elles sont sous-informées, parce que pour écouter la radio il faut avoir le temps. Elles n'ont pas souvent le temps en fait. Quand elles travaillent dans les champs, dans la cuisine, en train de ramasser du bois, d'aller chercher de l'eau [...]. Les femmes travaillent très peu aussi en tant que salariées, parce qu'elles n'ont pas de formation, etc. Elles ont très peu accès aussi aux soins de santé*».

La majorité de mes autres interlocuteurs évoque un lien plus paradoxal entre situation économique nationale délétère et situation des femmes. Tout en continuant à subir des discriminations dans de nombreux secteurs, «les femmes» sont dites avoir gagné du terrain, par des revendications pour plus de droits tout en adoptant des stratégies de survie. La gestion de la survie quotidienne entraînerait une forme d'«émancipation» qui se concrétise par le fait que les Sénégalaises «arrivent à des situations qui leur permettent réellement de prendre en charge les besoins de la famille»[21]. Fatou Diop, présidente

---

21   SARR-SOW Fatou, «Toutes les tâches non productives relèvent de la responsabilité des femmes», *Le Quotidien*, 2007, <http://www.google.fr/url?-sa=t&rct=j&q=&esrc=s&source=web&cd=1&ved=0CCEQFjAAahUKEwjEvtnx4tPIAhUBTxoKHV2pBEo&url=http%3A%2F%2Fwww.ceafri.net%2Fsite%2FIMG%2Fdoc%2FGENRE_ET_ROLES_SOCIAUX_NON_PRODUCTIFS.doc&usg=AFQjCNFp1K5-h1_39n6CaK1aTbQPPGNyjg&-sig2=4HqPClWPZsxMrjtXWKk7aw>, consulté le 21 octobre 2015.

du Conseil sénégalais des femmes (COSEF), me reçoit chez elle à la place de l'Indépendance à Dakar. Tout un symbole. Le COSEF est une très grosse organisation de femmes représentée sur l'ensemble du territoire national, celle sans qui la loi sur la parité n'aurait sans doute pas pu être votée. 50 ans, d'origine Lébou, dotée d'une maîtrise d'anglais et d'un diplôme d'urbanisme, Fatou consacre régulièrement «un peu de son temps aux plus démunis». Fatou est formelle : l'émancipation des Sénégalaises est au rendez-vous même si cela demande des efforts. Madjiguéne Cissé renchérit : ses concitoyennes assurent la paix sociale pour laquelle l'État s'est désengagé. Le paradoxe survie/émancipation se précise.

DES VIOLENCES ÉRIGÉES EN RELATIONS POLITIQUES

Selon de multiples sources[22], l'Afrique du Sud est connue pour ses hauts taux de violence. Le taux d'homicide y est cinq fois supérieur au taux mondial[23], atteignant 64,8 pour 100 000 en 2000, ce qui explique que ce pays est le plus violent au monde[24]. Cette situation serait directement héritée du régime d'apartheid, qui fut caractérisé par un niveau de violence inédit : emprisonnements, tortures, assassinats, viols… commis en tout impunité. En effet, la résistance qu'a engendrée ce système a induit une tolérance de la violence en tant que telle, reconnue comme seul point de repère social[25].

Au sein de cette violence, des taux très importants de violences de genre[26] peuvent se distinguer, avec le plus haut niveau de viols

---

22   *Centre for the Study of Violence and Reconciliation* (CSVR), *Human Rights Watch Report, People Opposing Women Abuse, Sexual Violence Research Initiative*, UNICEF…

23   SEEDAT M., VAN NIEKERK A., JEWKES R., SUFFLA S., & RATELE K., "Violence and injuries in South Africa: prioritising an agenda for prevention", *The Lancet*, CCCLXXIV, 2009, p. 1011-22.

24   NORMAN Rosana, MATZOPOULOS Richard, GROENEWALD Pam & BRADSHAW Debbie, "The high burden of injuries in South Africa", *Bull World Health Organ*, LXXXV (9), 2007, p. 695-702.

25   Gary Kynoch, *op. cit.*

26   Les violences de genre ont été définies sur la scène internationale comme résultant de tout acte «qui se traduit, ou presque, par des torts ou souffrances physiques, sexuels ou psychologiques infligés à des femmes, incluant les menaces de tels traitements, les actes de coercition ou les privations arbitraires de liberté, dans les sphères privée ou publique» (ONU 1979, *Convention des Nations Unies pour*

dans le monde[27]. Selon l'étude *Understanding Men's Health and the Use of Violence: Interface of Rape and HIV in South Africa,* publiée en 2009 par le *Medical Research Council* (MRC), un jeune Sud-Africain sur quatre reconnaît avoir violé au moins une fois dans sa vie. La moitié des hommes sondés au cours de l'étude du MRC avaient moins de 25 ans et 70% moins de 30 ans. Selon le rapport, sur les 27,6% d'hommes ayant commis un viol, « 23,2% ont déclaré avoir violé deux ou trois femmes, 8,4% quatre à cinq femmes, 7,1% six à dix, et 7,7% plus de 10 femmes ou filles »[28]. Une recherche menée par le *Medical Research Council* en 2001 auprès de 11 735 femmes interrogées en 1998 montre que 153 d'entre elles témoignent avoir été violées avant l'âge de 15 ans. Pour ces adolescentes, 85% des viols ont été commis entre l'âge de 10 et 14 ans et 15% entre cinq et neuf. Aujourd'hui, le viol atteint les nourrissons féminins de cinq mois[29].

Selon une recherche menée en 2002 sur le viol des jeunes filles pour le journal *The Lancet,* 21% des violeurs sont des proches, 21 autres des étrangers ou des connaissances récentes et 10% des petits amis[30]. Selon une enquête menée par le groupe de recherche *Community Information Empowerment and Transparency*[31] auprès de 300 000 enfants et adolescents de 10 à 19 ans dans 1 418 écoles et lycées du pays, 27% des filles ou adolescentes violées par « quelqu'un qu'[elles] connaî[ssen]t » ne considèrent pas l'acte comme une violence sexuelle, pas plus que les « attouchements non consentis ». De plus, plus d'un quart des jeunes garçons violeurs affirment que « les filles aiment être

---

l'élimination de toutes formes de discrimination contre les femmes (Cedef-CEDAW), adoptée et ouverte à la signature, à la ratification et à l'adhésion par l'Assemblée générale dans sa résolution 34/180 du 18 décembre 1979 ; entrée en vigueur le 3 septembre 1981, conformément aux dispositions de l'article 27 (1)). Ces violences se manifestent par le viol, le harcèlement sexuel, les violences domestiques qui peuvent aller jusqu'à l'homicide.

27   Rachel Jewkes & *alii,* 2009, *op. cit.*

28   *Ibidem.*

29   U.S. Centers for Disease Control and Prevention 2002, Rape of Girls in South Africa, The Body, <http://www.thebody.com/content/whatis/art21405.html>, consulté le 21 octobre 2015.

30   JEWKES Rachel & alii, « Rape of Girls in South Africa », *The Lancet,* 26 janvier 2002, CCCLIX (9303), p. 319-320.

31   CIET Africa 2004, *Sexual violence & HIV/AIDS: Executive report on the 2002 nationwide youth Survey,* Johannesburg, CIET, p. 4.

violées». Le viol, les violences, procèdent d'une «adaptation à la survie dans une société violente».

La plupart des viols sont perpétrés par des Noirs sur des Noires, et à une moindre échelle par des Noirs sur des Blanches (un sur dix), celles-ci ayant les moyens financiers d'assurer leur sécurité personnelle.

À titre de comparaison, d'autres pays africains connaissent bien le viol en tant que *système*, c'est-à-dire un ensemble de principes et de règles sociaux, traditionnels, religieux, juridiques, économiques, politiques, qui interagissent. C'est le cas notamment des pays qui ont vécu ou vivent des conflits armés, comme le Rwanda, la République démocratique du Congo (RDC), ou le Darfour −pour ne citer que quelques exemples africains−, dans lesquels le viol sert d'arme génocidaire. Néanmoins, les taux relatifs au viol restent largement moins élevés qu'en Afrique du Sud : 1 100 par mois en RDC[32], 250 000 viols pendant toute la durée du conflit au Rwanda[33], 500 viols estimés entre 2003 et 2005 au Darfour[34].

Ce tableau est complété par celui des féminicides. Le terme «féminicide» est inspiré du terme «sexocide» et le précise. Dans son livre «Le sexocide des sorcières», l'écrivaine française Françoise d'Eaubonne fait référence à la vague d'assassinats systématiques des sorcières puis des femmes pendant deux siècles en France, celui de la Renaissance et de l'âge classique. Par cette immersion dans la chasse aux sorcières à l'initiative des catholiques, elle crée le concept de *«phallo logos»*, qui qualifie, à partir du fantasme de l'absence de l'«autre», d'un univers qui serait le même, uniforme −la culture du Dieu *«Logos»*, «raison» en grec− le rêve de voir les femmes disparaître, tout en acceptant qu'elles existent[35]. Le terme «féminicide»

---

32   MEUNIER Marianne, «Campagne contre le viol», *Jeune Afrique,* mars 2008, <http://www.jeuneafrique.com/57071/archives-thematique/campagne-contre-le-viol/>, consulté le 21 octobre 2015.

33   DEGNI-SEGUI René, Rapporteur spécial de la Commission des droits humains des Nations Unies 1996, *Report on the Situation of Human Rights in Rwanda* (Rapport de l'ONU de 1996), paragraphe 20 de la résolution S-3/1 du 25 mai 1994, E/CN.4/1996/68, 29 janvier 1996, p. 7.

34   Médecins sans frontières 2005.

35   D'EAUBONNE Françoise, *Le sexocide des sorcières,* Paris, Esprit frappeur, 1999, 153 p.

qualifie donc tout acte qui tente d'éliminer les femmes. Il a particulièrement été utilisé pour caractériser les assassinats organisés de
femmes dans les *maquiladoras* de Ciudad Juarez au Mexique[36]. Il est
aujourd'hui utilisé en Afrique du Sud pour qualifier les assassinats
des lesbiennes et les meurtres des femmes par leurs maris, considérés comme des «homicides de femmes»[37]. L'Afrique du Sud connaît
ainsi le plus haut taux de féminicide intime au monde[38]. Une femme
est tuée toutes les six heures par son partenaire sexuel[39]. Ces chiffres
complètent des données selon lesquelles entre 40 et 70 pour cent des
femmes victimes de meurtres sont tuées par leur mari, compagnon,
concubin[40]. Le taux des victimes noires (18,3/100 000) atteint six fois
celui des femmes blanches. Les auteurs des crimes sont très majoritairement des hommes et des concubins en union libre (52,10%),
devant les petits amis (27,90%) et les maris (18,50%). Les femmes
tuées par leurs partenaires sont plus jeunes que celles qui le sont par
des étrangers. L'âge moyen est respectivement de 30,4 ans contre 41,2
ans ce qui tend à indiquer que les féminicides intimes ne représentent
pas une extension des homicides «traditionnels». Globalement, les
victimes sont tuées par balle : 66,30% des auteurs des crimes pos-
sédaient légalement une arme à feu au moment du meurtre et 58%
d'entre eux étaient employés dans le secteur de la sécurité. 64,90%
des féminicides intimes auraient pu être évités si l'auteur n'avait pas
légalement possédé une arme mortelle.

Au Sénégal, les violences constituent un phénomène connu mais
tu, ignoré[41] et majoritairement impuni. D'après une étude menée par

---

36   WIEVIORKA Michel & BRODEUR Jean-Paul, *L'empire américain ?*, Paris, Jacob Duvernet, 2004, 279 p., p. 123-124.

37   MATHEWS Shanaaz & *alii*, «Intimate femicide–suicide in South Africa:
a cross-sectional study», *Bulletin de l'OMS*, LXXXVI (7), 2008, p. 552-558.

38   Médecins sans frontières, *op. cit.*

39   Shanaaz Mathews, *op. cit.*

40   HEISE Lori, GARCIA-MORENO Claudia, "Violence by intimate part-
ners", *in* KRUG Etienne, DAHLBERG Linda, MERCY James, ZWI Anthony,
LOZANO Rafael (dir.), *World Report on Violence and Health*, Genève, World Health
Organization, 2002, p. 87-122.

41   L'Agence nationale de la Statistique et de la Démographie du ministère de
l'Économie et des Finances du Sénégal ne fournit aucune donnée sexospécifique.

le Centre canadien d'études et de coopération internationale (CRDI) en 2000, 87% des 515 femmes interviewées avaient connu au moins un cas de violence[42]. Les chercheurs impliqués dans cette étude considèrent que ces statistiques peuvent s'étendre à l'ensemble du pays et que ce phénomène s'amplifie. En effet, selon une autre étude réalisée en 2012 par Fatou Diop Sall de l'Université Gaston Berger de Saint-Louis sur les «violences basées sur le genre au Sénégal»[43], on observe une recrudescence du phénomène au sein de la société sénégalaise et un écart entre le dispositif juridique «théorique» national et international. L'étude souligne également la prolifération des violences dans les lieux d'enseignement et d'éducation entre enseignants et enseignés, la banalisation de la sexualité, l'augmentation de la cyberpornographie, la prégnance de la «perception sexiste» des agents de police et de la gendarmerie sur les violences si bien que le système judiciaire sénégalais reste «un véritable labyrinthe» pour les victimes de violences. Enfin, l'étude insiste sur la pauvreté comme facteur de vulnérabilité des femmes et des filles les plus touchées par le phénomène.

Ce contexte explique sans doute que le nombre exact de cas de viols n'est pas connu. Fatou Bintou Thioune est la coordinatrice du Comité de lutte contre les violences faites aux femmes et aux enfants (CLVF), un centre d'accueil pour femmes battues. Cette organisation propose un centre d'écoute, un accueil, une assistance juridique pour les femmes victimes de violence, ainsi que des centres de santé, de médiation familiale, de soutien psychologique et médical, et réalise des formations, des conférences, des outils d'information (radio, plaquettes, bandes dessinées…) et des campagnes de sensibilisation. Fatou me reçoit dans ses locaux à Dakar, accompagnée de la présidente de l'organisation, Fatimata Sy, et par une des membres du bureau, Fatou Dem. La rencontre se veut officielle. Âgée d'un peu moins de 40 ans, d'origine Lébou, Fatou est juriste, se définit comme étant de classe moyenne et fortement engagée pour les droits

---

42   CABRAL-NDIONE Jacqueline, *Étude sur les violences conjugales dans les régions de Dakar et Kaolack*, Dakar, Ceci/PDPF (en partenariat avec l'ACDI), 2000, p. 126.

43   DIOP SALL Fatou, «Violences basées sur le genre au Sénégal: la prévention comme alternative aux périls de sécurité et de justice», *Revue du Groupe d'Études et de Recherches Genre et Sociétés* (VI), Saint-Louis, CRDI, 2012.

humains depuis une dizaine d'années. Elle s'intéresse à tout ce qui touche aux droits des femmes. Selon Fatou Bintou Thioune, les viols se produisent «la plupart du temps dans les maisons. Ce sont même les membres de la famille qui [en] sont les auteurs». Mais la police n'intervient que très rarement au domicile et peu de victimes portent plainte. Des études menées ou répertoriées par le CLVF ont montré que les deux-tiers des cas de viols et d'incestes ne parviennent pas au tribunal, du fait de la nature des relations sociales dans le pays. Le CVLF dénonce les exactions, chantages et autres attaques dont les femmes sont victimes et souligne la nécessité de «rompre le silence» et la possibilité, mal connue, de punir l'auteur du crime[44].

La faible criminalisation des violences faites aux femmes va de pair avec ce qui est souvent qualifié les «pesanteurs socioculturelles» et le «poids religieux». Au-delà des simples coutumes et croyances, les dirigeants qui se sont succédés à la tête de l'État sénégalais depuis l'indépendance cautionnent cette *omerta sociopolitique* en légiférant partiellement (exemple du viol impuni entre époux), en n'offrant pas les moyens de l'application de la loi, en publiant très peu de données nationales. On peut alors parler de volonté politique d'invisibilité des violences de genre au plus haut niveau. Ce choix stigmatise les Sénégalaises victimes de ces violences en tant qu'êtres inférieurs, mineurs civiques, à plaindre, à aider, à soutenir. Il les confine à un groupe en incapacité d'agir et encore moins de penser la réalité de leur vie quotidienne, sans pour autant qu'elles soient consultées. Par ailleurs, il assimile les hommes violeurs ou auteurs d'agressions sexuelles à des êtres à soustraire du contexte politique décadent dans lequel ils opèrent, voire à des *sauvages* sans plus de moyen de réfléchir leur situation sociale et économique. En ce sens, cette invisibilisation politique des violences de genre alimente les bases épistémiques des sociétés contemporaines mondialisées. Elle impose une logique de représentations externes fantasmées, empreintes d'imaginaire colonial.

L'inégalité et la force faisant loi, la stratégie gouvernementale sénégalaise latente (non explicite) de tolérance, versus la stratégie ouverte et publique d'élimination/féminicide de l'Afrique du Sud,

---

44   Agence de presse sénégalaise, décembre 2007, *Sénégal: Mbour, Les femmes dénoncent les violences et les vexations qu'elles subissent*, AllAfrica.com, <http://fr.allafrica.com/stories/200712090033.html>, consulté le 21 octobre 2015.

sont perdantes et les données macro-économiques vont en attester. D'une part, comme l'explique la présidente du CLVF, l'augmentation des violences à l'égard des femmes est extrêmement liée à la situation économique difficile : « les violences économiques entraînent des violences physiques ; la pauvreté également, l'oisiveté des jeunes, peuvent entraîner qu'ils traînent dans les rues, et donc l'occasion se prête assez souvent pour eux de voir une fille et de la violer ». D'autre part, plus les femmes sont violentées moins elles sont impliquées au travail, salarié, informel ou domestique, ou de façon moins dynamique. Ces observations sont corroborées en Afrique du Sud par les personnes interrogées sur les mêmes questions.

Qu'elles soient explicites ou tabous, les violences de genre dans les deux pays trahissent une situation de crise, à facettes multiples, où les rapports de force au niveau national/public se traduisent au niveau privé, dans les relations sexuelles entre hommes et femmes. Le personnel est bien politique[45]. Le besoin exacerbé, visible ou invisible, pour les hommes d'affirmer leur pouvoir sur les femmes par la violence révèle un déséquilibre social mais aussi démocratique. Ce déséquilibre peut s'expliquer par l'accélération des échanges, qu'ils soient économiques, politiques ou culturels, l'embouteillage des influences épistémiques, et le jeu de concurrence que ces croisements produisent, autant de phénomènes portés par les TIC. Aussi cette accélération ne fait qu'accroître ces violences. Elle forme à son tour violences de genre.

En Afrique du Sud comme au Sénégal, les violences de genre sont banalisées, tolérées, tues, dans des sociétés où la satisfaction du plaisir sexuel masculin est centrale pour l'équilibre politique national, fragilisé à l'échelle internationale.

Par effet ricochet, le corps des femmes est soit une marchandise (prostitution), soit un défouloir (féminicides), un champ de bataille (viols des lesbiennes), une cure (se soigner en ayant des rapports sexuels avec des vierges), un lieu sain/saint (les mutilations génitales féminines - MGF), un bien de l'État (développement du tourisme sexuel), un produit de vente des sociétés privées (assurances viol), un bien/matrice (utérus, lieu de re-production), rarement, une propriété

---

45   MILLETT Kate, *Sexual Politics*, Londres, Granada Publishing, 1969, 528 p.

de leur habitante. Dans les deux pays, peu de femmes vivent leurs corps comme une propriété. L'absence du droit à disposer de son corps et l'inexistence symbolique du corps féminin en tant que sujet ne sont certes pas des faits nouveaux mais sont aujourd'hui davantage tolérées par ces sociétés contemporaines où elles se manifestent de façon précipitée et répétitive, notamment à travers les discours publics des dirigeants politiques.

Cette appropriation du corps des femmes prend alors toute sa valeur politique dans un contexte de mondialisation accélérée, en surenchère, en excès. L'accélération et l'excès tant social qu'économique et épistémique que les usages et politiques de TIC imposent, réduisent encore davantage les marges de gestion de cette temporalité et rétrécissent les murs dans lesquels les violences enferment les femmes au quotidien – la course à la sécurité prend le pas sur tout, y compris la recherche de travail, de nourriture, de soin... Cette accélération et cet excès acculent souvent les femmes à des positions défensives plutôt qu'offensives de réaction aux agressions (au sens large) au détriment de l'action.

Certaines femmes essaient de ne pas s'y soumettre, ce qui en tant que tel réduit également leur espace-temps. Autant dire que cela peut drastiquement limiter leur aptitude à prendre de la distance avec les actions politiques des dominants, ou bien, dans certains cas, cela la radicalise. La domination se loge dans le privé comme dans le public et oblige une grande majorité de femmes à inventer de nouvelles stratégies de survie, sinon de mobilisation, comme tentent de le montrer des groupes de jeunes lesbiennes noires des *townships* de Johannesburg. En décembre 2008, j'ai eu la chance d'être témoin d'actions qui consistent à organiser des manifestations spontanées, improvisées, fugaces, dans les rues ou à s'inviter à des rencontres plus institutionnelles. Les jeunes femmes se griment afin qu'on ne puisse pas les reconnaître, portant sur leurs visages des masques de carton qu'elles peignent à l'aide de bombes de peinture. Elles enfilent un tee-shirt blanc où sont tagués des slogans en langue locale et défilent groupées en ligne, entonnant des chants dont les paroles sont liées à l'objet de leur mobilisation, en général la lutte contre les violences ou la dénonciation du féminicide d'une de leur «camarade». Elles choisissent ainsi de faire obstacle à l'invisibilité qui leur est socialement assignée.

DES SITUATIONS ÉCONOMIQUES TENDUES

L'économie africaine est depuis le début des années 2000 caractérisée par un fort accroissement des échanges commerciaux avec la Chine, notamment dans le secteur du bâtiment et des travaux publics mais aussi celui des télécommunications[46]. À la différence de la France et des États-Unis qui ont des exigences, la Chine vient remplir un «vacuum laissé par l'Occident», en «douceur», sans «arrogance», tout en affirmant sa volonté politique d'ouverture et en améliorant sa réputation internationale[47]. La Chine se place comme «*leader* dans la réduction de la dette africaine». Les relations entretenues entre la Chine et les pays d'Afrique introduisent une autre conception de la division du travail par la tolérance des écarts de richesses que la Chine connaît[48].

Les investissements des pays arabes en Afrique, amorcés à la fin des années 1960, se sont également toujours articulés entre le domaine politique et l'économie[49]. Avec la crise du pétrole, ces relations ont connu des dérégulations mais depuis l'augmentation du prix du blé entre 2007 et 2008, les pays du Golfe (Arabie Saoudite, Bahreïn, Oman, Qatar) réorientent leurs investissements en Afrique vers les ports et les aéroports, la culture, les banques, le foncier. Dans ces échanges commerciaux, la religion représente un facteur de pénétration[50], plutôt qu'un moteur. Aussi le secteur des télécommunications constitue un axe non négligé, les TIC étant considérées comme de bons outils de propagande.

Les investissements africains de l'Extrême-Orient et du Moyen-Orient se concrétisent avant tout au niveau économique, mais présentent implicitement ou accessoirement une composante idéolo-

---

46   LAFARGUE François, «La Chine, une puissance africaine», *Perspectives chinoises,* n° 90, Varia (juillet-août 2005).

47   GU Xuewu, «China Returns to Africa, in Trends East Asia (TEA)», *Studie* n° 9 (février 2005).

48   La Chine occupe le 5e rang des pays où l'écart des richesses entre riches et pauvres est le plus grand. L'Afrique du Sud occupe le 3e rang après l'Inde et le Brésil. Voir Globalis, <http://globalis.gvu.unu.edu/>, consulté le 13 janvier 2010.

49   OTAYEK René (dir.), « Religion et globalisation: l'islam subsaharien à la conquête de nouveaux territoires», *La revue internationale et stratégique,* LII, hiver 2003-2004, p. 51-65.

50   *Ibidem.*

gique, le tout avec l'assentiment des deux parties. Le système classique de colonisation et des valeurs de subordination qu'il porte, incarné par l'Occident, représente un catalyseur, un stimulant afin de combler le besoin pour les pays émergents de concurrencer ce même Occident sur le terrain du libéralisme, à savoir la libre circulation des capitaux.

Cet élan libéral de concurrence avec l'Occident, qui utilise largement les TIC pour se déployer, continue d'alimenter des impacts différenciés de genre. Margaret Snyder, ancienne directrice de l'UNI-FEM, estime que dans beaucoup de pays africains, les revenus (en espèces ou en nature) que les femmes génèrent sont évalués à 50% du revenu total de la famille dans les ménages comptant deux époux et à 100% dans les près de 30% de foyers qu'elles gèrent seules. Ce qui signifie que les hommes approvisionnent moins du cinquième d'entre eux[51]. Les femmes constituent 48% de la population active africaine et leur durée journalière de travail est mesurée comme beaucoup plus élevée que celle des hommes, atteignant un ratio de 15 pour 9[52].

Ces chiffres continentaux font écho aux données sud-africaines et sénégalaises, au niveau quantitatif comme qualitatif. Ils révèlent une situation contrastée. L'Afrique du Sud attire la très grosse proportion des investissements étrangers sur le continent et le Sénégal est frappé par une récession profonde. Cette situation est tout à la fois le résultat de politiques économiques globales sexuées, c'est-à-dire dont les effets sont différenciés selon les genres – par exemple, sur le milliard de personnes les plus pauvres dans le monde, trois-cinquième sont des femmes[53] –, en plus d'être liées à l'histoire, notamment coloniale, de chacun des pays.

---

51   Sur cent ménages, trente sont gérés exclusivement par des femmes. Sur les soixante-dix restant, trente-cinq le sont par une femme et deux hommes. Les hommes n'alimentent donc que 17,5 des ménages, soit moins d'un sur cinq.

52   SNYDER Margaret, *Women in African Economies: From Burning Sun to Boardroom*, Kampala, Fountain Publishers, 2000, 353 p. ; SNYDER Margaret, «Women's Agency in the Economy», *in* TRIPP Aili Mari & KWESIGA Joy (dir.), *The Women's Movement in Uganda. History, Challenges and Prospects*, Kampala, Fountain Publishers, 2002, 256 p.

53   PNUD 2006, *Taking Gender Equality Seriously*, p. 3, <http://www.undp. org/content/undp/en/home/librarypage/womens-empowerment/taking-gender-equality-seriously-2006.html>, consulté le 21 octobre 2015.

Ces deux facettes, externe –globalisée– et interne –par héritage–, structurent la déclinaison du volet économique des sociétés contemporaines mondialisées africaines. Les difficultés d'accès à la terre pour les femmes, les inégalités de répartition de richesse entre hommes et femmes dans les deux pays, existaient avant la révolution numérique des années 1980, mais sont accentuées par les TIC. Les TIC renforcent les positions de repli comme d'isolement (par exemple lié à la déscolarisation des filles). Elles aggravent les situations d'urgence et de survie (notamment l'aggravation de la pauvreté et ses conséquences), que les femmes, dans leur grande majorité, ont la charge de gérer. Elles accélèrent leur traitement, demandant socialement aux femmes de la «base» de répondre parallèlement et simultanément aux demandes croissantes du foyer, dans l'immédiateté et dans la précipitation.

En Afrique du Sud, suite à la période d'union nationale entre le Parti national et l'ANC, Thabo Mbeki, alors vice-président, lance en 1996 une politique macro-économique appelée *Growth Employment and Redistribution* (GEAR) qui se fixe comme objectifs une croissance annuelle de 10%, des exportations de produits manufacturés et une augmentation de 36% des échanges commerciaux avec l'Afrique. Cette politique résulte d'une convergence d'intérêts entre économistes de la Banque mondiale et du FMI et experts issus du monde des affaires[54].

L'Afrique du Sud est le pays le plus riche du continent africain, cumulant plus du quart de ses richesses. Particulièrement pourvue en ressources naturelles (1er rang mondial pour le platine, le manganèse, la vermiculite, le vanadium, 2e pour l'ilménite, le palladium, la rutile, le zirconium, 3e pour le manganèse, 4e pour les diamants, l'uranium et pour l'or[55]), elle a vu son économie se raffermir après vingt années de stagnation (de 1980 à 2000) lors de la période des sanctions des luttes contre l'apartheid et qui ont persisté lors de la transition après l'abolition de ce régime ségrégationniste, en 1991. Les immigrants

54   MURRAY Nancy, «Somewhere over the rainbow. A journey to the new South Africa», *Race and Class*, XXXVIII (3), 1997, p. 1-24.
55   Projects IQ 2011, *Mining in South Africa*, <http://www.projectsiq.co.za/mining-in-south-africa.htm>, consulté le 21 octobre 2015.

des autres pays du continent y affluent, l'État sud-africain ne cachant d'ailleurs pas une politique d'expansionnisme continental.

L'Afrique du Sud se situe au 20ᵉ rang des pays les plus riches de la planète avec un revenu total de 600 milliards de dollars en 2006 (à titre de comparaison, le PNB des États-Unis s'évalue à 13 020 milliards de $, la Chine à 9 980, le Japon à 4 170 et la France à 1 930)[56].

En choisissant l'Afrique du Sud comme terrain privilégié d'investissement au lendemain de l'abolition de l'apartheid en 1992, notamment en raison de ses réserves naturelles fort riches, les institutions financières internationales ont orienté le pays vers un modèle économique globalisant qui à l'époque faisait loi. De fait, l'Afrique du Sud s'est retrouvée en position de laboratoire expérimental d'un libéralisme à bonifier[57]. Le pays est néanmoins touché de plein fouet par la crise économique mondiale, ce qui augmente les poches de pauvreté et freine les réformes, notamment agraires. À titre d'exemple, en juin 2009, l'Autorité de régulation de l'énergie, Nersa, a autorisé la compagnie nationale publique d'électricité, Eskom, à augmenter ses tarifs de 31,3%, accentuant alors la difficulté d'accès à l'électricité du plus grand nombre.

L'Afrique du Sud postapartheid n'a pas de salaire moyen. Les Noirs gagnent en moyenne trois fois moins que les Blancs et les salaires de base sud-africains oscillent entre 300 et 2 000 rands[58] pour les femmes et entre 390 et 2 200 pour les hommes, selon les secteurs

---

56   FORTIN Pierre, « Le palmarès des grandes puissances économiques », *L'Actualité.com,* 23 octobre 2007, <http://www.lactualite.com/opinions/chronique-de-pierre-fortin/le-palmares-des-grandes-puissances-economiques/>, consulté le 21 octobre 2015.

57   Le recul ou les formes de résistance à ce modèle macroéconomique s'avéraient alors encore faibles − les manifestations de Seattle contre les politiques de l'Organisation mondiale du commerce ont eu lieu en 1999 −, mais l'ANC, et en particulier Thabo Mbeki, n'ont pas fait le choix d'une démocratie sociale, en réaction à des années de ségrégation raciale et sociale. Cette orientation révèle un mode de gouvernance d'élites qui se sont servies de la transition pour se mettre en position de pouvoir exclusif. Nombre de personnalités de ces élites, principalement masculines, comme Thabo Mbeki, ont bénéficié, en tant qu'exilés membres de l'ANC, de l'accès à de très grandes universités occidentales comme Oxford ou Harvard, ce qui n'est pas sans creuser l'écart avec ceux qui sont restés au pays en guerre.

58   1 rand = 80 centimes d'euro (à la date des entretiens, fin 2008).

d'activités, les plus bas salaires étant dans les zones rurales[59]. Un tiers de la population sud-africaine se situe en dessous du seuil mondial de pauvreté de 2 $ par jour et 60% sous le seuil de pauvreté national. Une personne sur 4,5 bénéficie de prestations sociales. 95% des pauvres sont noirs[60]. Aussi, l'Afrique du Sud présente-t-elle le troisième plus grand taux d'inégalité de richesse dans le monde[61]. Le revenu moyen des 20% de ménages sud-africains les plus riches, en grande partie blancs, est quarante-cinq fois supérieur au revenu moyen des 20% des ménages les plus pauvres, en grande partie noirs[62]. Entre 1995 et 2005, les Blancs, suivis par les métis, ont connu la plus grande augmentation de leurs revenus, respectivement estimée à 40,5% et 35,2%, alors que celle des Indiens est évaluée à 7%. Les revenus des Noirs ont chuté de 1,78%. Au final, en 2005, 20% des plus pauvres gagnent 5% du PIB alors que 20% des plus riches de la population gagnent 80% du PIB (ce qui s'est aggravé par rapport à 1995 où les 20% plus riches gagnaient 70% du PIB)[63].

Cette situation est marquée par la perte de pouvoir d'achat, la dévaluation du rand, un fort taux de chômage et donc de pauvreté, accentués dans les zones rurales, la prévalence du sida, les privatisations massives (eau, électricité, terres…), les restrictions qu'elles ont entraînées (de plus en plus souvent l'électricité ou l'eau sont coupées).

Les conséquences en matière de discrimination de genre sont flagrantes. Les chiffres en attestent. La majorité des pauvres sont des femmes[64]. En 1999, selon l'Institut statistique sud-africain, dans des

---

59   DANIEL John, HABIT Adam & SOUTHALL Roger, *State of the nation: South Africa, 2003-2004,* Human Sciences Research Council. Democracy and Governance Research Programme, Le Cap, HSRC Press, 2003, 416 p.

60   BUHLUNGU Sakhela & *alii* (dir.), *The State of the Nation: South Africa 2005-2006,* Human Sciences Research Council's (HSRC), 2005-06, 568 p.

61   BHORAT Harron, VAN DER WESTHUIZEN Carlene & JACOBS Toughedah, *Income and Non-Income Inequality in Post-Apartheid South Africa: What are the Drivers and Possible Policy Interventions?,* document de travail pour la Development Policy Research Unit (DPRU), 09/138 août 2009, DPRU, p. 8.

62   MAHARAJ Zarina, *Gender Inequality and the Economy: Empowering Women in the new South Africa,* intervention lors de la rencontre de la Professional Women's League of KwaZuluNatal, 9 août 1999.

63   *Ibidem.*

64   VAN DER WESTHUIZEN Carlene, GOGA Sumayya & OOS-THUIZEN Morné, *Women in the South African Labour Market 1995-2005,* document

secteurs géographiques non-urbains, plus de 37% de ménages portés par des femmes formaient la majorité des 20% des ménages les plus pauvres dans le pays, comparativement à 23% des ménages portés par des hommes. Dans les secteurs urbains, ces chiffres tombaient à un rapport de 15% contre 5%[65]. Entre 1995 et 2005, la situation inégalitaire a perduré. Les chefs de famille masculins ont vu leurs revenus davantage s'accroître que leurs homologues féminins avec des taux respectifs de 24,08% et 13,24%[66]. La féminisation de la pauvreté n'est pas une surprise dans ce pays, compte-tenu du contexte macro-économique et de la rationalisation du service public[67]. Un rapport de 2001 de la Commission sur l'équité dans l'emploi, montrait que les Sud-Africaines sont représentées de façon très inégale dans les secteurs économiques. Les postes d'encadrement sont encore à 81,1% occupés par des hommes[68]. Les femmes détiennent 37,6% de l'ensemble des postes de cadres ou de professorat, secteur qui inclut les métiers de professeurs et d'infirmières. En 2005, les femmes occupent massivement le secteur informel et le secteur des services[69].

Les obstacles restent nombreux pour que des femmes créent leur propre emploi dans le secteur formel. En dehors des nécessaires compétences et niveaux d'éducation, il leur est souvent refusé toute assistance financière sans la garantie d'un homme[70]. En 2005, les rémunérations des femmes sont 25% inférieures à celles des hommes toutes «races» confondues, sans compter les écarts de rémunérations selon les «races» et entre femmes selon les «races» (les Blanches gagnent deux fois plus que les Noires)[71]. Leur taux de chômage est 15% supé-

---

de travail pour la DPRU, 07/118, 2007, 53 p., p. 1-50.

65   Zarina Maharaj, *op. cit.*

66   Harron Bhorat, Carlene Van der Westhuizen & Toughedah Jacobs, 2009, *op. cit.*, p. 36.

67   MNGXITAMA Andile, «The National Land Committee, 1994-2004: A Critical Insider's Perspective», *Centre for Civil Society Research*, II (34), 2005, p. 35-82.

68   Carlene Van der Westhuizen, Sumayya Goga, & Morné Oosthuizen, *op. cit.*, p. 20-21.

69   *Ibidem.*

70   GARSON Philippa, "SA's push for gender equity", *SouthAfrica.info*, 2005, <http://www.southafrica.info/ess_info/sa_glance/constitution/gender.htm>, consulté le 21 octobre 2015.

71   Carlene Van der Westhuizen, Sumayya Goga & Morné Oosthuizen, *op. cit.*, p. 31.

rieur à leurs homologues masculins[72]. Le taux de chômage des femmes atteint 46,6% contre 31,4% pour les hommes, toutes «races» confondues[73]. Désagrégés par «race», les chiffres du chômage empirent puisque ce taux monte à 53% pour les Noires contre 36,7% pour les Noirs[74]. Beaucoup de femmes occupent le terrain informel, largement précaire, et globalement non comptabilisé dans les statistiques[75].

Au final, en Afrique du Sud, vingt ans après l'apartheid, les inégalités de classe, de «race» et de genre, n'ont pas été jugulées. Elles se sont même accrues au moins sur le terrain économique. Le choix du modèle libéral par les «élites noires au pouvoir»[76] s'inscrit volontiers au cœur du système de production/re-production confié aux femmes, toutes «races» confondues. Celles-ci restent principalement considérées comme en charge du renouvellement (démographique) de la Nation. Doublée du contexte d'accélération, d'excès de la mondialisation appuyée par les usages et politiques de TIC, cette option complexifie la situation des femmes noires, de fait plus touchées par la pauvreté, par les violences, par l'accélération de la gestion de l'urgence. Cette situation s'inscrit alors dans le prolongement du régime d'apartheid, qui faisait appel à de la main d'œuvre immigrée ou déplaçait les hommes locaux d'une région à l'autre pour les besoins de la production. Les femmes noires se trouvaient déjà à assurer la fonction de subsistance quotidienne, surtout dans les zones rurales. Elles continuent aujourd'hui à jouer le rôle qui leur était attribué pendant la période coloniale puis durant la ségrégation.

Le Sénégal fait partie des pays les plus pauvres au monde. Il occupe la 155e place sur 177, dans l'Indice du développement humain de 2011 du PNUD[77]. Le PIB par habitant est estimé à 1 119 dol-

---

72   *Ibid.*, p. 22.

73   *Ibid.*, p. 22.

74   *Ibid.*, p. 23.

75   USAID 2004, Déclaration sur le genre de novembre 2004 de la branche sud-africaine de l'Agence des États-Unis d'Amérique pour le développement international (United States Agency for International Development - USAID), <http://pdf.usaid.gov/pdf_docs/Pdacg116.pdf>, consulté le 21 octobre 2015.

76   BOND Patrick, *Elite Transition,* Londres, Pluto Press, 2000, 240 p.

77   PNUD 2011, *Indicateurs nationaux du développement humain,* <http://hdrstats.undp.org/fr/pays/profils/SEN.html>, consulté le 15 janvier 2013.

lars US (données 2011)[78]. En 2009, l'agriculture représente 15,6% de l'économie, l'industrie (agroalimentaire et conserveries, mines de phosphate, engrais, raffinage de pétrole, matériaux de construction, construction navale) 23,5% et les services 60,9%[79]. Entre 2003 et 2009, la croissance s'est graduellement dégradée et est mesurée à 2,2%[80]. L'inflation est de 2,9% (moyenne 2005-2009)[81] et le chômage global de 13,6% chez les femmes et 7,9% chez les hommes (2005)[82]. Ce chiffre est néanmoins à moduler suivant le niveau d'éducation : il atteint 40% pour les personnes ayant reçu une éducation primaire contre 7% pour celles ayant une éducation secondaire et 2,5% pour celles ayant une éducation universitaire. Si on rapproche ces derniers chiffres au taux d'alphabétisation des Sénégalaises, 33% contre 52% des Sénégalais[83], on en déduit que les femmes sont très touchées par le chômage mais que les données exactes sont peu visibles. En 2009, 50,7% de la population vit au-dessous du seuil de pauvreté[84]. Les importations sont en augmentation et représentent plus du double des exportations[85]. En 2010, la dette du pays s'élève à 31,4% du PIB[86].

Comme cela avait été pressenti[87], dans les trente ans qui ont suivi l'indépendance, le revenu moyen par habitant (en francs constants) a chuté de 322 200 francs CFA (490 €) à 168 300 francs CFA (256 €), soit une diminution de moitié, sans compter la dégradation du pou-

---

78   Banque mondiale 2011, *PIB par habitant*, <http://donnees.banquemondiale.org/indicateur/NY.GDP.PCAP.CD>, consulté le 21 octobre 2015.

79   Ministère de l'Économie et des finances du Sénégal 2011, *Les performances économiques récentes du Sénégal*, Rapport national sur la compétitivité du Sénégal, 102 p., p. 35.

80   *Ibid.*, p. 31.

81   *Ibid.*, p. 40.

82   *Ibid.*, p. 69.

83   *Ibid.*, p. 31.

84   Banque africaine de Développement Fonds africain de Développement 2010, *République du Sénégal - Document de stratégie par pays 2010-2015*, 45 p., p. 15.

85   Ministère de l'Économie et des finances du Sénégal, Agence nationale de la statistique et de la démographie 2010, *Note d'analyse du commerce extérieur – édition 2010*, 52 p., p. 9-12.

86   Ministère de l'Économie et des finances du Sénégal, Comité national de dette publique 2010, *Rapport sur l'analyse de la viabilité de la dette publique*, 23 p., p. 18.

87   PENOUIL Marc, «L'économie africaine : bilan et perspectives», *Revue française de science politique*, XII (5), 1972, p. 992-1016.

voir d'achat[88]. La tendance n'a cessé de s'accentuer. Depuis le début des années 1990, le pays connaît une récession générale, la mise en place d'un programme d'ajustement structurel, la dévaluation du franc CFA, la politique de libéralisation et l'ouverture à la concurrence asiatique. Par ailleurs, sa politique fiscale, les lourdeurs administratives et le clientélisme de l'État, le font sombrer. Sa dette augmente[89].

Depuis 2005, le Sénégal organise la financiarisation de sa société. Avec les politiques de libéralisation à outrance, l'importance des investissements notamment chinois (qui importent avec eux leur main d'œuvre) et saoudiens (qui s'occupent des infrastructures routières et aéroportuaires, voire organisent le blanchiment d'argent par l'immobilier, achètent le terrain en mode passif, c'est-à-dire en creusant, en montant les fondations et en laissant en l'état –le prix du terrain à Dakar a été multiplié par mille en vingt ans–), la société sénégalaise, et surtout sa très jeune population, s'oriente vers une valeur unique : l'argent.

L'aggravation de la dette s'accompagne d'une surenchère de la pauvreté et de l'augmentation des écarts de richesse : 20% des plus riches possèdent près de 46% du revenu total, alors que 20% des plus pauvres n'en possèdent que 6%[90]. Qui dit pauvreté, dit également féminisation. L'État transfère ses dépenses sur la majorité des femmes, en matière de santé, d'éducation, d'agriculture, d'économie plus généralement. Les subventions publiques baissent et, par voie de conséquence, la production, notamment du secteur agricole où les femmes représentent 60 à 80% de la force de travail[91]. Pourtant les femmes n'héritent, selon la FAO, que de 13,4% des terres cultivables, la propriété des terres étant communautaire et leur gestion confiée aux hommes, légalement chefs de famille[92]. Ce problème foncier est

88   DURUFLE Gilles, *Le Sénégal peut-il sortir de la crise ?*, Paris, Karthala, Les Afriques, 1994, 222 p.

89   Fatou Sarr-Sow, *op. cit.*

90   Ministère de l'Économie et des finances du Sénégal 2011, *op. cit.*, p. 33.

91   FAO 2010-2011, *La situation mondiale de l'alimentation et de l'agriculture, le rôle des femmes dans l'agriculture - Combler le fossé entre les hommes et les femmes pour soutenir le développement*, p. 119, <http://www.fao.org/docrep/013/i2050f/i2050f.pdf>, consulté le 21 octobre 2015.

92   Il existe deux régimes législatifs en matière d'héritage. Les Sénégalaises n'ont pratiquement pas le droit de propriété. Le plus souvent mariées par obliga-

ignoré par les autorités nationales. La Banque mondiale explique que la pénurie d'accès des femmes aux ressources économiques, à la propriété et aux titres fonciers, augmente les facteurs de pauvreté, une grande partie des revenus des activités économiques revenant aux hommes[93].

Par ailleurs, en 2011, 50,9% des Sénégalais ont moins de vingt ans (données 1999)[94]. Les enfants, et en particulier les filles, sont amenés à travailler très jeunes. C'est en particulier le cas des «petites bonnes» qui ne bénéficient en pratique pas des conventions relatives au travail des enfants. En effet, entre 15 et 18 ans, plus de la moitié effectuent entre 9 et 11 heures de travail quotidien et 17,2% en font plus de 12. Seules 15,6% ne font que 6 à 8h[95]. Entre 1989 et 2001, la proportion des femmes âgées de 15 à 29 ans a progressé sur le marché du travail dakarois (26% contre 31%)[96]. Les femmes âgées de 30 à 59 ans restent les plus représentées (environ 50%). En revanche, leur emploi s'est dégradé. En 1989, les femmes qui avaient suivi des études secondaires occupaient pour moitié des emplois de cadres dans le tertiaire. En 2001, le nombre de femmes cadres a diminué passant à 18% (moins de deux sur cinq), la grande majorité occupant

---

tion sociale, si le mari meure ou divorce, elles sont considérées comme libérées de tout bien. En zone rurale, la situation se révèle critique car même si une épouse a travaillé la terre toute sa vie, y compris aux côtés de son mari, il reste le gardien des terres et, selon l'Islam, son épouse n'hérite que de la moitié des parts de l'homme, malgré une loi nationale de 1964 qui légalise leur accès à la terre.

93   BLACKDEN Mark, *Égalité des sexes en Afrique subsaharienne*, Banque mondiale, 2005, <http://web.worldbank.org/WBSITE/EXTERNAL/ACCUEILEXTN/NEWSFRENCH/0,,contentMDK:20504835~-pagePK:64257043~piPK:437376~theSitePK:1074931,00.html>, consulté le 21 octobre 2015.

94   Ministère de l'Économie et des finances du Sénégal, Agence nationale de la statistique et de la démographie 2011, *Situation économique et sociale du Sénégal en 2011*, 351 p., p. 38.

95   FALL Abdou Sallam, *L'exploitation sexuelle des enfants au Sénégal : de l'exploitation domestique à l'exploitation touristique (prostitution, pédophilie et traite)*, Centre d'étude et de recherche en intervention sociale, 2003, <http://www.iom.int/jahia/webdav/site/myjahiasite/shared/shared/mainsite/media/sp/valencia_fr_nov_00.pdf>, consulté le 21 octobre 2015.

96   ADJAMAGBO Agnès, ANTOINE Philippe & DIAL Fatou Binetou, *Le dilemme des Dakaroises: entre travailler et "bien travailler"*, 2003, p. 17.

des postes administratifs. Une poignée s'est tournée vers l'informel (10% dans le commerce, 8% dans l'artisanat)[97]. En douze ans, les discriminations de genre se sont donc accrues. Non seulement les femmes accèdent moins aux études supérieures, mais au cas où elles passeraient ce cap, elles sont moins embauchées que leurs homologues masculins à des postes correspondant à leur qualification. Les femmes n'ayant pas ou peu été scolarisées forment la majorité de la force de travail du secteur informel (76% en 2001)[98]. Elles assurent une activité de subsistance pour toute la famille.

Les Sénégalaises occupent principalement deux terrains : les marchés, où elles sont quasi seules à commercer, en particulier les fruits et légumes et leur transformation, et les micro-entreprises[99]. Avec les « tontines »[100], elles s'auto-organisent pour faire fructifier leurs petits commerces, dans tous les secteurs. Ce système permet de mutualiser les ressources à un échelon local de proximité. Avec l'aggravation des crises et l'endettement des ménages, ces tontines se sont transformées en caisses d'épargne, toujours régies par des femmes, intégrant un taux d'intérêt, mais dont les retombées financières sont réinjectées et reviennent aux membres de la caisse. Les richesses sont alors redistribuées ou affectées à d'autres dépenses comme celles de santé ou d'éducation[101]. Néanmoins, les obstacles rencontrés sont majeurs : les besoins de formation sont très importants (alphabétisation en *ouolof*, puis en français, apprentissage de la gestion d'entreprise et de l'informatique,…) tandis que l'écoulement des produits est largement obstrué. Mévente, destruction de la production, coûts de transport prohibitifs, circuits de distribution verrouillés, projets d'exportation limités, impayés, nuisent à l'expansion du commerce

---

97   *Ibid.*, p. 11.

98   *Ibid.*, p. 12.

99   SAGNA Jacques Aimé, *La femme compte-t-elle vraiment dans la société africaine?*, Agence Fides, 2005, <http://www.africamission-mafr.org/fides30.htm>, consulté le 21 octobre 2015.

100   Ce nom viendrait de *« Tonti »*, nom d'un banquier italien (Lorenzo Tonti) du XVIIe siècle. Ce banquier a innové en utilisant les lois de probabilité pour constituer des rentes.

101   PALMIERI Joelle, « Le PAS des Africaines », *Les Pénélopes*, 2000, <http://veill.es/www.penelopes.org/article-1750.html>, consulté le 5 octobre 2015.

de ces femmes[102]. De plus, elles cumulent, dans la même journée, activités pour l'entreprise et activités du foyer : chercher l'eau, le bois de chauffe, s'occuper des enfants, soigner les anciens..., production qui n'est pas reconnue comme productrice de valeur. Alors, même si elles travaillent plus que leurs maris, leurs revenus sont moindres[103].

Depuis 2000, des hommes ont commencé à investir les caisses d'épargne, les mutuelles de santé que ces femmes ont créées et en ont pris les rênes. Les taux, comme l'affectation des crédits, ou les sanctions pour les mauvaises payeuses, ne se décident plus collectivement. Ce changement radical s'intègre dans un mouvement plus global de mainmise d'hommes, et en particulier de membres de confréries religieuses, sur l'économie au service des besoins de la population[104].

Au final, la situation économique du Sénégal se caractérise par la prégnance de la dette aux institutions financières internationales qui renforce le rôle des femmes comme gardiennes non propriétaires du foyer. Ce rôle entretient une ambivalence entre responsabilité et exclusion des modes de prise de décision. La responsabilité inclut celle de servir de palliatif à un État démissionnaire, à une période où la mondialisation s'intensifie, se radicalise, s'accélère.

BACKLASH TRADITIONALISTE, «PESANTEURS SOCIOCULTURELLES ET RELIGIEUSES» : DES RHÉTORIQUES RÉACTIONNAIRES

Le traditionalisme décrit une idéologie conservatrice qui s'attache à transmettre les traditions, les croyances et les valeurs existantes de génération en génération, supposément parce qu'elles sont consacrées par le passé et donc *éprouvées*. Plus concrètement le traditionalisme reconstruit en permanence une tradition mythique pour se maintenir au pouvoir. Il élabore lui-même les traditions et les fige – alors que les traditions peuvent évoluer – mais en interdit la transformation afin de soutenir l'argumentaire du pouvoir de ceux qui s'en servent. Le masculinisme «recouvre la dimension idéologique des masculinités

---

102   *Ibidem.*

103   Fatou Sarr-Sow, *op. cit.*

104   PALMIERI Joelle, «Africaines : créativité contre discriminations», *Les Pénélopes,* 2003, <http://veill.es/www.penelopes.org/article-2817.html>, consulté le 5 octobre 2015.

et détermine la façon dont le pouvoir est organisé dans la société»[105]. Ces deux termes – traditionalisme et masculinisme – peuvent s'appliquer de façon différenciée en Afrique du Sud et au Sénégal pour caractériser tant les rhétoriques que les stratégies déployées par les gouvernements des deux pays et en particulier par leurs dirigeants du plus haut niveau.

En particulier, en Afrique du Sud, dans un contexte d'augmentation constante de la pauvreté, de déploiement de la pandémie du sida, de crise politique et économique, une des cordes sensibles exploitées par les dirigeants au pouvoir est le statut masculin des hommes sud-africains, en tant qu'êtres de sexe masculin[106]. Ils auraient «tout» perdu, y compris leur virilité et auraient «tout» à gagner à revenir et à réapprendre des valeurs africaines solides, sous-entendues non occidentales. Tous les moyens sont bons, y compris les affirmations misogynes, les menaces sexistes ou l'affichage de la pratique de la polygamie garante de la force sexuelle masculine, de la pratique du viol, ou du meurtre ciblé de femmes, symboles de cette force à opposer à un féminisme supposément importé de l'Occident.

À cet égard, la rhétorique développée par le président Jacob Zuma se veut ouvertement sexiste, implicitement antiféministe, c'est-à-dire explicitement dirigée contre l'égalité hommes/femmes et les revendications féministes, mais ouvertement «favorable à la femme»[107], vue comme mère, reproductrice d'enfants, qui «conforte une identité féminine de renoncement et de silence». Elle entend fédérer ce qu'il nomme les «plus démunis», les «oubliés des politiques postapartheid», sous-entendus les hommes les plus pauvres et non les femmes, dans le but de renforcer un organe politique, l'ANC,

---

105   DUERST-LAHTI Georgia & MAE KELLY Rita, *Gender Power, Leadership, and Governance,* University of Michigan Press, 1996, 352 p, p. 83.

106   HEBERT Laura, *Women's Social Movements, Territorialism and Gender Transformation: A Case Study of South Africa,* contribution présentée lors de la rencontre annuelle de l'Association américaine de Sciences politiques, Washington, 1er septembre 2005; OUZGANE Lahoucine & MORRELL Robert (dir.), *African Masculinities: Men in Africa from the Late 19th Century to the Present,* New York, Palgrave Macmillan, 2005, 320 p.

107   BARD Christine (dir.), *Un siècle d'antiféminisme,* Paris, Fayard, 1999, 481 p., p. 17.

en perte de légitimité. Cette rhétorique est ouvertement populiste. Jacob Zuma se définit comme un «tribun *zoulou*», fortement attaché à sa province d'origine, le KwaZulu-Natal. Il revendique des conceptions et des pratiques très traditionnelles[108] comme le test de virginité ou la polygamie, tolérée dans la loi coutumière et constitutionnellement illégale[109]. Il organise ses multiples mariages en les officialisant publiquement. Cette stratégie est structurée par un arsenal discursif élaboré qui alimente, par son intermédiaire et celui de ses partisans, un nouveau discours d'intolérance et de rejet de l'*Autre*, «nouveau» entendu comme une répétition du discours colonial et ségrégationniste antérieur. Ce discours est ouvertement traditionaliste, imprégné de jugements de valeur relatifs au sexe et à la sexualité et à l'appropriation du corps des femmes. Jacob Zuma «personnifie lui-même consciemment une sexualité spécifique et une identité de genre»[110]. En 2006, le procès pour viol dont il est sorti blanchi lui a servi politiquement : il est apparu publiquement comme la victime d'une propagande «anti-homme». Il a évoqué sa situation de «pauvre homme persécuté du peuple». Il a ainsi célébré son acquittement en affichant publiquement et sciemment une idéologie patriarcale, en revendiquant le retour à des valeurs coutumières et a défendu son «droit» à remplir ses fonctions sexuelles comme sa «tradition culturelle» l'exige.

Ensuite, durant les élections de 2009, les partis politiques ont courtisé leur électorat en employant de nouvelles stratégies de campagne. Celle menée par Jacob Zuma a placé les questions de genre et de sexualité au centre du discours ; elle les a en quelque sorte détour-

---

108   LAWUYI Olatunde B., «Acts of persecution in the name of tradition in contemporary South Africa», *Dialectical Anthropology*, XXIII (1), 1998, p. 83-95 ; DECOTEAU Claire, *The Crisis of Liberation: Masculinity, Neo-Liberalism and HIV/AIDS in Post-Apartheid South Africa*, contribution présentée lors de la rencontre annuelle de l'American Sociological Association, Boston, MA, 2008.

109   PLASSE Stéphanie, «Afrique du Sud : Jacob Zuma sur les traces de Thabo Mbeki ?», *Afrik.com*, 19 décembre 2007, <http://www.afrik.com/article13205.html>, consulté le 21 octobre 2015.

110   VAN DER WESTHUIZEN Christi, *"100% Zulu Boy": Jacob Zuma And The Use Of Gender In The Run-up To South Africa's 2009 Election*, Heinrich Böll, 2009, <https://za.boell.org/2014/02/03/100-zulu-boy-jacob-zuma-and-use-gender-run-south-africas-2009-election-publications>, consulté le 26 octobre 2015.

nées en le mettant personnellement en position de «victime» d'un système législatif oppressif (en référence à toutes les poursuites dont il avait fait l'objet notamment son procès pour viol)[111]. La manœuvre politique visait l'auto-identification de l'homme sud-africain de «base», pauvre, noir, des *townships*, malmené par la vague féministe locale, dans l'expression «normale» de sa sexualité[112]. L'homme politique a notamment lancé la campagne *100% Zulu Boy*[113] où il a ouvertement manifesté son engagement pour un retour à des valeurs traditionnelles africaines[114], sous-entendu favorables à la manifestation du pouvoir de «l'homme» sur «la femme». Par ailleurs, le *leader* de l'ANC et Julius Malema, ancien dirigeant de la Ligue de la Jeunesse de l'ANC, ont ainsi appelé à l'«exil des jeunes femmes enceintes», en référence à l'hypothétique hypersexualité des adolescentes mise en cause par les avocats de la défense de Zuma lors de son procès pour viol de 2006[115]. Malema a également fait des déclarations sur la façon dont les victimes de viol «devraient» se comporter, dans le sens où elles ne sont, selon lui, pas des victimes mais des «provocatrices». Il a notamment déclaré que l'accusatrice du Président Zuma avait «pris du bon temps»[116]. Et Tokyo Sexwale, membre exécutif de l'ANC, a traité les femmes âgées qui soutenaient le *Cope* (parti dissident de l'ANC) de «sorcières»[117].

Ces discours ouvertement misogynes[118] nourrissent à dessein le sentiment de ce que les partisans de Zuma qualifient d'«émasculation»[119] de certains Sud-Africains. Ce sentiment est au quotidien ren-

---

111   ROBINS Steven, «Sexual Politics and the Zuma Rape Trial», *Journal of Southern African Studies*, XXXIV (2), juin 2008, p. 411-427.

112   Christi Van der Westhuizen, *op. cit.*

113   *Ibidem.*

114   Voir également <http://concernedafricascholars.org/docs/Bulletin84-5anon.pdf>, consulté le 21 octobre 2015.

115   *Ibidem.*

116   PINO Angelica, *Equality Court Agrees, Speech Can Be Deadly Weapon*, GenderLinks, 2010, <http://www.genderlinks.org.za/article/equality-court-agrees-speech-can-be-deadly-weapon-2010-03-17>, consulté le 21 octobre 2015.

117   Christi Van der Westhuizen, *op. cit.*

118   MUELLER-HIRTH Natascha, *After the rainbow nation: Jacob Zuma, charismatic leadership and national identities in Post-Polokwane South Africa*, Department of Sociology Goldsmiths, Université de Londres, 2010, 16 p.

119   LINDSAY Lisa A., «Working with Gender: The Emergence of the "Male

forcé par celui de ne plus être capable de remplir son rôle socialement alloué de pourvoyeur de la famille puisque dans ce pays le chômage touche plus d'un homme noir sur trois. «L'homme sud-africain» ne serait plus un «vrai» homme. Ces discours virilistes[120], c'est-à-dire qui font monter en puissance des idéologies prônant des valeurs de supériorité masculine ou virile, prévalaient déjà à l'époque coloniale, où «l'homme» était culturellement considéré par les colons européens en Afrique comme le seul soutien de famille alors que la réalité était tout autre, les femmes ayant toujours occupé le secteur rémunéré du commerce par exemple[121]. Ces discours ne sont donc pas neufs et sont réutilisés par les hommes au pouvoir afin de justifier un arsenal de violences dont celles à l'égard des femmes. Il entretient une vision de la subordination des femmes, implicitement au service des hommes, entendus comme seuls capables d'autonomie. Il perpétue ce qu'on peut qualifier de *masculinisme colonial,* et ce au plus haut niveau de l'exercice du pouvoir politique.

Au-delà de s'être radicalisé – afficher une ambition de retour à des valeurs traditionnelles, dominantes au niveau national –, l'État sud-africain légitime à grand renfort de médias un tournant rétrograde qui mise explicitement sur la dénonciation des inégalités de «race», au détriment des inégalités de classe ou de genre. L'heure n'est pas à la paix sociale mais à la réaffirmation d'une Afrique hégémonique, masculiniste et élitiste. La tradition sert alors de base à un discours politique qui occulte les violences dont le pays est le théâtre (xénophobes, urbaines, de genre) et les inégalités économiques et sociales de plus en plus criantes, en contexte de mondialisation[122]. Elle sert également de faire-valoir à une idéologie au service de la satisfaction unilatérale du plaisir sexuel masculin qui serait menacée par une dévirilisation des hommes sud-africains orchestrée par

---

Breadwinner" in Colonial Southwestern Nigeria», *in* COLE Catherine, MANUH Takyiwaa & MIESCHER Stephan F. (dir.), *Africa After Gender?*, Indiana University Press, 2007, 344 p., p. 241-252.

120   BAILLETTE François & LIOTARD Philippe, *Sport et virilisme*, Montpellier, Quasimodo, 1999, 160 p.

121   *Ibidem.*

122   SEEKINGS Jeremy, «The continuing salience of race: Discrimination and diversity in South Africa», *Journal of Contemporary African Studies*, XXVI (1), 2008, p. 1-25.

les féministes radicales anticolonialistes locales[123]. Cette montée du nationalisme et du traditionalisme ne fait qu'accentuer une tolérance largement développée dans le pays qui consiste à considérer l'Afrique du Sud comme *épicentre* de l'Afrique, voire comme *leader*. La majorité des Sud-Africains contemporains sont assurés d'être *supérieurs*, ou *en avance* par rapport aux autres Africains, porteurs d'une culture spécifique, noire, à dispenser largement. Ce positionnement permettrait un jeu de balancier récurrent entre force –y compris celle de gouverner– et faiblesse –incluant le faible niveau général d'éducation. Ce jeu offre aux dirigeants politiques un équilibre, qui assied une forme de stabilité, difficilement matérialisable dans la réalité, mais facilement recyclable dans le discours. Autrement dit, la rhétorique de l'élite sud-africaine, particulièrement sophistiquée, permet d'occulter une incapacité à mettre en œuvre des politiques adaptées. Le discours se substitue à l'action politique.

L'État sud-africain se caractérise ainsi par l'expression politique explicite de la domination du plaisir sexuel masculin, en tant que repère social d'une société en difficulté, héritière d'un passé colonial. La satisfaction de ce plaisir fait forclusion : elle occulte l'objet de son existence, à savoir l'héritage de la domination et ses différentes composantes, les hiérarchisations de genre, de classe, de «race». Elle démontre l'impuissance des institutions aux niveaux local et global. Ce paradoxe permanent –puissance virile au plus haute niveau/ impuissance sociale– est alimenté par un *masculinisme d'État,* qui démontre une *impasse* politique et épistémique majeure.

Différentes ethnies (*ouolof, peul, sérère*...) composent la société sénégalaise et, en dehors de quelques exceptions, se caractérisent traditionnellement par une forte hiérarchie sociale, tant générationnelle que de genre, tant économique que politique[124]. L'espace familial est réglementé selon des codes précis. Les relations qui le constituent sont régies à la fois par des rapports d'autorité et des rapports de sou-

---

123   MCFADDEN Patricia, *African Feminism at the intersection with Globalization: critiquing the past, crafting the future,* contribution donnée à l'Université d'Oslo en Norvège en juin 2005.

124   NDIAYE Lamine, *Parenté et mort chez les Wolof : traditions et modernité au Sénégal,* Paris, L'Harmattan,

mission, qui se complètent et ont une fonction sociale : entre hommes et femmes, conjoints, coépouses, belles-mères et belles-filles, parents et enfants, et entre communautés (relations de parenté plaisante entre membres de familles du même nom, appartenance ethnique...). Les femmes sont consignées à conjuguer les rôles de mères et d'épouses.

Le colonialisme n'a fait qu'aggraver ce statut des femmes. Tout au long de cette période, « l'enfermement dans la sphère domestique n'a jamais été aussi rigoureux »[125]. Tant que le Sénégal a été sous administration française, les femmes ont été « exemptées » de droits civiques – elles n'avaient pas le droit de vote, comme toutes les Françaises jusqu'en 1944 – et ont été privées d'accès à la terre, les plantations étant propriétés rentières des colons. Afin de bénéficier de droits, en référence au code civil, il fallait jouir de la citoyenneté française, ce qui est resté une exception jusqu'à sa généralisation en 1946 par la loi Lamine Guèye, qui « a fait du code civil français le droit commun mais a maintenu la pluralité d'options dans le domaine familial »[126]. L'administration française n'exerçait son droit de préemption (au sens d'appropriation univoque) sur l'application des coutumes que si elle considérait qu'elles étaient « incompatibles avec la notion de "Progrès" qu'elle défendait »[127]. Aussi, l'État français a discouru sur les droits des femmes, en particulier sur le recul de l'âge légal du mariage, sur l'introduction de la clause de monogamie parmi les options du mari, sur le consentement obligatoire des époux, mais il n'a jamais livré bataille contre les promoteurs des traditions locales[128]. De plus, l'État français craignait une contamination de l'Afrique noire par l'Afrique maghrébine, nationaliste. Il a donc tout mis en œuvre pour diviser les deux régions, et leurs Islams respectifs[129], en s'appuyant sur

---

125   SOW Fatou & DIOUF Mamadou (dir.), *Femmes sénégalaise à l'horizon 2015, ministère de la Femme, de l'Enfant et de la Famille*, Dakar, The Population Council, 1993, p. 5.

126   N'DIAYE Marieme, *Les débats autour du code de la famille : l'enjeu de la production des normes*, IEP Bordeaux, mémoire de Master Gouvernance des Institutions et des Organisations Politiques, Mention « Sciences du Politique », 2007.

127   *Ibidem.*

128   *Ibidem.*

129   L'Islam sénégalais est sunnite, de rite *malékite* (pratiqué en Afrique du Nord et de l'Ouest) où le *soufisme*, versus *wahhabisme* (majoritaire chez les intégristes), fait loi.

les coutumes *ouolof*[130]. Aujourd'hui, le code de la famille représente la face émergée d'une société où la politique se joue en équipe avec les représentants des valeurs traditionnelles et religieuses. La domination masculine sénégalaise instituée trouve principalement sa légitimité moderne dans l'Islam, devenu religion majoritaire dans le pays, qui, comme les autres religions monothéistes, instaure le mariage en règle sociale. En Islam, les rapports sexuels, considérés comme porte d'accès à l'âge adulte et à la maturité, ne sont considérés comme légitimes qu'au sein du mariage[131]. Hors mariage, les femmes perdent leur vertu, ce qui est jugé comme immoral, contrairement aux hommes. Cette loi morale instaure la préemption par les proches (le mari, les femmes de la famille de la mariée, les femmes de la famille du marié) de la virginité et parfois de la preuve à donner de l'excision pour les femmes au moment des noces, et le mariage obligatoire des filles-mères. La libre sexualité des femmes renvoie à une décadence, ouvrant le droit divin des hommes à exercer toutes violences. De fait, la sexualité féminine ne trouve sa légitimité qu'au service de celle des hommes, qui par ailleurs se portent garants de la satisfaction de leurs désirs. Ce paradoxe incarne une forme de piège de genre, par lequel, au Sénégal, autant les femmes ont des devoirs envers les hommes, autant les hommes ont des devoirs sociaux à remplir envers les femmes.

À titre d'exemple, l'État sénégalais replonge dans les textes du Coran ou de la Bible uniquement quand il s'agit de contraception, d'avortement, du port du préservatif, du voile, du divorce, de la prévention du sida[132]. Il «manipule» les textes religieux pour refondre le patriarcat. Il échapperait ainsi à un «débat sur les transformations sociales entre les politiques et la société civile autour d'un projet de société»[133]. Le code de la famille incarnerait ainsi la cheville ouvrière du *système consensuel sénégalais* où cohabitent modernité, tradition et religion. Par ailleurs, le pouvoir politique s'ancre dans le temps par la création de divisions hiérarchisées, non seulement sexuelles mais aussi

---

130   *Ibidem.*

131   DIAL Fatou Binetou, «Le divorce, source de promotion pour les femmes? L'exemple des femmes divorcées de Dakar et Saint-Louis (Sénégal)», *Genre, population et développement en Afrique: colloque international. Dakar (SEN),* Dakar: IRD, UEPA, 2000, 15 p.

132   Fatou Sow, 2007, *op. cit.,* p. 9.

133   *Ibidem.*

générationnelles. En effet, les relations entre enfants et aînés sont particulièrement structurées. À l'intérieur de ce système, les femmes gagnent l'autorité sur leur progéniture, ce qui les propulse à un certain niveau de prises de décision, au moins dans le cercle familial. Cette situation crée son revers qui consiste à ce que plus les femmes sont âgées et ont des enfants, c'est-à-dire re-produisent leur cycle reproductif, plus elles approchent la *liberté*, au sens autonomie du choix, tel que défini par Jean-Paul Sartre[134]. En effet, elles délèguent à leurs cadettes toutes les tâches domestiques, sans que cela soit discutable. Elles en sont exemptées, grâce à l'autorité qui leur est alors dévolue, investies de leur rôle de protectrices des tabous et interdits sociaux. De fait, elles prennent le relais de l'autorité masculine.

En outre, depuis le début des années 1990, le régime sénégalais se maintient grâce à l'existence d'un contrat social liant État et confréries religieuses[135]. Aujourd'hui, l'État sénégalais oscille entre lois internationales et nationales pour satisfaire les croyances de tous et mettre en place une situation de *statu quo*. Le code de la famille sénégalais représente alors le moyen le plus simple d'agglomérer des systèmes patriarcaux (législatif, traditionnel et religieux) qui forment contrats afin de mieux satisfaire les exigences des institutions financières internationales et de mieux oblitérer les propositions politiques féministes, tout en les tolérant, le tout en instaurant un état permanent de flou politique. Au quotidien, ce code permet de cantonner les femmes dans un éternel rôle de mineures civiques. Il autorise l'État à jouer sur plusieurs tableaux, s'alliant tantôt aux confréries musulmanes, tantôt à l'Église chrétienne, tantôt aux griots[136], tantôt aux mouvements de femmes, dans le but de gérer une paix sociale à faible coût[137]. Cet équilibre reste néanmoins très fragile. Dans ce contexte, les termes «pesanteurs socioculturelles et religieuses» recouvrent une syntaxe davantage usitée par les institutions internationales (ONU,

---

134   SARTRE Jean-Paul, *L'être et le néant*, Paris, Gallimard, 1943, 675 p.

135   CRUISE O'BRIEN Donald, «Le contrat social sénégalais à l'épreuve», *Politique Africaine* n° 45, 1992, p. 9-20.

136   Communicateurs traditionnels africains.

137   En termes de coût public, à part les émeutes contre la faim en 2011, le Sénégal, ne connaît pas comme la plupart de ses voisins de conflits internes, armés ou pas. Par contre, comme bon nombre de ses voisins, le coût privé reste élevé et fait partie de l'attribution du rôle social des femmes.

OCDE, Banque mondiale, organismes de coopération internationale…) que par les organisations ou intellectuels sénégalais. Ils qualifient davantage une vision mondialisée, faisant fi de l'ensemble de ces rapports de force. Cette vision participe du système qui maintient les femmes à ce statut de mineures civiques.

L'institution du mariage et la politique du statu quo avec la tradition et la religion au Sénégal trouvent ainsi leur corollaire dans l'exacerbation présidentielle sud-africaine de la virilité. Les deux phénomènes traduisent des représentations hiérarchisées des sexualités masculine et féminine, doublées de la structuration des rapports de domination, des rapports verticaux entre État et populations, État et femmes, dans chacun des pays. La différence entre le Sénégal et l'Afrique du Sud se situe au niveau de la sphère où ces institutions se manifestent. Dans le premier cas, les expressions de la domination restent cantonnées à la sphère privée et sont dictées par l'interprétation des textes religieux et traditionnels. Dans le deuxième cas, elles sont propulsées directement dans la sphère publique, là où les relations de pouvoir sont visibles : la sphère politique. Pour ne prendre qu'un exemple, au Sénégal, la polygamie incarne une position de subordination qui peut être transgressée. En Afrique du Sud, elle façonne l'action politique. Elle oriente la gestion du pouvoir. Ces deux orientations sont à mettre en perspective avec les situations économiques différenciées des deux pays, l'un étant pauvre et l'autre riche et investi par les organisations internationales d'un rôle de gardien et de modèle africain. La relation de cause à effet –hégémonie continentale et valorisation de la sexualité masculine, face émergée du traditionalisme et d'un masculinisme au niveau étatique–, n'est pas neutre d'autant qu'elle se produit en contexte mondialisé.

Ces spécificités africaines orientent le vocabulaire utilisé au plus haut niveau (mondial), résultat d'un choix sémantique sophistiqué. La terminologie «pesanteurs socioculturelles et religieuses» en est un bon exemple. Elle enferme les femmes de *certains* pays dans un groupe humain homogène, victime, à protéger. Elle les rend *subalternes :* des femmes qui ne peuvent pas parler, dont la pensée n'est pas représentée[138] et qui en viennent à gérer au pied levé ou par choix ce

---

138   SPIVAK Gayatri Chakravorty, *Can the Subaltern Speak? (Les Subalternes*

qui est globalement et socialement considéré comme périphérique, à savoir le quotidien. De plus, en suggérant un décryptage occidental mondialisé des situations que vivent «les femmes», ce jeu sémantique fait violence épistémique[139]. Il impose à ces pays dits «en développement» une position défensive par domination masculine interposée. Il explique le *backlash* ostensible de l'Afrique du Sud ou le *consensus* assumé du Sénégal, en tant que *traduction inversée* du discours dominant occidental. Le recours à «la tradition» par la nouvelle équipe dirigeante sud-africaine est en effet une bonne illustration de politique de *backlash*, terme inventé par Susan Faludi pour définir le «retour de bâton» orchestré par la «contre-offensive patriarcale» au mouvement féministe du début des années 1970[140] en Amérique du Nord et en Europe. Ces deux partis pris (*backlash* et *consensus*) deviennent alors les révélateurs de la projection de l'idéologie hégémonique masculine occidentalisante sur les politiques africaines, ce dont leurs protagonistes se défendent immédiatement.

Les deux mouvements, de *consensus* d'une part et de *backlash* d'autre part, viennent dans les deux cas se heurter à l'accélération produite par la mondialisation libérale et les stratégies qui la sous-tend. Ils accentuent le phénomène de repli immédiat sur l'urgence que les femmes sont en devoir de gérer de plus en plus en priorité. En misant implicitement sur des stratégies défensives par rapport aux pressions internationales, les deux États consolident l'accélération et la surabondance de la sollicitation quotidienne mondialisée, renforcée par l'intrusion des effets des politiques et usages de TIC sur les femmes socialement en charge de la gestion de la cité. La politique se déplace en silence et dans l'ombre, de sa définition classique (État, institutions) à sa définition étymologique (la gestion de la cité).

---

peuvent-illes parler?, 1988a, traduction française de Jérôme Vidal, Paris, Amsterdam, 2006), *in* NELSON Cary & Grossberg Lawrence (dir.), *Marxism and the Interpretation of Culture*, Chicago, University of Illinois Press, 738 p., p. 271-313.

139   Gayatri Chakravorty Spivak, 1988b, *op. cit.*, p. 204.

140   FALUDI Susan, The Undeclared War Against American Women, Anchor, 1991, ré-édition Three Rivers Press 2006, 576 p.

Une colonisation par héritage

Histoire de l'institutionnalisation du genre et de la dépolitisation des luttes des femmes

La période de colonisation a fait place à une période de transition qui inclut celle du capitalisme. Ce double héritage – colonisation et capitalisme – a donné naissance à des contextes paradoxaux, notamment en matière de droits humains, en particulier de droits des femmes, et plus généralement en matière de législation et de politiques publiques au plus haut niveau. Ces paradoxes consistent en l'affichage d'un certain progressisme politique qui se traduit par des déclarations ou des lois, puis des programmes de mise en œuvre desdites lois. L'«intégration transversale du genre» dans les politiques publiques (*gender mainstreaming*) fait partie de cet héritage. De fait, elle est institutionnalisée.

DÉFINIR L'INSTITUTIONNALISATION DU GENRE

Il existe au moins quatre définitions de l'institutionnalisation du genre. Dans certains textes, cette terminologie est sciemment utilisée pour décrire «une stratégie qui a pour but de promouvoir l'égalité entre les sexes et de faire avancer les droits des femmes et ce, en infusant une analyse de genre, de la recherche sensible au genre, les perspectives des femmes et des buts d'égalité entre les sexes dans l'ensemble des politiques, projets et institutions»[1]. Elle est une stricte traduction du *«gender mainstreaming»*, à savoir l'intégration transversale de genre dans les politiques publiques. Comme on peut le lire, elle se réduit à l'égalité entre les sexes: «le *gender mainstreaming* consiste à évaluer les incidences pour les femmes et pour les hommes de toute action envisagée, notamment dans la législation, les politiques ou les programmes, dans tous les secteurs et à tous les niveaux. Il s'agit d'une stratégie visant à incorporer les préoccupations et les expériences des femmes aussi bien que celles des hommes dans l'élaboration, la mise en œuvre, la surveillance et l'évaluation des politiques et des programmes dans tous les domaines – politique, économique

---

1   Association for Women's Rights in Development (AWID), 2004. «*Gender mainstreaming*: can it work for women's rights?», *Spotlight 3*, novembre 2004, p. 1.

et social – de manière à ce que les femmes et les hommes bénéficient d'avantages égaux et que l'inégalité ne puisse se perpétuer. Le but ultime est d'atteindre l'égalité entre les sexes»[2].

Dans cette définition, on distingue les conceptions des usages. Ils sont multiples et permettent d'identifier les écarts entre le sens attendu par les protagonistes et le sens retenu par les bénéficiaires. Sophie Jacquot parle, dans le contexte de la Commission européenne, d'«ingénierie instrumentale» qu'elle définit comme «l'ensemble des processus qui conduisent à l'appropriation différenciée d'un instrument d'action publique par l'intermédiaire d'usages différents, voire divergents»[3].

Dans d'autres textes, cette terminologie se consacre uniquement à ce qui est communément appelé les «Études de genre». L'institution est alors accolée à l'académie et les institués aux universitaires et l'objet de l'institutionnalisation associée à la transmission des savoirs féministes[4].

Une troisième définition demande à être citée. L'institutionnalisation de genre s'opère chez les organisations et les mouvements de femmes eux-mêmes. Sur «le plan organisationnel, les groupes informels ont fait place à des ONGs de plus en plus spécialisées et professionnelles. Sur le plan politique, on constate que les premières positions d'autonomie farouche et de lutte en dehors du système ont souvent fait place à des stratégies d'influence sur – et de participation dans – les institutions gouvernementales et internationales, pour développer un "pouvoir des femmes"»[5]. Sophie Stoffel définit

---

2   ONU, 1997. *Report of the Economic and Social Council for 1997*, A/52/3, 18 septembre 1997, p. 28.

3   JACQUOT Sophie, «L'instrumentation du *gender mainstreaming* à la commission européenne: entre «ingénierie sociale» et «ingénierie instrumentale»», *Politique européenne,* III (20), 2006, p. 33-54.

4   BLANCHARD Soline, FALQUET Jules & FOUGEYROLLAS Dominique (dir.), *Transmission: savoirs féministes et pratiques pédagogiques,* CEDREF, Série «Colloques et travaux», Publications Paris 7 - Denis Diderot, 2006, 152 p. et ZAIDMAN Claude, «Institutionnalisation des études féministes», *Les cahiers du CEDREF* [En ligne], 4-5 | 1995, <http://cedref.revues.org/320>, consulté le 21 octobre 2015.

5   FALQUET Jules, «Le débat du féminisme latino-américain et des Caraïbes à propos des ONG», *Les paradoxes de la mondialisation,* Cahiers du GEDISST, XXI, Paris, L'Harmattan, 1998, p. 2.

dans le cas du Chili les organisations féministes institutionnalisées «comme celles qui existent grâce au financement des institutions publiques nationales ou internationales, ou qui cherchent à en bénéficier; et celles qui sont engagées dans une interaction avec l'État, le SERNAM[6] et les organismes internationaux»[7].

Enfin, une quatrième définition concerne l'entrée de militantes féministes au sein des structures de l'État[8].

Concernant l'Afrique du Sud et le Sénégal, je m'intéresserai plus particulièrement aux première et troisième définitions de l'institutionnalisation du genre que j'estime concomitantes.

DEUX TYPES D'ORGANISATIONS : FÉMININES ET FÉMINISTES

Dans le contexte africain, la différenciation entre organisations «féminines» et «féministes»[9] s'impose afin de mieux comprendre l'institutionnalisation du genre. Les premières englobent tout ce qui a trait à la mise en application de l'aboutissement de l'agitation des deuxièmes, qui se battent généralement par l'acte politique pour l'éradication des discriminations liées à la division sexuelle (patriarcat) et pour la liberté ou l'autonomie des personnes, hommes ou femmes. Un des meilleurs exemples de la différence entre les deux types d'organisations, tant dans l'action que dans les impacts, est celui de la loi contre les mutilations génitales féminines (MGF) adoptée au Sénégal en 1999 par le Parlement, mettant davantage l'accent sur l'«affection portant atteinte à la santé de la mère et de l'enfant» que sur l'atteinte aux droits des femmes à disposer de leur corps. Cette loi correspond davantage à une revendication féminine que féministe.

En Afrique du Sud et au Sénégal, cette dichotomie entre féminin et féministe s'est révélée avec la naissance récente des États. Depuis les indépendances, les lois, les discours politiques, l'activité des partis

---

6   «Servicio Nacional de la Mujer», service de l'État chilien dédié à la Condition des femmes.

7   STOFFEL Sophie, «L'institutionnalisation au service de l'autonomie des féministes chiliennes», *Recherches féministes*, XX (2), 2007, p. 38.

8   *Ibid.*, p. 44.

9   SOW Fatou, *Politiques néolibérales et alternatives féministes: l'apport des mouvements de femmes en Afrique*, Laboratoire SEDET, CNRS, Université Paris Diderot (France), 2007, 11 p.

sont majoritairement restés entre les mains d'hommes[10], ce qui permet de qualifier le lieu et l'épistème de ces discours et activités comme situés dans le domaine masculin. Dans ces États républicains, hérités de la colonisation, puis de l'apartheid pour l'Afrique du Sud, l'action politique demeure un privilège réservé aux hommes, sans pour autant que cela soit effectif. Ce privilège est néanmoins ambigu d'autant que la mondialisation réclame chaque jour davantage de compétitivité, de flexibilité, d'exemplarité. Les États entretiennent des pressions politiques, économiques et idéologiques internationales, entre eux, entre eux et les organisations internationales, entre eux et les organismes privés. En particulier, le contexte de crise et de dégradation économique a une influence directe sur la création d'organisations dites féminines par les partis au pouvoir[11]. Ils entendent ainsi montrer leur bonne volonté mais aussi tentent de réguler les impacts de ces pressions au niveau local, par organisations de femmes interposées.

Aussi, afin d'agir sur le politique, les femmes, quelles que soient leur «race» ou leur classe, doivent se créer des espaces spécifiques, toujours en marge de l'officiel, c'est-à-dire des partis, mais le plus souvent en soutien du pouvoir. Les sujets de discrimination aussi variés que l'accès à la terre, au crédit, aux soins ou aux technologies, l'accès aux places de prise de décision politique, le droit à la contraception, à l'avortement, l'autorité parentale conjointe, la scolarisation des filles, la polygamie, les violences sexuelles, les mutilations génitales féminines, les impacts de genre de la pandémie du sida et l'augmentation des écarts de richesse liés à la libéralisation des échanges économiques, sont discutés et élaborés au sein des organisations de femmes et non des partis politiques, même progressistes[12]. Pour le cas du Sénégal, «les partis n'incluent que du bout des lèvres ces revendications féminines contre l'application des lois coraniques»[13], par exemple. Les sujets de mobilisation des organisations de femmes sont en revanche instrumentalisés par les partis, en tant qu'argument repoussoir des théories intégristes religieuses ou éventuellement libé-

---

10   COQUERY-VIDROVITCH Catherine, «Histoire des Femmes d'Afrique», *Clio,* n° 6, Femmes d'Afrique, 1997.

11   *Ibidem.*

12   Fatou Sow, 2007, *op. cit.*

13   *Ibidem.*

rales et hégémoniques occidentales. L'effort politique des militantes africaines n'est jamais récompensé ni reconnu, y compris pendant et après les luttes de libération.

SÉNÉGAL : DE LA LIBÉRATION PATERNALISTE AU FÉMINISME D'ÉTAT

À l'indépendance du Sénégal, en 1960, Léopold Sédar Senghor, tout en affichant son souhait de garder des liens paisibles avec les Occidentaux, s'engage vers la construction d'un «État postcolonial socialiste». Il adjoint à son dessein l'ambition de créer une culture associative nationaliste, c'est-à-dire dédiée au projet national, pour laquelle les femmes forment piliers en tant que mères de la Nation. Il fait implanter sur tout le territoire sénégalais des organisations dites Foyers Féminins, gérées par les militantes du parti (l'Union progressiste sénégalaise - UPS), qui organisent les Sénégalaises en milieu rural. Selon l'expression du premier président sénégalais, cette mobilisation permet aux femmes d'accéder «à l'éducation civique familiale, sanitaire, en somme, aux attributs nécessaires à la formation et au perfectionnement de leurs qualités d'épouse, de mère, de productrice, de citoyenne»[14]. Sans aucune ambiguïté, son discours vise les femmes en tant que re-productrices, gardiennes des foyers sénégalais. Lors de l'inauguration du Centre national d'enseignement technique féminin à Dakar, au début des années 1960, il fait la promotion de «l'art ménager», garant de la «civilisation» et d'une bonne gestion de l'État, et en confie la tâche à toutes les femmes du pays :

> *«De quoi s'agit-il ? Il s'agit de former des maîtresses d'enseignement ménager. Elles auront pour profession, je dis pour mission, d'enseigner l'art ménager, de former des épouses et des mères. En d'autres termes, de rendre à notre planification son sens et son efficacité. La production est faite pour l'homme, qui n'est vraiment homme que rendu à sa vocation, qui est de vivre à son foyer, dans sa famille. Il s'agit d'apprendre, à la femme sénégalaise, l'emploi rationnel et, partant, efficace de l'argent gagné des produits achetés par le ménage ; de lui apprendre, encore une fois rationnellement, les humbles travaux qui sont la base de toute civilisation digne de ce nom ; aménager un logement suivant la fonction de chaque pièce, préparer le budget mensuel, faire le marché quotidien, nettoyer la maison et faire la cuisine, laver et repasser, tailler et coudre et ravauder. Que*

---

14   CISSÉ Katy, *La revendication politique et citoyenne comme réponse à la marginalisation des femmes dans le développement : le cas du Sénégal*, 2002, 13p., p. 12.

de gaspillages dans les foyers sénégalais ; que d'aliments jetés à la poubelle, qu'on pourrait faire réchauffer, que de vêtements perdus parce que non raccommodés ! Que de nez qui coulent, que de mains sales chez les enfants. Si l'on répandait, dans nos campagnes, l'usage du savon et du mouchoir, si l'on apprenait, à nos paysans, à construire des lieux d'aisance, on diminuerait la mortalité de moitié. Et cela ne coûterait presque rien à l'État »[15].

À lire cette leçon de civisme de Léopold Sédar Senghor, on comprend qu'il ne remet pas en cause les fondements du patriarcat. Il affirme sa perception des Sénégalaises en tant que mères, épouses, mineures à éduquer et non comme citoyennes à part entière et à égalité avec les hommes. Il considère «la femme sénégalaise [...] inculte, dépensière, et dont l'éducation est gage de l'équilibre des hommes et des foyers»[16]. Le positionnement paternaliste du libérateur le pousse à mettre le Conseil national des femmes de l'UPS sous tutelle d'un homme et de deux adjoints, masculins, nommés par le Congrès.

Dans un même élan, le gouvernement de Senghor crée des Sociétés régionales de développement rural (SRDR) afin de coordonner les «débats» de la population paysanne locale. Ces SRDR, en relation avec les coopératives agricoles, sont composées exclusivement de chefs d'exploitations masculins. Ainsi, seuls les hommes peuvent débattre des politiques à mener tout en bénéficiant des moyens de production –les semences, l'engrais, le matériel agricole– exclusivement distribués par les coopératives[17]. Les femmes ne jouissent pas du droit à la propriété foncière et n'ont aucun pouvoir de décision. Elles sont considérées comme des «partenaires économiques», sans plus de droits. Elles ne participent pas aux assemblées et leur avis n'est pas pris en compte. Leur sort et leur statut sont subordonnés à celui des hommes, au travers des instances de développement rural: «l'association paysanne à but productif était donc une affaire d'homme, jusque dans les années 1980»[18]. Ce modèle participatif est défavorable aux femmes rurales.

---

15 *Ibid.*, p. 8.

16 *Ibidem.*

17 SOUMARE Mame Arame, *La montée du mouvement associatif comme facteur d'équilibrage des rapports de genre. Étude de cas au Sénégal*, contribution au Colloque international Genre, population et développement en Afrique, organisé par UEPA/UAPS, INED, ENSEA, IFORD les 16-21 juillet 2001, Abidjan, p. 3.

18 *Ibidem.*

Depuis son accession au pouvoir, Senghor entend organiser les femmes, pour leur bien et celui de la Nation, le tout sous sa surveillance ou celle d'hommes qu'il nomme. Fatou Sow insiste sur l'instrumentalisation nationaliste des femmes et le lien entre appropriation du corps des femmes et affirmation du pouvoir :

> *« Les femmes ont été à la fois sujets et objets des projet nationalistes [et] elles ont été, dans le même temps, réifiées, comme symboles de l'identité nationale, comme objets de compétition entre groupes (colonisés / colonisateurs par exemple) dont le contrôle des femmes, de leur corps, de leur sexualité et de leur fécondité est une manière de signifier la domination et d'en jouir. »*[19]

Aussi, pendant la présidence Senghor, de 1960 à 1980, des femmes vont-elles intégrer les sphères du pouvoir, dans des ministères généralement associés aux femmes – l'Action sociale, la Condition de la femme, la Promotion humaine… – très progressivement et toujours en nombre limité. Au moment du vote du Code de la famille, en 1972, une seule femme siégeait au Parlement, et cela depuis 1963.

Dans les années 1970, des mouvements féministes, dont *Yewwu-Yewwi*[20], émergent malgré tout mais se déclarent d'emblée apolitiques. Ils se soustraient ainsi de la sphère du pouvoir. En 1977, la Fédération des associations féminines du Sénégal (FAFS), tout en restant liée à l'État, avance quelques nouvelles revendications. C'est à partir de 1981, sous la présidence d'Abdou Diouf, ancien Premier ministre, qu'un féminisme d'État apparaît[21] : le nouveau président entend poser ses marques et se différencier de la quête de la reconnaissance de la « négritude »[22] de son prédécesseur, par l'intermédiaire de la pro-

---

19   Fatou Sow, 1997, *op. cit.*

20   KANE Hawa, *Émergence d'un mouvement féministe au Sénégal : le cas du Yewwu-Yewwi PLF,* mémoire de maîtrise, Dakar, Université Cheikh Anta Diop, Faculté des lettres et sciences humaines, 2008.

21   Katy Cissé, *op. cit.*, p. 12.

22   Ce concept est créé par l'intellectuel martiniquais Aimé Césaire : « La Négritude est la simple reconnaissance du fait d'être noir, et l'acceptation de ce fait, de notre destin de Noir, de notre histoire et de notre culture ». À partir de cette idée, Léopold Senghor, en donne une nouvelle définition et en fait le vecteur de son engagement socialiste tout en gardant des relations rapprochées avec les Occidentaux : « La Négritude, c'est l'ensemble des valeurs culturelles du monde noir, telles qu'elles s'expriment dans la vie, les institutions et les œuvres des Noirs. Je dis

motion officielle des femmes. Il s'appuie lui aussi sur des mouvements de femmes, qu'il téléguide. Il crée la Fédération nationale des
groupements de promotion féminine. Ces organisations deviennent
les piliers de la nouvelle politique de développement du président et
le terreau d'un féminisme des années 1990, soutenu politiquement
et financièrement par les organisations internationales (BIT, PNUD,
Fonds des Nations Unies pour la Population…), dans le cadre du
suivi de la Conférence de Pékin, ce qui n'est pas sans valoriser l'action
politique du chef d'État.

Avec le temps, la situation agricole se détériore et les solutions
apportées par les associations de femmes rurales naissantes s'avèrent
officieusement les bienvenues par les pouvoirs publics. En effet, de
1968 à 1988, la sécheresse sévit dans les pays du Sahel et la Politique d'ajustement structurel du secteur agricole (PASA), imposée
par les institutions financières internationales, dans le but de créer
plus de compétitivité, se traduit par un désengagement de l'État et
une responsabilisation exponentielle des populations paysannes. La
« Politique de population » adoptée par le gouvernement sénégalais en
1988 est alors centrée sur la maîtrise de la croissance démographique
et le problème des déséquilibres régionaux. L'apport des femmes est
officiellement considéré par le gouvernement comme négligeable[23]
car perçu par ses protagonistes comme trop économique et politique
pour elles.

À travers les Groupements de promotion féminine (GPF), l'État
et les Organisations non gouvernementales (ONG) visant les groupes
dits défavorisés, identifiés selon eux comme les jeunes et les femmes,
commencent à utiliser les paysannes comme dynamiseurs d'un secteur en déclin. Créés essentiellement entre 1991 et 1998, les GPF,
comme les Groupements d'intérêt économique (GIE), permettent
ainsi aux femmes rurales, particulièrement touchées par la montée
de la pauvreté, de disposer d'un espace où leurs savoir-faire, leurs
capacités productives, les richesses qu'elles créent, les valorisent. De
fait, elles augmentent à elles seules le niveau de vie sur leur terri-

---

que c'est là une réalité : un nœud de réalités ». CESAIRE Aimé, *Cahier d'un retour au
pays natal*, Paris, Présence africaine, 2001 [1936], 93 p. ; SENGHOR Léopold Sédar,
Négritude et humanisme, Paris, Le Seuil, 1964, p. 9.

23   Mame Arame Soumare, *op. cit.*, p. 5.

toire, en créant des richesses et des emplois, y compris masculins[24]. Elles viennent en discuter lors des assemblées sous la supervision des agents d'encadrement rural mais leur contribution reste marginale. Aussi, à travers ces organisations qui se disent féminines, les femmes sont politiquement propulsées aux niveaux institutionnel, économique et décisionnel, tout en restant dirigées par des équipes masculines.

En 2007, le président Abdoulaye Wade ouvre les portes des forces armées du pays aux femmes par la formation de contingents de cinquante filles dans la gendarmerie[25]. Cette «féminisation» de l'armée, comme aime à la qualifier le successeur de Diouf, va se prolonger en 2008 par le recrutement de trois cents «militaires du rang» de sexe féminin. Le président en exercice entend montrer selon ses propres termes «un symbole important» dans les progrès vers l'intégration du genre en ajoutant sa signature −«les femmes ont leur place dans tous les secteurs d'activités de la nation»[26]−, ce qui le détache en partie de ses prédécesseurs. Tout en affichant un discours progressiste en termes de genre, Abdoulaye Wade utilise les portes de l'armée afin de transformer ses paroles en actes. Ce choix, loin d'être neutre, a pour ambition de satisfaire toutes les parties, partis politiques, chefs religieux, organisations de femmes, sans prendre de grands risques sur le terrain de l'égalité de genre. En effet, en renforçant les forces armées, c'est-à-dire en optant pour la piste militaire, il sublime sa vision de la place des femmes, qui se doivent de rester sous l'autorité d'un ordre, dirigé par des hommes, qui leur est supérieur.

Plus récemment, le Plan d'orientation pour le développement économique et social 1996-2001 (IXe Plan) mentionne la nécessité «de libérer le potentiel productif des femmes, en prenant des mesures spécifiques leur donnant accès au capital, aux ressources, à la terre, à la technologie, à l'information, à l'assistance technique et à la formation». Cette nécessité était déjà mentionnée dans le Plan d'action national pour le Sénégal soumis à la Conférence de Pékin en

---

24   *Ibidem.*

25   APS, novembre 2007, *La féminisation des forces armées se fera sans «heurter» les considérations religieuses*, <http://fr.allafrica.com/stories/200711100219.html>, consulté le 21 octobre 2015.

26   *Ibidem.*

1995, la relation «femme-économie-élimination de la pauvreté» étant libellée comme priorité de premier rang. Peu de changement a été observé entre les deux périodes.

Aussi, les successeurs de Léopold Sédar Senghor, tout en se démarquant volontairement les uns des autres, lui emboîtent-ils le pas jusqu'à créer un féminisme d'État, qui sera ensuite mis sous surveillance des grandes institutions internationales.

À l'origine, le concept de féminisme d'État, tel qu'il a été analysé et développé par Gary Goertz et Amy Mazur, était défini comme tel : «toute action des agences de mise en œuvre des politiques pour les femmes qui inclut les revendications des mouvements des femmes et de ses acteurs au sein de l'État afin de produire des résultats féministes à la fois sur les processus politiques, sur les impacts sociétaux ou les deux»[27]. La définition appliquée au Sénégal ne décrit pas des stratégies convergentes entre politiques publiques et mouvements des femmes ou féministes mais plutôt l'appropriation par l'État des politiques de «promotion de la condition féminine», ce qui se rapproche davantage de ce que les deux politologues regroupent sous une définition qu'ils ont eux-mêmes corrigée (relativement aux pays d'Amérique du Nord et d'Europe de l'Ouest) : «les mécanismes et les agences de mise en œuvre de politiques pour les femmes sont devenus des agences de l'État, à tous les niveaux du gouvernement – national, régional ou local – ou des types d'organes (élus, nommés, administratifs, ou juridiques) à qui la responsabilité de promouvoir l'avancement des femmes et l'égalité de genre a été officiellement confiée»[28]. Tous les présidents sénégalais entendent promouvoir et contrôler les mouvements féminins (et non féministes) sur leur territoire, y compris en essayant la piste militaire, et ne pas laisser de place aux revendications féministes. De cette manière, ils prennent une assurance sur la paix sociale (sous-traitance de la gestion du bien commun) qu'ils mettent entre les mains des femmes via le contrôle de ces organisations féminines, tout en gardant la propriété de leurs corps en tant que productrices et nourricières des générations futures.

---

27   GOERTZ Gary & MAZUR Amy G., *Politics, Gender and Concepts - Theory and Methodology*, Cambridge University Press, 2008, p. 244-270.
28   *Ibidem.*

Parallèlement, l'État sénégalais a su, depuis l'indépendance, développer une rhétorique sexiste ostensible, ce qui manifestement a des effets repoussoirs sur les organisations de femmes ou féministes. La relecture des discours de Léopold Sédar Senghor est à ce titre très éclairante :

> *« On s'étonne de l'instabilité de nos foyers, de la fréquence des divorces dans notre pays. Rien d'étonnant si le mari ne trouve pas, chez lui, l'ordre et la propreté de son bureau. Si la femme est plus préoccupée de ses boubous et de ses bijoux que de ses enfants, si elle ne sait pas coudre un bouton ou cirer des chaussures ? Si la poupée n'ouvre la bouche que pour réclamer de l'argent »*[29].

Le mot « poupée » est grotesque. Mais grâce à son emploi, nous comprenons mieux les enjeux de cette société post-coloniale, héritée de la colonisation française, une des rares qui ne connaît pas complètement une situation de conflit armé sur le continent[30]. Ce discours nous permet d'entrevoir et de tisser les liens entre les concepts de mariage, de culture, de religion, de droits. Les valeurs ethniques locales et les besoins d'assujettissement des colons français ont contracté un bon mariage qui a enfanté une hiérarchisation naturelle structurée entre Sénégalais et Sénégalaises. Par leur rôle de re-production des esclaves, puis des forces de travail des exploitations coloniales, et aujourd'hui de porteuses de la Nation, les femmes, prises dans leur ensemble, occupent la sphère privée, sans jamais pouvoir y déroger. Les hommes quant à eux, de par leur rôle de chef, doivent incarner cet ordre et le rendre visible, jusqu'à le défendre. Cette fonction ne peut s'exercer qu'en dehors du cercle intime sous peine d'être totalement inutile et inefficace. Le foyer, le ménage, est le lieu où les enjeux sociaux les plus cruciaux se jouent, sans que cela ne soit visible. À partir de ce noyau, hérité des relations de pouvoir entre dominés/dominants, esclaves/esclavagistes, colonisés/colons, d'autres pressions peuvent aisément faire leur entrée en scène et interpréter une partition encore plus ordonnée, normée et légiférée.

La relation entre organisations féminines et État patriarcal ne saurait d'ailleurs plus aujourd'hui être remise en question, d'autant qu'elle est représentée comme le pilier de sortie de crise et de sur-

---

29   Katy Cissé, *op. cit.*, p. 8.
30   Le conflit en Casamance reste sourd mais bien présent.

vie d'une société en déclin économique. La nécessité institutionnelle de la part des pouvoirs publics de s'allier avec les organisations de femmes est désormais cantonnée à des secteurs comme l'économie au détriment de ce qui touche à la sphère privée, dont la gestion de la famille ou du foyer forme le cœur. Cette contradiction implicite – l'économie peut à la fois être publique et privée (famille/foyer) et ces deux facettes sont gérées de façon formellement distincte par les pouvoirs publics – crée une forme d'épine dorsale sur laquelle les deux parties, État et organisations de femmes, cheminent, le plus souvent ensemble. Cette contradiction forme danger. À tout moment, les organisations de femmes risquent de retomber dans le négligeable, pour peu que la situation économique nationale s'améliore, leurs initiatives réquisitionnées par le pouvoir politique. Inversement l'État en organisant cette relation avec les organisations de femmes sur le terrain économique risque de se retrouver confronté à cette question de la gestion du foyer, lieu invisible de pouvoir des femmes.

De fait, plus les femmes créent des structures autonomes, en parallèle mais en soutien latent des systèmes de pouvoir, plus elles s'éloignent des lieux de décision[31]. Et l'enjeu de la présence là où les décisions se prennent n'est pas mesuré à sa juste valeur par les principales intéressées. En visant l'efficacité, les organisations de femmes sénégalaises perdent paradoxalement en stratégie car leurs luttes viennent alimenter la rhétorique politique du pouvoir sans qu'elles en soient remerciées. En revanche, elles servent volontiers d'alibi aux pouvoirs publics. Comme le souligne Katy Cissé à propos de la place des organisations de femmes sénégalaises, «il ne s'agit pas d'une présence efficiente et productrice d'effets positifs mais d'une "présence absence" qui n'est le plus souvent qu'un alibi de représentation»[32]. Cette relation de «présence absence» se mesure à son inefficacité tant politique qu'économique. D'un côté, face aux plans d'ajustement structurel, la mobilisation des GIE par exemple n'a pu faire le poids et n'a pu efficacement lutter contre la pauvreté. De l'autre, les organisations de femmes font peu le lien entre le politique et l'économie ou le négligent[33].

---

31   Katy Cissé, *op. cit.*, p. 13.

32   *Ibid.*, p. 12.

33   Des mouvements radicaux mais marginaux revendiquent néanmoins

D'ailleurs, mes interlocuteurs se situent globalement dans l'image d'une politique par procuration, représentative, plutôt que dans une politique participative, où le citoyen a non seulement son mot à dire mais peut agir. La grande majorité exprime la critique d'une politique politicienne, qui n'est pas là pour «aider» les populations. Apparaissent les mots «transparence», «légalité»... autant de mots qui ne seraient pas traduits dans la réalité. Cette politique est décrite comme un «champ de bataille», le lieu de «jeux politiques», où tout le monde veut créer son propre parti (il y en a plus d'une centaine), où les uns passent leur temps à «poignarder» les autres et inversement, un «conflit» entre partis au pouvoir et dans l'opposition, des batailles de personnes, autant de facteurs qui sont considérés comme non paisibles et non profitables à l'ensemble de la société sénégalaise. Maréme Cisse Thiam est haute fonctionnaire et présidente de l'Association sénégalaise des femmes diplômées des universités (ASDFU). Âgée d'un peu moins de 55 ans, noire d'origines mixtes, *ouolof* et *peul*, elle est docteure en biologie et diplômée en gestion entrepreneuriale dans une université française. Elle est engagée pour la paix et globalement dans entrepreneuriat féminin. Maréme me reçoit chez elle à Dakar et répond très posément et avec précision à chacune de mes questions. Maréme traduit cette situation comme la conséquence du fait que «tout le monde veut diriger quelque chose». Madjiguéne Cissé précise que le pays vit un «blocage», tant au niveau des institutions que dans toutes les instances politiques et s'inquiète de la lenteur de l'opposition qui a du mal à se structurer, considérée comme «éparpillée», qui n'arrive pas à régler ses propres problèmes internes de «*leadership*». Fatou Ndiaye Turpin et Binta Sarr parlent d'instabilité et de crise institutionnelle, caractérisée par de nombreux remaniements ministériels qui empêchent le suivi des affaires publiques. Fatou Ndiaye Turpin, 45 ans, de classe moyenne, éducatrice sportive de formation, coordonne *Siggil Jigéen* un important réseau national de dix-sept organisations de femmes, dont le siège est à Dakar. Elle m'y

l'égalité des droits entre hommes et femmes. Leur terrain de prédilection s'appuie sur le code de la famille, duquel ils rejettent les lois sur le mariage et l'héritage. En parallèle, le Conseil sénégalais des femmes (COSEF) se réapproprie la scène politique et de concert avec d'autres organisations de femmes obtient la loi d'interdiction de l'excision (1999), la réforme de la loi fiscale (2001) et la loi sur la parité (2012).

accueille pendant une petite heure. Elle est engagée dans de nombreuses autres associations de femmes, parmi lesquelles une organisation liée aux droits des enfants dont elle assure la présidence. Binta Sarr, quant à elle, a intégré, il y a plus de vingt ans, l'Association pour la promotion de la femme sénégalaise (APROFES), une association autogérée d'envergure localisée à Kaolack, à 200 kilomètres de Dakar. Cette association rassemble des groupements communautaires féminins qui s'occupent tant du commerce des légumes et fruits transformés que des caisses d'épargne ou des mutuelles de santé. Âgée de plus de 50 ans, ingénieure hydraulique de formation, consultante et chercheuse en genre, Binta est engagée pour l'annulation de la dette, le commerce équitable et la démocratie, en mode participatif. C'est dans ce cadre que nous nous sommes connues. Nous nous étions rencontrées lors du Sommet contre la dette à Dakar en 2000. Nous nous voyons cette fois-ci chez une de ses amies chez qui elle est de passage à Dakar.

De fait, beaucoup de mes interlocuteurs s'auto-excluent spontanément du processus politique et ne situent pas leurs actions, quelles qu'elles soient, personnelles ou collectives, au niveau politique national. La majorité se place non seulement dans un *en dehors* mais également dans une position sinon de victime impuissante, au moins détachée. Le clivage féminisme d'État/luttes pour les droits des femmes se vit au quotidien.

AFRIQUE DU SUD: UNE AMBIGUÏTÉ DE GENRE
ET UN ANTIFÉMINISME FONDATEURS

En Afrique du Sud, en 1992, des militantes féministes créent la Coalition nationale des femmes d'Afrique du Sud. Cet organisme, composé de cinquante-quatre groupes de Sud-Africaines, a pour but l'égalité des droits devant la loi et des opportunités[34]. Il fait immédiatement institution car il intègre un système d'organisation adopté et soutenu par les pouvoirs publics. Dans la nouvelle constitution du pays, l'article de loi 108 de 1996 est promulgué et est inclus dans la «Déclaration de droits» (*Bill of Rights*). Le chapitre 2, section 9 (3)

---

34   MUFWEBA Yolanda, «Families who choose Home school», *Saturday Star*, 22 février, The American School Board Journal, 2003, 182 p., p. 34-36.

de cet acte déclare que «L'État ne peut injustement discriminer quiconque, directement ou indirectement, pour aucune raison, y compris la race, le genre, le sexe, la grossesse, le statut marital, l'origine ethnique ou sociale, la couleur, l'orientation sexuelle, l'âge, le handicap, la religion, la conscience, la croyance, la culture, la langue ou la naissance»[35]. Notons ici au passage l'équivalence des concepts de «race», genre et sexe, d'âge, d'orientation sexuelle, de croyance… avec celui de grossesse. Cette mention indique l'importance donnée au moment de la constitution au statut de mère, les militantes anti-apartheid étant davantage considérées comme «mères de la révolution» que comme «révolutionnaires»[36].

Néanmoins, le vote des différentes lois sur l'égalité, des lois anti-discriminatoires et de la politique de discrimination positive (*affirmative action*) depuis 1993 bénéficie aux femmes et, dans une certaine mesure, aide à améliorer le processus d'intégration des femmes dans des professions précédemment occupées massivement par des hommes[37]. L'institutionnalisation du genre a bien lieu[38]. Elle est parallèlement héritée de la Conférence mondiale des femmes de Pékin en 1995.

Pendant la lutte de libération nationale, parler d'inégalités de genre est pourtant taxé de divisionnisme[39] par les dirigeants de l'ANC. Ces derniers interprètent cette rhétorique comme facteur de risque politique et de division des acteurs de la transformation politique en cours. De fait, le pouvoir sud-africain postapartheid oriente prioritairement les militants et le gouvernement sur des problématiques

---

35   MORRISON Cherita J., «Towards Gender Equality in South African Policing», *in* MESKO Gorazd, PAGON Milan & DOBOVSEK Bojan (dir.), *Policing in Central and Eastern Europe: Dilemmas of Contemporary Criminal Justice,* Faculty of Criminal Justice, University of Maribor, Slovenia, 2004, p. 238-244.

36   MEER Shamin, *Women speak: Reflections on our struggles 1982-1987,* Le Cap, Kwela Books & Oxfam GB, en association avec *Speak,* 1998, p. 80.

37   NEL Francisca & BEZUIDENHOUT Jan, *Human rights for the police,* Le Cap, Juta, 1995, 303 p., p. 5.

38   BASTIAN Sunil & LUCKHAM Robin, *Can democracy be designed?: the politics of institutional choice in conflict-torn societies,* Londres, Zed Books, 2003, 336 p.; SEIDMAN Gay, «Gendered Citizenship: South Africa's Democratic Transition and the Construction of a Gendered State», *Gender and Society,* XIII (3), juin 1999, p. 287-307.

39   Portia Lewis, *op. cit.*

de classe et de «race»⁴⁰ et prête moins d'attention à celles de genre. Les femmes sont davantage considérées comme «destinataires d'une politique gouvernementale et non comme actrices de la construction de nouveaux États»⁴¹. La prise en compte des égalités de genre est alors traitée par les pouvoirs publics comme la conséquence de toutes les autres législations vers une réelle justice. Ce choix politique, est largement porté par de nombreux militants anticolonialistes qui voient dans toute forme de revendication spécifiquement «féminine» et plus encore le féminisme une forme d'impérialisme culturel, sous-entendu importé du «Nord», donc des colonisateurs. Cette notion d'impérialisme culturel⁴² est plus globalement inscrite dans un idéal révolutionnaire, moteur de l'action de l'ANC, très empreint d'universalisme abstrait⁴³. Par cette «école» universaliste, l'égalité hommes/femmes se réglera en même temps que la démocratie, par voie de conséquence. La dimension sexuée de la citoyenneté, de son exercice et de la relation entre l'individu et l'État n'est pas prise en compte. Les droits et les devoirs du citoyen seraient les mêmes que le citoyen soit homme ou femme et dans tous les cas l'identité sexuelle du citoyen ne serait pas en jeu.

Aussi, la transition vers une démocratie libérale occulte le rôle des mouvements de femmes⁴⁴, concentrée qu'elle est sur les actions

40   ADAM Heribert & MOODLEY Kogila, *The negociated revolution: Society and politics in post-apartheid South Africa,* Johannesburg, Jonathan Ball Publishers/University of California Press, 1993, 277 p.; ADLER Glenn, WEBSTER Eddie, «Challenging transition theory: The labor movement, radical reform and transition to democracy», *South Africa, Politics and Society,* XXIII (1), 1995, p. 75-106; MARX Anthony, *Lessons of struggle: South African internal opposition, 1960-1990,* New York, Oxford University Press, 1992, 384 p.; VAN ZYL SLABBERT Frederick, *The quest for democracy: South Africa in transition,* Londres, Penguin Books, 1992, 107 p.

41   Gay Seidman, 1999, *op. cit.*

42   OUITIS Laura, «France: Le communisme primitif n'est plus ce qu'il était», communication au 7ᵉ Congrès international des Recherches féministes dans la Francophonie, UQAM, Montréal, 26 août 2015.

43   L'universalisme abstrait représente un mode de pensée qui considère l'univers comme une entité englobant tous les êtres humains, sans différenciation de genre, de classe ou de «race». Voir notamment KILANI Mondher, «Ethnocentrisme», *in* MESURE Sylvie & SAVIDAN Patrick (dir.) *Dictionnaire des sciences humaines,* Paris, PUF, 2006, p. 414-415.

44   HASSIM Shireen, *Women's organizations and democracy in South Africa: contes-*

des élites[45], tant et si bien que les femmes participent peu à la table de négociation multipartite qui a lieu en 1992 préparant le projet de constitution.

Pour autant, des militantes noires investissent de nouvelles formes d'organisations politiques. À l'époque de l'interdiction de tous les partis politiques africains (années 1970), l'action politique vient des *townships* noirs où des organisations civiques se créent et des femmes y participent massivement[46]. Leur entrée en politique se fait par l'intermédiaire de trois organisations féminines régionales entre 1981 et 1984 : la *United Women's Organisation*, la *Federation of Transvaal Women* et la *Natal Organisation of Women*. Par ailleurs, les femmes intègrent massivement les syndicats, où leur proportion joue dans l'équilibre des débats internes. Loin d'ignorer la critique des systèmes capitaliste et d'apartheid, elles ajoutent la composante de division de sexe, en évoquant tout simplement la réalité de leur vie quotidienne (double journée, interdiction par le mari de participer à une réunion, salaires plus faibles…) et du statut inférieur qui leur est conféré y compris parmi les « camarades ».

Comme dans toute la région, des femmes noires s'engagent dans les luttes anticoloniales en donnant davantage de sens politique à leurs actions[47]. Elles entendent devenir des sujets autonomes, ayant conscience de leurs droits et devoirs, conditions qui les mettent en situation de demander autant protections qu'obligations à l'État[48]. Aussi, la dynamique entretenue par les féministes noires représente

---

ting authority, Madison, University of Wisconsin Press, 2006, 370 p.

45   WAYLEN Georgina, *What can the South African transition tell us about gender and democratization?*, Centre for Advancement of Women in Politics School of Politics, Belfast, Queens University Belfast, 2004, p. 15.

46   Portia Lewis, *op. cit.*, p. 44.

47   MCFADDEN Patricia, « Becoming Postcolonial: African Women Changing the Meaning of Citizenship », *Meridians: feminism, race, transnational's*, VI (1), 2005, p. 1-18.

48   Patricia McFadden précise néanmoins qu'alors que cet engagement des femmes pendant les luttes pour l'indépendance contre les patriarcats africains et européens se reflète largement dans l'historiographie de la région, les intellectuels de gauche les plus radicaux (la plupart des hommes blancs) n'ont pas jugé digne de le mentionner. La référence la plus proche qui en est faite dans les textes historiques et politiques sur la résistance de l'Afrique australe est celle des mères des grands hommes ou des prostituées.

un saut intellectuel et politique important en termes de formulation d'une «épistémologie de gauche» plus inclusive. De plus, des femmes noires peuvent ainsi, pour la première fois dans l'histoire africaine, se confronter à l'État en tant que personnes ayant, du simple fait de leur appartenance aux sociétés indépendantes, des droits et des devoirs, non uniquement basés sur leur statut de «race», de classe ou de position sociale[49].

Toutefois les femmes dans leur ensemble restent considérées par le pouvoir postapartheid comme «membres auxiliaires» de la Nation, re-productrices d'enfants – pour la révolution – et en particulier de garçons, et n'entrent pas à égalité dans les institutions du pouvoir. Cette inégalité révèle une constante du nationalisme, essentiellement attaché à l'affirmation d'une identité politique plutôt qu'aux réformes sociales.

Des féministes sud-africaines ébauchent très tôt cette analyse. Dans les années 1990, partout dans le monde, la différence entre les sexes commence à être considérée comme socialement construite (les «rapports sociaux de sexe»[50]), ne s'arrêtant pas à des considérations biologiques (le différentialisme)[51]. Aussi certaines militantes sud-africaines, et en particulier les protagonistes de l'*African Gender Institute*[52] ou de la revue *Speak*, amorcent l'intégration de ces différences théoriques dans leurs revendications. «Les changements structurels

---

49 L'État colonial a auparavant refusé de reconnaître l'existence-même des femmes noires en tant que personnes, en les reléguant à leur rôle de gardiennes et de surveillantes permanentes des hommes, au sein de ce qui était nommé les «familles africaines».

50 Danièle Kergoat, *op. cit.*, p. 37.

51 Je n'exposerai pas ici les différents courants qui traversent la théorie féministe et les grands segments qui la composent (universalisme, différentialisme, postmodernisme…). De la même façon, je n'aborderai pas les débats épistémologiques et politiques qui traversent le concept de genre, originellement anglophone, ni celui de rapports sociaux de sexe ou d'intersectionnalité. Je m'appuierai sur la définition des rapports sociaux de sexe donnée par la sociologue française Danièle Kergoat dans le Dictionnaire critique du féminisme : «Hommes et femmes sont bien autre chose qu'une collection – ou que deux collections – d'individus biologiquement distincts. Ils forment deux groupes sociaux qui sont engagés dans un rapport social spécifique : les rapports sociaux de sexe».

52 African Gender Institute, <http://agi.ac.za>, consulté le 21 octobre 2015.

dans la vie des femmes, de nouveaux schémas de participation dans l'éducation et le travail, une organisation domestique transformée, etc. contribuent à leur offrir de nouvelles possibilités de contester les inégalités sexuelles existantes dans de nombreux domaines», précise Gay Seidman[53]. Parallèlement, cette mouvance est accompagnée d'une réflexion théorique locale qui perdure. En effet, l'Afrique du Sud est au centre d'un débat fondamental du féminisme : l'universalisme versus revendication identitaire[54]. Ce débat dépasse largement les frontières locales puisque, en particulier au Sénégal, cette tendance à universaliser les questions de genre est explicitement appropriée par les pouvoirs publics nationaux comme les institutions internationales afin de faire barrage à des perspectives féministes dont l'objet est d'isoler les manifestations traditionalistes ou religieuses et d'interroger les identités de genre comme facteur de politisation des actions.

En 1994, les mouvements féministes, dans l'enthousiasme de la prise en compte des revendications d'autres mouvements sociaux, réussissent à faire adopter par l'ANC la *Women's Charter for Effective Equality* (Charte des femmes pour une réelle égalité)[55], où elles abordent tous les domaines, de la politique à l'économie, en passant par les droits élémentaires et la protection vis-à-vis des violences sexuelles. Paradoxalement, cette charte enterre la problématique des inégalités de genre, laissant croire qu'elle est définitivement réglée par la libération nationale[56]. Par ailleurs, la réaction du pouvoir contre l'entrée des femmes dans le domaine public est instantanée et sans compromis dans les années qui suivent immédiatement l'indépendance[57]. Les hommes noirs plaident pour la «redomestication» des femmes qui ont été actives en tant que combattantes contre le régime d'apartheid, cherchant à réhabiliter une culture nationale où l'asservissement des femmes est central.

---

53   SEIDMAN Gay, «La transition démocratique en Afrique du Sud : construction d'une nouvelle nation et genre de l'État», *Clio*, n° 12/2000, Le genre de la nation.

54   *Ibidem.*

55   Women's Charter for Effective Equality, <http://www.kznhealth.gov.za/womenscharter.pdf>, consulté le 21 octobre 2015.

56   Shireen Hassim, *op. cit.*

57   Patricia McFadden, 2005, *op. cit.*

Patricia McFadden considère à ce titre que les hommes noirs de toutes classes ont toujours été préférés aux femmes par le même patriarcat qui a facilité le privilège raciste et institutionnalisé des hommes blancs. Elle ajoute que l'utilisation de l'hétérosexualité comme mécanisme de pouvoir et de contrôle sur les femmes et sur quelques hommes, n'est pas uniquement une caractéristique des sociétés patriarcales, mais reflète également le traumatisme sexuel associé à l'esclavage[58]. Les négriers brutalisaient sexuellement les Africains dans le but d'exterminer leur identité. Les Africains ne font que répéter la division des privilèges et l'enfermement des identités, dans une Afrique mâle, où les femmes seraient des sœurs, épouses, mères ou filles des hommes qui incarnent l'histoire, l'actualité et le futur du continent. Les organisations de femmes ou féministes déclencheraient la crainte de la «perte de revendications patriarcales masculines», et mettraient en danger le «sexe masculin»[59]. Ces revendications sont essentiellement reproduites et rendues «naturelles par le biais de notions et pratiques dépassées de la masculinité et de l'hétérosexisme»[60]. Même si Gay Seidman précise qu'«en cherchant à s'assurer que les femmes seraient nettement représentées dans les nouvelles instances décisionnelles et que les nouvelles institutions prendraient clairement en compte les relations de genre lors de l'élaboration et de la mise en place de politiques spécifiques, les féministes espèrent parvenir à intégrer le souci de s'attaquer à l'inégalité des femmes dans les structures-mêmes du nouvel État»[61], la réalité contemporaine de l'État différencié selon les sexes ne peut être contestée. Les citoyens des différents genres n'ont pas le même rapport avec l'État. Pourtant, et davantage aujourd'hui depuis les deux mandats de Jacob Zuma, l'État s'adresse sciemment aux citoyens de manière indifférenciée, comme un ensemble sans contraste, unifié[62], ce qui renforce les inégalités sexuelles puisqu'il les ignore.

---

58   MCFADDEN Patricia, «Democracy: a gendered relation of power - Problems of creating a feminist African culture», *LolaPress* 6, 1996.

59   MCFADDEN Patricia, *Issues of Gender and Development from an African Feminist Perspective*, contribution présentée en l'honneur de Dame Nita Barrow, au Centre des Études en Genre et développement, University of the West Indies, Bridgetown, Barbados, novembre 2000.

60   *Ibidem.*

61   Gay Seidman, 2000, *op. cit.*

62   Natascha Mueller-Hirth, *op. cit.*

Synnøv Skorge, âgée de 35 ans, d'origine suédoise, blanche, de classe moyenne, dirige le *Saartjie Baartman centre for Women and Children*, un centre d'accueil de femmes battues au Cap, où elle me reçoit. Elle se considère engagée au travers des activités de son organisation, notamment sur les violences contre les femmes et les enfants, le trafic humain, l'homosexualité et les transgenres. Mercia Andrews dirige le *Trust for Community Outreach and Education* (TCOE), une ONG spécialiste des droits des paysans. Âgée d'un peu plus de 50 ans, métisse, de classe moyenne, elle est engagée de longue date (plus de 35 ans) contre l'apartheid, puis contre la dette, le néolibéralisme. Elle est membre de multiples organisations et mouvements sociaux considérés «à gauche». C'est dans ce cadre que j'ai eu l'occasion de la rencontrer, notamment lors des manifestations entourant le Sommet de la Terre à Johannesburg en 2002. Je la rencontre cette fois-ci chez elle au Cap et elle me confirme son intérêt pour mes investigations. Grâce à elle, je suis mise en contact avec la plupart de mes divers autres interlocuteurs au Cap. Synnøv et Mercia sont les seules en Afrique du Sud à dénoncer les inégalités entre hommes et femmes dans la représentation au sein des mouvements, la représentation masculine du corps des femmes et les violences de la société sud-africaine. Sinon la rhétorique développée par la majorité de mes autres interlocuteurs compare davantage les femmes entre elles, faisant glisser la qualification de la situation des femmes dans la société dans laquelle ils vivent vers des rapports sociaux de classe, explicitement spécifiées (les pauvres, les riches, les rurales, les femmes des banlieues…), et de «race» (les blanches, les noires, les métisses, les différentes ethnies…), non dites mais implicitement présentes. Ce positionnement, conscient ou inconscient, illustre le contexte national et l'héritage des luttes de libération nationale, qui comme Mercia Andrews le précise, font passer les luttes des femmes après les grands combats politiques[63] ou la lutte des classes[64]. Mes interlocuteurs confortent la tendance gouvernementale vers l'uniformisation des citoyens, hommes ou femmes, en tant qu'ils appartiennent à une classe ou à une «race», et non à un genre.

---

63   COHEN Yolande & ANDREW Caroline, *Femmes et contre-pouvoirs*, Québec, Boréal, 1987, 244 p.

64   DELPHY Christine, *L'ennemi principal: 1. Économie politique du patriarcat*, Paris, Syllepse, 1998, 294 p.

En Afrique du Sud et au Sénégal, les conséquences de l'institutionnalisation de genre sur la construction politique des organisations de femmes ou féministes se mesure différemment. Deux stigmates se révèlent : la dépolitisation au sens classique, c'est-à-dire l'éloignement des instances du pouvoir des mobilisations de ces organisations au Sénégal, et le choix de privilégier les divisions de classe et de «race» à la division sexuelle en Afrique du Sud. Ces stigmates sont distincts et ont pourtant un point commun : celui d'écarter ces organisations d'un imaginaire ou d'une conception de la politique par le bas. En quelques années, elles ont orienté à la baisse des pans entiers de mobilisation politique, ce qui est aujourd'hui accentué par les concentration, compétition, demande de flexibilité, requis par l'environnement mondialisé desdites organisations comme des États.

Cette tendance connaît un impact direct sur la dépolitisation des discours et pratiques de ces organisations, en les professionnalisant, technicisant, ou en les bureaucratisant, en les sortant de l'arène politique, là où se discute le pouvoir, et plus généralement en cadrant la confrontation[65].

L'HÉRITAGE DE L'HISTOIRE COLONIALE

En Afrique du Sud et au Sénégal, une série de mécanismes d'intégration du genre ont bien été mis en place dans les politiques publiques. Mais, ces mécanismes s'inscrivent davantage dans une dynamique politique de remise en cause de la division de classe ou de «race», voire coloniale, au détriment de la division sexuelle. Ce

---

65   Voir notamment à ce sujet FERGUSON James, *The Anti-Politics Machine: Development, Depoliticization and Bureaucratic Power in Lesotho*, Cambridge, Cambridge University Press, 1990 ; HIBOU Béatrice, *La bureaucratisation néolibérale entre production de l'indifférence et nouveau lieu d'énonciation du politique*, intervention lors de l'École d'été de politique comparée du CHERPA intitulée «Politisation/dépolitisation des processus transnationaux (XIXᵉ-XXIᵉ siècle)» (juin 2013) ; BONO Irène, «Le "phénomène participatif au Maroc à travers ses styles d'action et ses normes», *Les Études du CERI*, n° 166, juin 2010 ; POMMEROLLE Marie-Emmanuelle, «Militer pour et réformer par les droits de l'Homme dans les Afriques : modèles d'émancipation et modes de reproduction de l'ordre politique», *in* DARBON Dominique (dir.), *La Politique des modèles en Afrique - Simulation, dépolitisation et appropriation*, Paris, Karthala, 2009, p. 153-170.

choix a façonné l'histoire et les actions politiques des organisations de femmes ou féministes de ces deux pays.

Afin de surseoir aux injonctions des institutions internationales ou de rester dans une dialectique de luttes de «race» ou de classe, plus ou moins explicite, les deux États ont, depuis la fin de la colonisation, entretenu et alimenté des divisions entre organisations de femmes ou féminines et organisations féministes. Les premières ont globalement vocation à attester la volonté desdits États à faire la «promotion de la condition de la femme» alors que les deuxièmes affichent une ambition politique, celle du changement social à tous les niveaux.

Au Sénégal, cette tendance se traduit très rapidement par la création d'un féminisme d'État qui n'a de féministe que l'affichage politique de la volonté gouvernementale de respecter les ordres du jour égalitaires internationaux et de faire face aux crises économiques, principalement agricoles. Elle se révèle par la signature gouvernementale de textes de référence, notamment depuis la Conférence mondiale des femmes à Pékin en 1995. Au fond, elle n'entache pas le rôle socialement alloué aux Sénégalaises par les dirigeants du pays : celui de mères de la Nation. Elle confirme leur positionnement paternaliste : les dirigeants de l'État se placent en protecteurs désintéressés du pays ayant autorité naturelle à guider leurs concitoyens, moins avancés qu'eux, en demande, en situation de mineurs civiques. Cette approche a des conséquences directes sur les représentations par les organisations de femmes, toutes tendances confondues, de l'appareil politique sénégalais. D'un côté, cet appareil politique a globalement perdu en légitimité. De l'autre côté, compte-tenu de la structure du pouvoir en place, il éloigne davantage les organisations de femmes de la prise de décision, celles-ci se polarisant sur les problèmes économiques.

En Afrique du Sud, l'ambiguïté entre féminisme et antiféminisme est constitutive de l'État postapartheid. Le féminisme est d'emblée soupçonné de façonner les divisions au sein de l'œuvre de libération nationale. Les votes des lois pour l'égalité entre les genres, très nombreux, ne sont considérés que comme des conséquences de toutes les autres initiatives politiques portant sur l'arrêt des discriminations de «race» ou de classe et ne remettent pas en cause le rôle de «membre auxiliaire» des femmes de la libération.

La différence avec le Sénégal se mesure à la contre-offensive des féministes locales, et notamment des féministes noires, qui prennent pour assise leur vie quotidienne pour remettre en cause le sexisme quotidien, y compris de leurs «camarades» et le patriarcat bien ancré dans la société ségréguée d'Afrique du Sud. Néanmoins, vingt ans plus tard, un trouble s'est installé, qui, avec l'institutionnalisation du genre, enjoint les organisations de femmes à davantage se focaliser sur les divisions de classe ou de «race». L'hypothèse s'impose à nous que l'institutionnalisation du genre a en partie rempli son rôle, celui de dépolitiser les luttes de femmes.

Par ailleurs, dans les deux pays, l'intégration du genre dans les politiques publiques est en partie due depuis l'indépendance aux effets de la Conférence mondiale des femmes de Pékin. Cette conjonction de dates et d'événements majeurs a provoqué un précipité global de bonnes intentions nationales en matière d'égalité hommes/femmes, appuyées tant par des organismes comme l'ONU que les institutions financières internationales comme la Banque mondiale, le Fonds monétaire international… auquel ni l'Afrique du Sud ni le Sénégal n'ont échappé. Depuis ces conférences et les conventions qui en sont issues, les organisations internationales se montrent sensibles aux alertes exprimées par les militantes pour les droits des femmes et utilisent ces avertissements pour mieux faire pression sur les pays émergents ou endettés. Elles demandent aux États qui ont ratifié des protocoles en faveur de l'égalité hommes/femmes des rapports réguliers sur l'avancée de sa mise en œuvre. Des évaluations sont produites et publiées, notamment par le Comité d'évaluation de la Convention pour l'élimination des discriminations à l'égard des femmes (CEDEF)[66]. De leur côté, les institutions financières internationales conditionnent leur aide financière à la prise en compte du genre dans les politiques publiques des différents pays[67]. D'un côté, les conditions de financements de ces institutions représentent une forme d'ingérence dans les politiques publiques des États et de l'autre

---

[66]   ONU, *Division for the Advancement of Women*, <http://www.un.org/womenwatch/daw/cedaw/reports.htm>, consulté le 21 octobre 2015.

[67]   Du 29 novembre au 2 décembre 2008, se tenait à Doha au Qatar la Conférence des Nations Unies sur le financement du développement. À mi-parcours de la réalisation des «Objectifs du Millénaire pour le développement» (OMD), ce sommet avait pour objectif d'évaluer la mise en œuvre des engagements en six volets pris lors du «Consensus de Monterrey» en mars 2002. Dans le financement des OMD, est incluse l'intégration transversale de genre.

côté, sans ces financements, les projets des organisations en faveur de l'intégration du genre ne pourraient voir le jour.

L'héritage de l'histoire coloniale se mesure à la mondialisation de l'institutionnalisation du genre, à l'occidentalisation des questions d'égalité hommes/femmes dans les politiques publiques des États, tout autant qu'à leur visibilité récente, et à la dépolitisation des luttes de femmes. Il est paradoxal.

Le genre : une intrusion paradoxale

Institutionnalisation du genre : bases de la dépolitisation du concept de genre

Compte-tenu des mécanismes de l'institutionnalisation du genre en Afrique du Sud et au Sénégal et de ses conséquences différenciées sur les modalités d'intervention dans la sphère publique des organisations de femmes ou féministes aux niveaux local ou global, il apparaît important d'identifier les mécanismes politiques qui ont permis cette institutionnalisation. Des Sommets onusiens aux conditions affichées par les institutions financières internationales à propos des aides au développement, les organisations de femmes ou féministes se retrouvent en position d'alliance ou de rupture. La financiarisation de l'intégration du genre dans les politiques publiques au niveau local infléchit largement les prises de position politiques desdites organisations ainsi que leurs terrains de revendication.

Cette base de négociation politique incessante, existante depuis la modernisation des deux États, coïncide par ailleurs avec l'apogée de la mise sur le marché des TIC. L'idéologie binaire véhiculée par la nouvelle structure des relations sociales ainsi mondialisées – à l'image de la structuration des données qu'elle transporte, 0 ou 1 – se reflète immanquablement sur les représentations des relations de pouvoir : économie versus politique, social versus politique, droits versus luttes, victimes versus acteurs... autant de binômes qui ne sont ni interchangeables ni objets de mélange. Je soupçonne alors que l'institutionnalisation du genre est venue se calquer sur la «société de l'information» et les politiques associées, qu'elle en emprunte la binarité, c'est-à-dire qu'elle est basée sur un système fonctionnant selon des algorithmes réels et symboliques traitant des données ne pouvant prendre que deux valeurs, zéro ou un, et qu'elle inclut l'ensemble des paradoxes de ce système.

DES EFFETS POLITIQUES ANTAGONISTES

En ciblant très majoritairement l'égalité entre hommes et femmes, l'institutionnalisation de genre impose de fait une dialectique des droits (des femmes – position défensive), inhibant celle de leurs luttes (position offensive), c'est-à-dire qu'elle éloigne les organisations de femmes des pouvoir et décision politiques (analyse des relations de pouvoir versus réponse aux injonctions du pouvoir en place). Cette logique peut entrainer une situation qualifiée de «quasi-schizophrène»[1]. Jane Bennett, directrice de l'*African Gender Institute*, précise: «il existe, par exemple, des outils juridiques puissants sur l'égalité des chances et contre la discrimination, mais la réalité quotidienne est que le chômage, la précarisation croissante du travail et les fermetures d'usines signifient que le discours démocratique reste un "mensonge"». Le genre trouve ici une fonction latente qui consiste à valoriser le discours sur les droits des femmes (légaliste) au détriment de la lutte (revendicatif) pour rendre ces droits effectifs. Cet exercice de balancement entre fonctions explicites et latentes d'un système social a souvent permis d'occulter les questions sociales essentielles qui consistent à détourner les personnes du rôle social de leur choix[2]. Le concept de genre tel qu'il est alors utilisé est tronqué de ses fondements théoriques féministes et se réduit à sa définition institutionnelle: l'égalité des droits entre hommes et femmes.

Les exemples sénégalais et sud-africains permettent d'analyser ces effets politiques collatéraux de l'institutionnalisation du genre. En identifiant les nouveaux rapports de domination générés par les mécanismes nationaux de promotion de l'égalité de genre dans les deux pays, il est possible de rompre avec l'évidence qui consisterait communément à croire que, comme l'appareillage législatif (l'institué) existe, l'égalité existe. Dans le sillon de René Lourau, il est important de se demander si «le simulacre de réalisation du projet initial accompagne forcément l'échec de ce projet»[3], le projet étant ici la promotion de l'égalité de genre. L'évidence selon laquelle le genre tel qu'il est géré ou intégré par les pouvoirs publics (l'institutionnalisation) interrogerait les rapports de pouvoir selon les mêmes prismes d'analyse des dominations que la théorie féministe (l'instituant) demande à être remise en cause. De la même façon, comme l'analyse institutionnelle le suggère, un des effets de l'institutionnalisation, dit

---

1   BENNETT Jane, *Challenges Were Many: The One in Nine Campaign, South Africa*, Toronto, Awid, 2008b, <http://www.awid.org/sites/default/files/atoms/files/changing_their_world_-_the_one_in_nine_campaign_south_africa.pdf>, consulté le 21 octobre 2015.

2   LINTON Ralph, *The Study of Man*, New York Appleton Century Grafts, Inc, traduction française, 1936, *De l'homme*, Paris, Minuit, 1967, 535 p.

3   LOURAU René, *L'État inconscient*, Paris, Minuit, 1978, p. 66.

effet Mülmann, déplace le projet d'origine d'un mouvement –ici de femmes ou féministe– jusqu'à ce que son «souffle messianique» se tarisse et que l'organisation (c'est-à-dire la structure) prenne le dessus. La survie, le fonctionnement ou le développement de l'organisation en deviennent le but. L'instituant préside alors sur l'institué[4]. Par cette institutionnalisation, les femmes, en tant que groupe social, se retrouvent placées d'emblée au rang de victimes ou d'actrices immobiles, ayant besoin d'encadrement technique, d'assistance, de soutien financier, parce que plus affectées par la pauvreté par exemple. A contrario, elles pourraient se positionner comme actrices de changement ou porteuses de sens et de questions sur la signification de l'inflation de la pauvreté en pleine crise économique internationale. De manière générale, et en particulier au Sénégal et en Afrique du Sud, ces effets pervers de l'institutionnalisation du genre organisent de façon latente le détournement de la mobilisation voire le *kidnapping* de la militance des mouvements de femmes.

Ainsi, les questions entourant la prise de parole, la victimisation, la subjectivité, le pouvoir, le regard, les silences, la connaissance et la Nation, ont souvent été abordées en Afrique du Sud par exemple, mais méritent un complément d'investigation[5]. Un des objets étudié est la théorie féministe sud-africaine qui connaît un croisement entre disparition définitive sous l'idéologie antiraciste –qui a cimenté la lutte de libération nationale– et formes de radicalité ou d'innovation uniques au monde. Cette théorie apporte un éclairage nouveau sur l'institutionnalisation du genre.

Des mécanismes nationaux pour l'intégration de l'égalité entre les hommes et les femmes dans les politiques publiques ont bien été créés dans les deux pays[6]. Mais, leur effectivité comme leur étendue sont,

---

4   HESS Rémi & SAVOYE Antoine, *L'analyse institutionnelle*, Paris, PUF, Que sais-je ?, n° 1968, 127 p., 1993 (2ᵉ édition).

5   RONIT Frenkel, «Feminism and Contemporary Culture in South Africa?», *African Studies*, LXVII (1), avril 2008, p. 1-10.

6   Je ne mentionnerai pas ici la liste de l'ensemble des mécanismes de genre mis en place par chacun des États depuis respectivement l'indépendance et la fin de l'apartheid. Ils sont consultables en annexe de la thèse de doctorat en science politique que j'ai soutenue en 2011, intitulée «Genre et Internet - Effets politiques des usages de l'internet par des organisations de femmes ou féministes en contexte de

suivant les pays, plus ou moins flagrantes. Elles s'évaluent notamment à leur confrontation avec la réalité quotidienne qui pour chacun des pays est marquée par une augmentation et une accélération des violences contre les femmes, une paupérisation des femmes et des inégalités sociales très prégnantes. D'ailleurs ces constats se mesurent aux résultats obtenus et à l'analyse de l'origine de ces mécanismes. Ont-ils émergé de la seule volonté de l'État ou ont-ils été impulsés par des mouvements sociaux? Si oui lesquels et dans quelles conditions? Mes interlocuteurs proposent des réponses variées. Selon les pays, elles convergent sur un point: une chose est certaine, les avancées dans le domaine ne sont pas liées à l'appropriation des usages des TIC, jugées trop éloignées de la réalité des femmes. Elles diffèrent sur un point mais une constante émerge. Au Sénégal, la majorité affirme leur satisfaction de voir la prise en compte de l'égalité des droits augmenter dans les politiques alors qu'en Afrique su Sud, cette légifération laisse à peu près indifférent, et tous regrettent une faiblesse de l'effectivité de ces politiques dans la réalité quotidienne.

Au Sénégal, Fatou Ndiaye Turpin, après avoir rappelé que les Sénégalaises sont sous «dominance des hommes», insiste sur les acquis de la Conférence de Pékin. Selon elle, cette rencontre internationale a permis au pays de se doter d'un «environnement juridique qui est très favorable à la femme» et aux organisations de femmes d'organiser des campagnes de sensibilisation pour que les femmes connaissent mieux leurs droits, malgré des «poches de résistance» tenaces. Elle évoque néanmoins la difficulté de «déconstruire une construction sociale». Fatou Diop met les acquis des femmes au crédit du «mouvement associatif féminin qui est de plus en plus revendicatif en termes de droits, [...] des activistes, des féministes». Elle cite notamment la réforme récente du code de la famille qui accorde «le droit à l'égalité sur la fiscalité entre les hommes et les femmes, [ce qui signifie] que la femme salariée a aujourd'hui la possibilité de prendre en charge sa famille». Fatou Sarr Sow dirige le laboratoire genre de l'Institut fondamental d'Afrique noire (IFAN) à l'université de Dakar où elle m'accueille. Féministe de longue date –elle est

domination masculine et colonialitaire: les cas de l'Afrique du sud et du Sénégal», p. 403, <http://tel.archives-ouvertes.fr/docs/00/70/92/66/PDF/These_Joelle-Palmieri2171011vfcd-5.pdf>, consulté le 21 octobre 2015.

âgée de 55 ans –, elle est aussi membre d'une organisation de lutte pour la démocratie. Appartenant à une certaine élite, comme elle le souligne, Fatou est, dans le cadre de sa profession et de ses opinions, amenée à prendre des positions publiques. C'est ce qu'elle fait devant moi les mains bien à plat sur son bureau. Fatou estime qu'il y a une «tendance, un volontarisme politique pour réduire les disparités sur le principe». Elle donne l'exemple nouveau, à l'époque des entretiens, de l'accès des femmes à l'armée. Elle reconnaît qu'il y avait «certains bastions qui demeuraient bastions des hommes qui sont en train de tomber du fait d'une volonté politique». Elle développe un argumentaire contraire à l'idée de changement réel et de récente égalité «dans la pratique». Elle estime qu'il existe encore une «très grande différence» entre les femmes et les hommes dans les «instances de décision», notoirement due aux écarts entre garçons et filles dans «l'accès à la connaissance» : «il y a une disparité très large qui s'explique par l'histoire». Fatou étaie son affirmation sur la base d'une étude qu'elle est en train de mener sur le «profil différentiel de l'emploi et du travail». Elle ajoute : «quant à l'accès aux ressources, c'est la même logique ; les femmes n'ont que 14% des terres, quand on regarde le cheptel, nous avons les chiffres qui montrent les disparités dans les différents secteurs». Ce en quoi elle s'accorde avec Maréme Cisse Thiam qui pense que la «notion du genre est maintenant assez développée dans nos stratégies, dans notre façon de concevoir les choses, mais il faut dire qu'il y a un grand décalage avec la réalité». Binta Sarr reconnaît des «avancées significatives, dans le domaine du droit» et estime que le Sénégal présente un environnement juridique favorable à la «promotion économique, sociale et culturelle des femmes», avec l'existence de textes de loi, la signature par le Sénégal de la plupart des conventions internationales. Elle déplore en revanche la faible «effectivité des droits». Une autre de mes interlocuteurs, plus jeune, va aller plus loin. Un peu moins de trente ans, d'origine pauvre, Myriam est née et habite dans une banlieue pauvre de Dakar où elle m'accueille. Diplômée de deux masters en sciences économiques et en transport, elle a créé très jeune avec deux autres jeunes femmes ce groupe de rap féministe, «Attaque Libératoire de l'Infanterie Féministe» (*Alif* – nom très radical), qui a fait des tournées dans toute l'Afrique de l'Ouest, et qui est aujourd'hui en situation de rupture. Myriam considère, sans la nommer comme telle, que l'intégration du genre est une affaire entre les mains des populations et est une «bataille de longue durée, parce qu'il faudra changer les mentalités», ce qui demande de repartir de la base, de «l'éducation-même des enfants, [afin de] faire comprendre à un garçon, qu'il est l'égal de sa sœur». Par contraste elle insiste sur son rejet d'une «parité de façade» et affirme préférer parler de «parité positive et productive» pour laquelle l'égalité quantitative entre hommes et femmes est dépassée par une égalité qualitative où «les femmes doivent vraiment avoir la qualification qu'il faut».

Il est impressionnant de noter à quel point la majorité de mes interlocuteurs au Sénégal se représentent ces mécanismes d'égalité de genre comme extérieurs à leur réalité. Ils ne se situent pas comme étant leurs promoteurs mais plutôt leurs observateurs, leurs bénéficiaires ou leurs critiques en somme. Peut-être cette posture leur permet-elle de constater l'écart entre bonnes intentions, existence de cadres juridiques et effectivité dans la vie quotidienne.

Ce constat est corroboré par de nombreuses militantes d'ONG ou de réseaux de femmes ou féministes sénégalaises qui s'accordent pour reconnaître, comme Marianne Coulibaly, responsable de la section défense et appui des femmes du Réseau africain pour le développement intégré (RADI), et actuelle secrétaire générale du Syndicat des professionnels de l'information et de la communication du Sénégal (SYNPICS), que «sur le plan de la théorie, le droit sénégalais est apparemment juste avec les femmes» et que des «avancées significatives» existent mais l'ensemble reste «dérisoire»[7]. Parmi les avancées, les dispositions permettant à une femme salariée de prendre en charge son époux en termes de protection sanitaire et de fiscalité, l'ouverture de certains corps militaires et paramilitaires tels que la douane et la gendarmerie aux femmes, et la possibilité nouvelle pour les femmes d'occuper des postes de responsabilité au plan syndical sans autorisation préalable du mari, sont notées[8]. Ces bonds en avant sont néanmoins considérés comme faibles, notamment à cause des personnels judiciaires qui, soit n'appliquent pas les sanctions prévues

---

7   *Allafrica Global Media*, août 2007, *Sénégal: Droit des femmes - "Amélioration significative" dans les textes, faiblesse dans l'application*, Genre en action, <http://www.genreenaction.net/spip.php?article5755>, consulté le 21 octobre 2015.

8   Rappelons qu'à l'époque des entretiens, la loi sur la parité n'avait pas encore été votée.

par la législation en matière d'atteinte aux droits des femmes, soit sont incompétents.

De fait, malgré les déclarations nationales et internationales de levée des discriminations en direction des femmes, on peut affirmer que l'État sénégalais entérine ou renforce, par législations et programmes interposés, des inégalités liées au sexe, incrustées au cœur de sa culture et du politique, notamment en raison des influences des autorités religieuses qui considèrent les droits des femmes comme « anti-culturels et antireligieux »[9]. Fatou Sow insiste : « Une bonne part des discours culturels et religieux contemporains sont des discours d'empêchement et d'enfermement des femmes, de leur soumission à un ordre culturel et religieux qu'aucun homme ne s'impose »[10].

En Afrique du Sud, les représentations sont de ce point de vue très tranchées. Liesl Theron, âgée de 35 ans, d'origine Afrikaans, blanche, de classe ouvrière, dirige *Gender Dynamix*, une ONG de défense des droits des LGBT (*Lesbian, Gay, Bisexual and Transsexual*), dans les locaux desquels elle m'accueille. Elle est engagée dans la défense des droits humains et fait partie du conseil d'administration de l'organisation de Synnøv Skorge. Liesl fait référence à la campagne pour la parité au Parlement, dite « 50/50 », et considère qu'elle importe peu car ne reflète pas la situation des femmes « dans les rues, chez elles, dans les banlieues, au sein des communautés ». Mercia Andrews estime que l'Afrique du Sud a mis en place toutes sortes de « mécanismes de genre, au sein du gouvernement, de l'État, toutes sortes de clauses d'égalité, des commissions genre, l'intégration transversale de genre, les budgets genrés[11], le droit à l'avortement, une législation sur le mariage coutumier… », et reste formelle sur le fait que tous ces instruments émanent de l'État, sont constitutionnels. Ils n'ont aucune réalité « sociétale » et « culturelle ». Ils n'ont pas été portés par les femmes elles-mêmes ou leurs mouvements, si bien que tout peut « disparaître facilement ». Elle affirme que le mouvement des femmes de l'Afrique du Sud « n'a jamais été féministe ». Il se caractérise par la lutte pour les droits élémentaires, qui se trouvaient être les mêmes

---

9   Fatou Sow, 1997, *op. cit.*

10   *Ibidem.*

11   Qui intègrent une perspective de genre.

que celui des hommes. Les «problèmes» des femmes ont souvent été «mis à l'ombre des principaux combats politiques». Les théories, «idéologies et méthodologies féministes» étaient considérées comme «réservées aux Blanches, ou maintenant aux Noires intellectuelles ou des classes moyennes». Bien sûr, les femmes de la «base» et des classes ouvrières ont pris part à ces luttes féministes, mais n'ont jamais placé le besoin de créer un mouvement féministe en tête de l'ordre du jour. Par exemple, «le mouvement ouvrier a connu une grande campagne autour de l'accès aux garderies, aux congés maternité...». Mais en aucun cas, ces campagnes ne se sont assurées que des femmes étaient en position de prise de décision dans les syndicats. Le «syndicat des travailleurs du textile et du vêtement, qui représente des milliers de femmes, a toujours connu un homme au poste de Secrétaire général». «La bureaucratie a toujours été masculine», ajoute-t-elle.

Toutes ces militantes ou représentantes d'organisations féminines ou féministes sud-africaines ont en commun de *relativiser* la place du genre dans les politiques publiques, et surtout dans l'effectivité de ces politiques dans le quotidien. Dans leurs discours, les rapports de «race» et de classe sont systématiquement mis en balance avec la division sexuelle comme si ces trois formes de rapport de domination étaient indissociables.

En Afrique du Sud et au Sénégal, ceux qui font les lois sur le genre (les partis au pouvoir) sont les mêmes qui réhabilitent un néo-traditionalisme africain ou s'accommodent de l'immixtion des discours religieux. Cette contradiction alimente un flou politique puisque les deux volets —institutionnalisation du genre et revendication non contestable du retour aux valeurs traditionnelles et religieuses— s'exercent de concert, publiquement et sans ambiguïté. De plus les impacts de cette contradiction sont différenciés selon les populations. Selon mes interlocuteurs, les «femmes rurales sont plus désavantagées» et exclues, tout autant que les femmes des banlieues. En outre, les pratiques traditionnelles atteignent davantage certains groupes qui génèrent une oppression de soumission des femmes. Les droits, quand ils existent, ne sont pas les mêmes pour tous. La démocratie est à ce titre interrogée. La contradiction reflète alors une volonté affirmée de transversaliser le genre, c'est-à-dire de l'intégrer dans tous les domaines de d'intervention nationale —discours légis-

latif –, pour mieux enfouir le patriarcat derrière l'image d'une représentation démocratique – discours populaire.

Aussi, la présence massive de femmes au Parlement en Afrique
du Sud par exemple n'infléchit pas encore la tendance, comme si
l'exercice du pouvoir par davantage de femmes ne formait pas une
assurance sur l'application des différents mécanismes votés et mis en
place. L'effort politique se situe donc au-delà des quotas ou parité
politiques. Il demande de la part des institutions une concertation et
un investissement importants dans l'appareil d'État (formation des
fonctionnaires d'État, mise en application des lois…) qui ne sont pas
à l'ordre du jour.

*«ONGéisation» et personnalisation :
des contradictions à gérer*

Bien que, dans les deux pays, le développement du mouvement
associatif féminin ou celui des nombreuses organisations en faveur
de l'égalité de genre ne soit plus à démontrer, la *peopolisation* de
quelques figures de proue du féminisme détourne le fond du débat
en l'individualisant. Il œuvre pour la dé-légitimation de mouvements
qui se voudraient davantage collectifs ou radicaux. Cette tendance,
appuyée par l'«ONGéisation» des organisations[12], et la mise en
exergue de l'héritage marxiste des luttes de libération nationale au
«Sud», fait émerger de nouveaux féminismes, parmi lesquels le féminisme islamique[13], qui ne remet pas toujours en cause les fondements
du patriarcat, mais préfère dénoncer la domination occidentale, l'occidentalisation des luttes et revendique avant tout d'être maître de ses
mots d'ordre.

L'«ONGéisation» des luttes de femmes et plus généralement du
féminisme, que les militantes sénégalaises et sud-africaines n'évitent
pas – le phénomène est généralisé à l'échelle de la planète et l'est plus
particulièrement en Afrique subsaharienne[14] –, soustrait les organi-

---

12   JAD Islah, *op. cit.*
13   Les bases et fondements de ce féminisme politiquement présent dans les
deux pays ne seront pas ici qualifiés.
14   ONANA Janvier, *Ongéisation de l'action publique et redéfinition des figures de
l'ordre politique en Afrique subsaharienne*, intervention lors du Séminaire du Réseau
Acteurs émergents (RAE), MSH Paris, Groupe «Acteurs émergents. Vers une réin-

sations de femmes de leurs objectifs initiaux. Elle les engage dans le respect des ordres du jour des bailleurs de fonds occidentaux. Ces derniers s'attachent à une exemplarité du développement porté par les femmes en tant que victimes plutôt qu'actrices et ne remettent pas pour autant en cause le patriarcat, en tant que système de division sexuelle. Les aides passent par de grosses organisations de la société civile statutairement et historiquement reconnues par lesdits organismes, la plupart du temps des ONG, qui sont censées présenter et mettre en place des projets en partenariat avec des organisations locales et validés par les bailleurs. Les organisations « Genre et TIC » en sont de bons exemples car elles reçoivent la grande majorité des aides internationales relatives à la lutte contre la « fracture numérique de genre » en Afrique. Il s'agit en particulier en Afrique du Sud de l'*Association for Progressive Communication* et de *Women's Net*, issue de SANGONeT, une organisation parapluie de mouvements sociaux (syndicats, ONG…) créée par le pouvoir en 1994, et au Sénégal de enda-Synfev, l'unité genre de l'ONG enda Tiers Monde.

Cette « ONGéïsation » de l'aide constitue en elle-même un paradoxe et a des effets pervers. D'un côté, elle appuie la financiarisation – les ONG demandent des aides financières dans les domaines où elles pensent avoir plus de chance de les obtenir au détriment des domaines où l'urgence est criante – et l'institutionnalisation des objets des luttes des organisations de femmes ou féministes, autant qu'elle constitue une forme d'ingérence des États occidentaux (là où se situent la majorité des bailleurs de fonds). Ces derniers rencontrent par ce biais et au-delà de la sphère économique une nouvelle opportunité de conduire leurs politiques de culturation, à savoir induire par les financements que les bailleurs accordent, une vision du développement, de la citoyenneté, des modes d'expression, de l'autonomie… aussi bien que des méthodologies qui l'accompagnent. De l'autre côté, l'ONGéïsation permet aux organisations et mouvements que ces bailleurs financent de mener à bien leurs actions, en subvertissant, consciemment ou pas, ce système.

Concrètement, les bailleurs de fonds soumettent leur aide financière à des conditions qui incluent notamment la recherche de partenaires étrangers, régionaux ou internationaux, selon des axes d'action

---

vention du politique ? », 15 mai 2006.

définis par leurs soins. L'obtention des financements oblige l'organisation bénéficiaire à rédiger des rapports circonstanciés, autant sur les activités mises en œuvre que sur les dépenses affectées. Entre rapports d'activité ou de projet, rapports financiers et interventions sur le terrain, certaines organisations de femmes sont devenues dépendantes d'organisations de très grande ampleur, intermédiaires incontournables tant pour la récupération de subsides que pour la reconnaissance politique auprès de différents partenaires – bailleurs, État, ONG d'autres pays –, ou encore afin de gagner un passe-droit, une ouverture instituée et reconnue, auprès desdits partenaires.

En Afrique du Sud, l'État et les organisations de la société civile connaissent peu de subventions. Il existe néanmoins des aides, provenant des organismes de coopération étrangère du Canada et des États-Unis essentiellement dans le cadre du soutien à des mobilisations de femmes contre le sida, les violences, pour l'habitat, l'assainissement. Les soutiens les plus massifs convergent également vers le développement des études sur le genre.

Au Sénégal, l'obtention des subventions est le plus souvent liée à la notoriété des présidentes des organisations. En effet, l'action politique au Sénégal se caractérise aisément par la personnalisation, voire la «starisation», de certaines égéries, comme si la mobilisation des femmes ne pouvait se concevoir en dehors des hémicycles ou des manchettes des journaux. La reconnaissance des organisations de femmes passe souvent par la médiatisation de leur présidente. Ou inversement la médiatisation d'une femme permet à l'organisation qu'elle préside de gagner en prestige ou à rassembler/mobiliser autour de sa personne. Par exemple, Penda Mbow, historienne, professeure à l'université, en n'étant pas mariée, est l'objet de tous les opprobres. Paradoxalement, elle joue de ce statut controversé, qui la met de fait dans une catégorie à part, pour faire entendre sa voix, et la sienne seule, sur de multiples fronts, politiques, économiques, sociaux et culturels. Elle stigmatise ainsi les aspirations de jeunes Sénégalaises qui voient en elle un symbole de résistance.

Une autre figure a marqué les esprits. Il s'agit de Marième Wane Ly. Lors des élections présidentielles de 2000, elle est la première femme, dans l'histoire politique du Sénégal, à poser sa candidature. Elle est alors Secrétaire générale du Parti pour la Renaissance africaine (PARENA). Elle représente un cas d'exception, car ce pays d'Afrique ne connaît pas encore de femme Chef d'État, ni de femme chef de parti politique. Faute de moyens suffisants pour mener campagne à l'échelle nationale, elle devra se retirer de la course à la présidence[15].

Professeure titulaire de la chaire de droit privé à l'université Cheikh Anta Diop de Dakar, Amsatou Sow Sidibé est une autre figure de la contestation. Elle rassemble des foules autour de ses discours élaborés, parfois antireligieux, du type «Les droits musulman, coutumier et moderne, tous protègent les femmes mais il faut savoir les nettoyer». Elle place l'«égalité des sexes» au centre de toutes ses plaidoiries, garante des «droits de l'homme, paix, démocratie et développement» et se bat contre le code de la famille. Elle est présente dans de multiples conseils d'administration d'organisations[16], voire crée des mouvements locaux, notamment pour la paix, sans pour autant que ces organismes gagnent en visibilité politique. Elle est candidate aux élections présidentielles de 2012.

On pourrait ainsi citer bien d'autres vedettes de la contestation féminine sénégalaise. La question qui se pose dans le pays est de savoir si cette personnalisation des actions politiques vers l'égalité de genre ou la féminisation des postes de responsabilité ne correspond pas à une stratégie concertée de détournement des objets des actions politiques des organisations de femmes ou féministes, dans un pays où être femme implique nécessairement l'existence d'un homme, qu'il soit mari, père, fils, frère. Une première réponse possible réside dans l'analyse des attributions des épouses des chefs d'État qui se sont succédé depuis 1960. En effet, ces Premières Dames s'arrogent la place de porte-parole en matière de droits des femmes dans le domaine discursif tout en créant des fondations par exemple et en agissant sous leur couvert. Elles «étoufferaient» les revendications

---

15   SYLLA Seynabou Ndiaye, *Femmes et politique au Sénégal - Contribution à la réflexion sur la participation des femmes sénégalaises à la vie politique de 1945 à 2001*, Mémoire de DEA Études Africaines : option Anthropologie juridique et politique, Université de Paris I - Panthéon - Sorbonne études internationales et européennes, 2001.

16   Amsatou Sow Sidibé a notamment créé et est présidente de la Convergence des acteurs pour la défense des valeurs républicaines (Car-Leneen), membre correspondant de la Fondation pour l'innovation politique, présidente de SOS droit à l'Éducation, membre du réseau de chercheurs du programme «Aspects de l'État de Droit et Démocratie» de l'Agence universitaire de la Francophonie.

des organisations de femmes ou féministes[17]. Ce « syndrome des Premières Dames » écarte en Afrique les femmes du pouvoir politique[18]. Ibrahim Jibrin cite notamment les exemples de Maryam Babangida, Elizabeth Diouf et Suzanne Mubarak qui ont joué un rôle important lors de la Conférence de Pékin, le tout volontairement en dehors des actions des organisations de la société civile. D'ailleurs, la tendance à publiciser (rendre public) un mouvement par des voies classiquement viriles ou masculinistes, à savoir la gestion de carrière, la concurrence, la compétition pour le pouvoir, le don de soi au parti, fait écho à la critique de la politique politicienne exprimée par mes interlocuteurs sénégalais. Cette vision de la politique est par exemple rejetée par Myriam car elle impose l'image que faire de la politique en tant que femme au Sénégal c'est épouser des modèles masculins, qualifiés de « non sociaux », c'est-à-dire s'intéressant davantage à l'obtention d'un prestige public au détriment d'une volonté de changer la vie quotidienne des populations. Paradoxalement, cet argument développé par Myriam, qui oppose les sphères sociale et politique, renvoie lui-même à une vision patriarcale de division sexuelle du pouvoir, les femmes devant rester dans l'action familiale, invisible.

Une deuxième réponse possible se trouve dans l'analyse des usages des TIC. Ces personnalités ont un certain âge et se revendiquent d'autant moins en ligne de front de la transgression des cadres sociaux par l'appropriation stratégique des TIC qu'elles les utilisent peu, voire pas. Par ailleurs les relations codifiées entre aînées et jeunes a tendance à inhiber l'imaginaire d'une potentielle contestation politique par les TIC. En acceptant leur situation de présidentes, ayant droit de cité principal, sinon unique, ces femmes d'exception entérinent le cloisonnement socialement construit avec les jeunes générations et avec lui, un cloisonnement épistémique qui va croissant.

L'ONGéisation des luttes pour l'égalité hommes/femmes comme la personnalisation de femmes de prou des organisations

---

17 DIOUF Amadou, « Genre et développement : quand les Premières dames font de la récupération », *Wal Fadjri* (Sénégal), 2005, <http://fr.allafrica.com/stories/200503040707.html>, consulté le 21 octobre 2015.

18 JIBRIN Ibrahim, « The First Lady Syndrome and the Marginalisation of Women from Power : Opportunities or Compromises for Gender Equality », *Feminist Africa*, n° 3, 2004.

encouragent à acter la dépolitisation de ces luttes car elles font davantage état des exigences des bailleurs ou des *leaders* des organisations que des acteurs de ces organisations. L'ONGéisation et la personnalisation décollectivisent l'action politique. Elles symbolisent autant de facteurs de régression sociale que d'avancée vers l'égalité. Cette contradiction est sans doute fondatrice d'un travail de longue haleine d'une forme de mouvement qui cherche tant ses modes d'expression politiques que ses repères théoriques, tout autant qu'il essaie d'identifier ses paradoxes. Ce mouvement offre l'intérêt de donner à interroger les rapports de domination, même si la démarche n'est pas toujours construite. Il éclaircit le paysage des luttes pour l'égalité des genres, même s'il ne manifeste pas encore clairement son ambition de questionner les identités sexuelles et l'impact de leurs représentations sur l'action politique et l'analyse des politiques nationales et internationales.

INSTITUTIONNALISATION : INÉGALITÉS DE GENRE VERSUS DOMINATION

Avec l'institutionnalisation de genre, les femmes les plus pauvres n'y trouvent pas leur compte et les organisations de femmes ou féministes s'en trouvent divisées. Deux stratégies s'opposent. La première consiste à opter pour des revendications allant dans le sens de cette institutionnalisation. La deuxième vise ses effets pratiques, réels, conséquents, sur la vie quotidienne des femmes. Parfois, cette dernière stratégie ambitionne des changements structurels des rapports sociaux de sexe.

À ce propos, beaucoup reste à faire. Tant dans les rapports d'évaluation des politiques que dans les témoignages que j'ai recueillis, les impacts sur le genre masculin ne sont pas mentionnés. Ce terrain reste totalement vierge. On ne trouve pas d'interrogation sur l'existence de l'exacerbation du masculinisme ou sur les discours et comportements virilistes, sur leurs impacts sur les femmes, comme sur les hommes et encore moins de réflexion sur l'identité sexuelle. Le genre tel qu'il est traité dans l'institutionnalisation englobe des « questions de femmes », sans pour autant être effectivement résolues. Les véritables enjeux de genre dépassent pourtant à la fois le séparatisme hommes/femmes, c'est-à-dire l'isolement des femmes en tant que groupe social, et la simple « question » de l'égalité des droits entre hommes et femmes. L'institutionnalisation de genre, en jouant sur ce séparatisme et en tablant sur une vision binaire de la problématique du genre, représente une *chimère* qui maintient les véritables enjeux démocratiques au-dessous de l'action politique : en occultant l'identité de genre, l'institution se crée son propre cache-sexe[19] politique, c'est-à-dire n'interroge pas les relations de genre qui structurent son action ni même celles qui la constitue. Elle se dégage d'une démarche de construction d'outils d'analyse des facteurs d'inégalités entre les genres, parmi lesquels les masculinités[20], le communautarisme[21], l'individuation[22], voire le libéralisme. Ce faisant, elle dépolitise les enjeux, alimente des bipolarités (sexuelle, sociale, raciale, générationnelle…) et révèle une vision à court-terme.

De fait, depuis une vingtaine d'années, l'institutionnalisation du genre permet d'un côté des avancées théoriques essentielles et de l'autre entérine des frontières sociales contre-productives. Le développement des études de genre en est un bon exemple, qui mixe innovations conceptuelles et, au « Sud » et à l'« Est », subordinations à l'Occident et à son soutien économique. Dans ce contexte, les organisations de femmes, quels que soient leur champ d'action et leurs modalités d'intervention, sont massivement confrontées à une approche bureaucratique et normative, qui privilégie le *statu quo* au détriment du changement social[23]. Cette institutionnalisation, en ayant opté dans les deux pays pour la simple transposition du terme « femmes » par celui de « genre » dans toutes les actions politiques nationales, a certes permis des avancées législatives importantes, nécessaires, mais

---

19   J'utilise ce terme pour définir la dissimulation de ce que les acteurs politiques souhaitent taire de façon globale et renforcée, et dans le cas présent, en matière de sexualité et d'identités de genre.

20   THIERS-VIDAL Léo, « De la masculinité à l'anti-masculinisme : Penser les rapports sociaux de sexe à partir d'une position sociale oppressive », *Nouvelles Questions Féministes*, XXI (3), 2002, p. 71-83.

21   DELPHY Christine, « L'humanitarisme républicain contre les mouvements homo », *Politique La Revue*, juin 1997.

22   TREMBLAY Manon & *alii*, *Genre, citoyenneté et représentation*, Paris, PUF, 2006, 252 p.

23   GAULEJAC (de) Vincent, *La société malade de la gestion, idéologie gestionnaire, pouvoir managérial et harcèlement social*, Paris, Seuil, Points Économie, 2005-2009, 353 p.

non suffisantes. En dépolitisant le concept de genre, en légiférant à la guise des pouvoirs publics sur les droits des femmes, avec ou sans leur assentiment, elle a permis d'asseoir une autre institution-nalisation, celle de l'appropriation du corps des femmes (en tant que mère de la Nation), comme objet politique, objet qui s'instrumen-talise autant sur la scène internationale que nationale. Les discours des dirigeants sud-africains et sénégalais en attestent et dévoilent une faiblesse masquée par l'expression d'une rhétorique qui se veut *puissante*. Traditionaliste d'un côté, paternaliste et religio-consensuel de l'autre, ils tentent de rassurer une base politique en perte de légitimité politique/masculine, notamment liée à la dégradation de la situation socio-économique. Le choix politique est à l'utilisation réelle ou sym-bolique de la force, à la confrontation, au conflit, assumés pour l'un, calfeutrés pour l'autre, plutôt qu'à la négociation, à la concertation, au débat, à la recherche de la paix sociale. Cette force se situe du côté d'une identité masculine, consentie publiquement par le pouvoir masculin comme «émasculée» par des mouvements féministes d'ins-piration occidentale, alors qu'elle l'est davantage par les difficultés à gérer les nouvelles exigences multiformes (économiques, géopoli-tiques, culturelles) de la situation critique de la mondialisation.

Plus globalement, l'intégration du genre par les institutions est binaire et réductrice. Sous couvert de «*mainstreaming*» de genre, les deux États développent un sexisme politique qui repose sur ce qui se fait de plus institutionnel en matière d'égalité entre les hommes et les femmes. Les mécanismes pour l'égalité entre hommes et femmes mis en place par les deux pays révèlent une volonté de légiférer l'égali-té entre les hommes et les femmes en instaurant des lois sans pour autant se doter d'outils pour leur application. Ils témoignent d'une interprétation différenciée et réductrice du concept de genre.

Cette dépolitisation de fait de l'égalité entre hommes et femmes se caractérise dans ces pays par un glissement de l'analyse des fon-dements patriarcaux vers l'institutionnalisation de l'égalité des sexes –rassemblée sous le terme de genre–, ce qui traduit un flou, tant temporel que symbolique, qui met les organisations de femmes ou féministes en position de choisir entre collaboration, refondation et radicalisation.

Les luttes des organisations de femmes ou féministes peuvent interroger l'héritage idéologisé, marxiste ou nationaliste, des luttes de libération. Elles peuvent tout autant alimenter le séparatisme hommes/femmes ou le différentialisme, basé sur les seules différences biologiques. Cette dépolitisation du concept de genre cache une forme de résistance d'hommes et de femmes au féminisme et à la déconstruction des bases du patriarcat : division, hiérarchie, rapports de force, séparation du public et du privé… En cela, il est possible d'affirmer que le féminisme a, malgré un contexte hostile, réalisé des changements, notamment celui de rendre explicite la position d'un ennemi, le pouvoir institutionnel masculin, jusqu'alors implicite et donc non interpelable.

L'analyse des contextes de ces deux pays peut s'appliquer à l'Afrique[24] et plus généralement au monde entier. L'institutionnalisation du genre forme système. Elle incarne la relation ambiguë entretenue par les organisations de femmes ou féministes avec leurs États. Celles-ci oscillent entre attentes/dépendances (voire appartenance) et exigences/revendications. Les États pour leur part allient deux approches : démagogique/électorale et fonctionnelle. À ces fins, ils utilisent les organisations de femmes ou féministes comme agents d'information sur la société civile locale, dans le but de combler un déséquilibre de pouvoir international créé par la mondialisation, où d'autres intérêts, entre États, se concurrencent.

Aussi, l'analyse des modalités de gestion des inégalités de genre par les États et par les mécanismes nationaux créés à cet effet vient-elle identifier et compléter celle des modes de dépolitisation du concept de genre et celle des actions des organisations de femmes ou féministes. Plus généralement, elle engage à élargir l'investigation vers l'analyse d'autres inégalités, comme celles de classe et de « race », et de leur croisement systématique avec le genre. Plus encore, elle pousse à dépasser ces notions d'*inégalités,* qui réduisent les fondements de la construction sociopolitique de leur existence, pour orienter vers celles plus adaptées de *dominations*. Les inégalités, telles qu'elles sont produites dans les sociétés, sont des instruments, ceux de la domina-

---

24   Je m'inspire à ce propos de nombreux travaux. Voir notamment MAMA Amina, SOW Fatou & CODESRIA, *Sexe, genre et société : engendrer les sciences sociales africaines,* Paris, Karthala, 2004, 461 p. ; AZOULAY Muriel & QUIMINAL Catherine, « Reconstruction des rapports de genre en situation migratoire. Femmes "réveillées", hommes menacés en milieu *soninké*», *VEI enjeux,* n° 128, 2002 p. 87-101.

tion dans les relations sociales et en particulier dans la relation entre institutions et individus. Plus simplement, les inégalités sont le terreau des rapports de domination, de genre, de classe, de «race». En cela, et comme le distingue Hannah Arendt, elles éloignent de la liberté, du «potentiel», du pouvoir. Dissocier la domination du pouvoir[25], comme le propose la philosophe, nous permet d'isoler le rapport de commandement et obéissance, basée sur la violence[26], et l'expérience de la démocratie.

Aussi, se détacher de cette notion d'inégalités de genre et se rapprocher de celle de rapports de domination va nous permettre de mieux cerner les contours du contexte mondialisé dans lequel les sociétés contemporaines se déploient et les rapports de domination auxquels elles exposent dorénavant les individus : entre puissance et impuissance, transgression et dépolitisation, local et global, réel et virtuel, action directe et accélération.

---

25   ARENDT Hannah, *Condition de l'homme moderne*, Paris, Poche, 1961, 416 p.
26   ARENDT Hannah, «Sur la violence», *Du mensonge à la violence*. Essais de politique contemporaine, traduction française, Paris, Calman-Lévy, 1972, p. 105-208 [*on violence*, édition originale en anglais 1970].

Les TIC : sujets de convoitise et d'aliénation

L'institutionnalisation des TIC par le genre

L'héritage des mondialisation, capitalisme, occidentalisation, et antérieurement du colonialisme, est omniprésent. Il structure les sociétés contemporaines. Il construit la «modernité», et avec elle l'introduction généralisée des usages des TIC. Aussi, ladite «société de l'information» n'est ni le résultat d'une génération spontanée de recherches technologiques pointues, ni celui de l'aboutissement du néolibéralisme et de la modernisation des modèles économiques, ni celui d'une propension soudaine de l'humanité à vouloir communiquer davantage et à partager ses savoirs. Elle est le produit de l'ensemble, le tout dans des contextes préexistants de patriarcat, de violences, de pauvreté et d'écarts de richesse spécifiques. Elle accompagne une hiérarchisation des relations sociales qui exacerbe en Afrique des mouvements de *backlash* masculiniste ou traditionaliste ou des tentatives de *consensus* paternalistes de la part des dirigeants des États.

Étonnamment, l'intégration du genre dans les politiques –l'institutionnalisation de genre– n'est pas *automatiquement* rattachée à l'intégration des TIC dans la vie courante. Elle y est pourtant historiquement, économiquement et politiquement liée. De plus, quand on s'intéresse aux TIC et au genre, on pense tout de suite «fracture numérique de genre». Ce réflexe d'*attachement,* qui associe les TIC, le genre, et la notion de «fracture numérique», contient en lui seul les ingrédients d'une autre institutionnalisation. Celle des TIC. Cette deuxième institutionnalisation est originelle et structurante, dès les années 1990, de la «société de l'information». Elle est parallèle à celle du genre.

Ces deux institutionnalisations sont jumelles. Celle des TIC a pour caractéristique d'être prescrite par les décideurs des politiques de TIC et de ne pas consulter les personnes pour lesquelles ces politiques sont écrites : des femmes, sans différenciation de classe ou de «race». En souhaitant répondre aux besoins des femmes, ces politiques entérinent le pouvoir de ceux qui les dictent (hommes et femmes) et avalisent les processus verticaux tant de génération de contenus, de contrôle des infrastructures ou des décisions. En n'étant structurellement pas égalitaire, en renforçant des rapports de dépendance, cette institutionnalisation, quoi qu'empruntant largement le terme genre, l'exclut de ses pratiques.

À l'autre bout, les modes d'action des militantes pour l'intégration du genre dans cette «société de l'information» ou des féministes dans le cyberspace, interrogent leurs espaces de convergence, de divergence, à quelles périodes, sur quels thèmes. L'institutionnalisation des TIC réapparaît alors comme une trame, une grille de lecture de ces histoires d'action politique, encore parallèles. Et les TIC, s'exposent toujours comme un but à atteindre pour les femmes, et, pour certains, le moyen de connaître le «grand soir». J'interroge ce but depuis si longtemps que l'idée me déstabilise encore. Alors je continue à m'évertuer à étudier cette institutionnalisation et ses mécanismes, à fouiller sa construction. C'est l'analyse de la composition hybride du mouvement «Genre et TIC» qui m'a le plus aidée à percevoir à quel point on assistait à une dépolitisation de l'appropriation des usages des TIC par les femmes. La question de cette dépolitisation ne se pose d'ailleurs plus. Les usages des TIC font obligation. Les TIC serviraient les femmes et leurs luttes quoiqu'il arrive.

«FRACTURE NUMÉRIQUE DE GENRE» : UN TERME SANS CHAIR

Adoptée le 15 septembre 1995 lors de la quatrième Conférence mondiale sur les femmes, la Plate-forme d'action de Pékin fait mention de «nouvelles possibilités» qu'offrent «l'informatique et la télévision par satellite et par câble» en matière de «participation des femmes aux communications et aux médias, ainsi que pour la diffusion d'informations sur les femmes»[1]. Le rapport fait également état de la propagation d'«images stéréotypées et avilissantes de la femme à des fins strictement commerciales de consommation»[2]. Aussi la plateforme recommande que les femmes participent «sur un pied d'égalité» à toutes les activités et prises de décision liées au domaine des TIC.

Ce constat partagé et ratifié par les représentants de 186 pays va incarner le point de départ de la mobilisation de différents acteurs

---

1   *Plateforme d'action de Pékin*, <http://www.un.org/french/womenwatch/followup/beijing5/docs/prgaction.pdf>, consulté le 21 octobre 2015.

2   *Ibidem.*

autour d'un nouveau concept, la «fracture numérique de genre», qui sera dès lors régulièrement repris dans les discours officiels et dans l'ensemble des mécanismes de l'institutionnalisation des TIC. Par exemple, Joséphine Ouédraogo, ancienne Secrétaire exécutive adjointe à la Commission économique des Nations Unies pour l'Afrique (CEA), affirme que les TIC sont des outils incontournables dans tous les domaines d'interaction sociale, culturelle, économique et politique[3]. Elle insiste sur l'accès à l'information sur la santé maternelle et infantile, la prévention du VIH/sida, la nutrition, les droits humains, la protection de l'environnement, les techniques de production, les emplois et les marchés, autant de domaines qui ont un impact direct sur la croissance démographique, la productivité économique et le développement durable en Afrique[4]. Elle propose une définition de la «fracture numérique de genre» en la formulant en ces termes : «ensemble des disparités d'accès et de contrôle entre les hommes et les femmes sur les TIC, leurs contenus et les compétences permettant de les utiliser»[5].

Cette terminologie –«fracture numérique»–, tout en étant adoptée par la majorité de mes interlocuteurs, ouvre à d'autres interprétations au sein-même de chaque pays. Elle permet de distinguer trois groupes : ceux qui savent comment aller au-delà et ont des idées sur ce qu'il faudrait mettre en œuvre pour y faire face, ceux qui ne savent pas la combattre et ceux qui reconnaissent leur ignorance mais aussi leur dépendance du fait de cette ignorance, qui les éloignent de solutions viables et à long terme, y compris sur leurs terrains de lutte. Globalement, la formule recouvre un nombre d'obstacles, hétéroclites et peu identifiables, communs à toutes actions relatives à l'information ou à la communication. Mes interlocuteurs ne distinguent pas les obstacles rencontrés dans l'organisation d'actions utilisant les TIC, des autres actions. Ensuite, le manque de temps et la faiblesse des moyens financiers sont le plus souvent mis en avant.

---

3   ENDA, «Fracture numérique de genre en Afrique francophone : une inquiétante réalité», *Études et Recherches,* n° 244, Réseau genre et TIC, Dakar, enda, 2005, p. 15.

4   *Ibidem.*

5   *Ibidem.*

Fatimata Seye Sylla est présidente de *Bokk Jang,* une ONG dédiée à l'éducation des jeunes par les TIC, et experte des TIC auprès d'organisations internationales pour le Sénégal. Âgée d'un peu plus de 55 ans, originaire du Sénégal mais résidente aux États-Unis, elle est ingénieure, engagée depuis plus de dix ans dans la lutte contre la «fracture numérique» et depuis vingt ans pour l'emploi des femmes. Elle est aussi musulmane pratiquante et tient à le souligner. Elle assume son appartenance à la classe moyenne. Fatimata me reçoit chez elle à Dakar, précisant qu'elle a peu de temps à m'accorder. Et c'est bien de cela dont il s'agit. Les femmes n'ont pas le temps, «parce qu'elles font tout». Bernedette Muthien dirige *Engender,* une ONG sud-africaine qui fait des recherches sur «l'intersectionnalité[6], le genrisme[7] et les sexualités». C'est dans un café du Cap qu'elle me donne rendez-vous pour en discuter. Âgée d'un peu plus de 40 ans, Indienne, de classe moyenne, elle est féministe, engagée dans les questions de paix, contre les violences, membre de nombreux groupes, y compris internationaux qui travaillent sur le genre. Bernedette établit le lien entre le manque croissant de temps et la gestion d'un environnement aggravé de violence : «une femme sur trois étant survivante de viol, une seulement a du temps». En effet, deux Sud-Africaines sur trois se dédient concrètement et quotidiennement aux violences sexuelles. Elles s'occupent soit du soutien aux victimes des violences sexuelles soit s'attachent à leur propre reconstruction en tant que victime : le crime détruit, à tous les niveaux et ses incidences sont exponentielles et circulaires, un crime entraînant parfois un soutien qui remet alors en scène le traumatisme à chaque fois qu'un nouveau cas est traité. Cette spirale se révèle extrêmement chronophage. Les problèmes se résolvent désormais au coup par coup là où ils se présentent, c'est-à-dire le plus souvent au niveau local et dans l'immédiateté.

---

6   En 1989, Kimberlé Crenshaw propose le concept d'intersectionnalité afin d'identifier une perspective relationnelle qui éclaire la façon dont les discours et les systèmes d'oppression s'articulent et sont interconnectés autour de catégories de classe, «race», sexualité et sexe. CRENSHAW Kimberlé, «Cartographie des marges : Intersectionnalité, politiques de l'identité et violences contre les femmes de couleur», *Cahiers du genre,* XXXIX, 2005 (publication originale : «Mapping the Margins: Intersectionality, Identity Politics, and Violence against Women of Color», *Stanford Law Review,* 1991, XLIII (6), p. 1241–1299).

7   «*Genderism*» en anglais : discrimination basée sur le genre.

Le manque de temps est donc le premier obstacle avancé quand il s'agit d'accès aux TIC pour les femmes. Toutefois, mes interlocuteurs énoncent une avalanche de difficultés d'accès «aux ordinateurs, aux compétences, à l'électricité, au réseau sans fil». Pour Mercia Andrews, l'Internet fait écho en Afrique du Sud à «toutes ces choses techniques que le gouvernement a essayées d'implanter sous forme de centres de télécommunication [...], mais qui n'a pas marché». Les obstacles sont vraiment trop nombreux.

Le problème des moyens financiers au Sénégal s'avère très pragmatique. Pour qu'elles participent à une quelconque manifestation ou rencontre, les femmes doivent être défrayées (au moins le montant du transport, éventuellement de la nourriture). Les organisations qui mettent sur pied des séminaires, formations et autres rencontres sont résolues à payer au risque d'échouer. Cette situation représente un coût pour l'organisation, qui implique un budget. Si bien que si il y a des choix budgétaires à faire à cause d'une perte de subvention par exemple, le choix est fait de couper cette ligne de budget. La priorité donnée à la communication est dépendante des ressources de l'organisation et non des bénéficiaires des actions de l'organisation.

Bernedette Muthien analyse en quoi la difficulté à trouver une unité entre organisations car «le manque de confiance règne» constitue un autre obstacle. Dans le prolongement de la réflexion de Bernedette, Fatou Diop du COSEF pense que le manque d'unité s'exprime dans la divergence des «intérêts de groupe»: les *leaders* de partis politiques ou des organisations n'affichent pas une position politique «conforme à la pratique réelle du terrain». D'autres obstacles s'additionnent qui se situent au niveau sécuritaire, c'est-à-dire que les organisations craignent les représailles ou la répression d'une rencontre qu'elles pourraient organiser.

D'autres interlocuteurs s'engagent dans une analyse sociopolitique. En Afrique du Sud, Rowayda Halim, âgée d'un peu moins de 50 ans, métisse, de classe moyenne, travaille comme responsable administrative d'une entreprise de consultants. Militante féministe de longue date (plus de 30 ans), elle est membre de conseils d'administration de nombreuses organisations de femmes, dont le *Nisaa Institute for Women's Development*. Elle est également membre du parti socialiste *Azania*. Nous nous croisons entre deux tables rondes de la rencontre internationale de l'*Association for Women's Rights in Development* (AWID) qui a lieu pendant mon séjour au Cap. Rowayda est formelle : les principaux obstacles sont les pratiques traditionnelles et religieuses. Et selon Synnøv Skorge, c'est le «patriarcat»… et «la solidarité que les femmes doivent témoigner à leurs proches (maris, frères, pères…)». Mama, âgée de plus de 60 ans, d'origine *IsiXhosa*, noire, de classe pauvre, est la présidente du *New Women's Movement*, où elle m'accueille au Cap dans une grande salle vide. Engagée de longue date contre l'apartheid puis contre les inégalités hommes/femmes, elle est, ce qui est qualifié en Afrique du Sud, une «prêtresse». Dans les églises, sur les terrains vagues, sur les lieux de manifestation, elle se met en transe et prêche la bonne parole révolutionnaire. En ma présence, elle aborde, sans le nommer, le sexisme ordinaire des hommes, qui manifestent leurs craintes de se voir enlever le contrôle sur leurs femmes alors que la mobilisation porte sur la protection devant la loi de leurs épouses. Au Sénégal, plusieurs personnes abondent en ce sens sans pour autant utiliser le même vocabulaire. Selon Fatou Sarr Sow, les principaux obstacles rencontrés par les organisations de femmes sont «les pesanteurs sociales», «les valeurs, les croyances sociales» et «les considérations culturelles ou religieuses». Cet environnement aurait une influence sur le fait que «les femmes ne comprennent pas certains enjeux», qu'elles «ne sont pas très sûres d'elles», ce qui les empêche d'aller jusqu'au bout de leur démarche juridique ou revendicative : «il faudrait que les femmes elles-mêmes prennent conscience qu'elles ont des problèmes spécifiques». Les femmes toléreraient leur «place» sociale comme inférieure, comme «dictée» par le coran et alimentée par le discours «culpabilisateur» des radios. Madjiguéne Cissé étaie cette affirmation par l'exemple du programme d'habitat social que son organisation met en œuvre et pour lequel des femmes, principales bénéficiaires, considèrent que «c'est à l'homme de chercher une maison, c'est pas à moi». Bernedette Muthien évoque enfin des obstacles comme celui d'avoir à «intérioriser l'oppression» au point que les femmes auraient à lutter «contre elles-mêmes» pour recouvrir leur «dignité» et faire front commun.

Ensuite, parmi mes interlocuteurs dans les deux pays, plusieurs insistent sur l'idée qu'il existe «différentes catégories de femmes», notamment celles qui vivent en milieu rural ou urbain, celles qui vivent au foyer, et les autres. Les écarts de génération, le manque d'éducation, voire l'illettrisme, la santé, la pauvreté, les divergences politiques ou l'absence de volonté politique ou encore la taille des groupes à mobiliser, qui apparaît parfois très mince, font également la différence. Cette différentiation revendiquée des femmes selon leur contexte expliquerait la diversité des actions en matière d'information. Certains des arguments développés mettent l'accent sur les obstacles liés à l'accès à l'information plutôt qu'à sa production. Mes interlocuteurs entérinent globalement l'idée que les femmes en ville ont plus accès à l'information et s'imaginent qu'elles sont par voie de conséquence plus à même d'agir. Ils sous-entendent que les femmes rurales n'ont pas de moyen d'agir sur le terrain de l'information. Cette position prend pour acquis l'information comme un ensemble de moyens et non comme un ou plusieurs objectifs à atteindre pour l'organisation.

Pourtant preuve a été faite que cette confusion était la source des problèmes des organisations. Olivier Sagna est universitaire, historien, spécialiste des systèmes d'information, expert en TIC en Afrique. Âgé de 50 ans, d'origine franco-sénégalaise, il milite au parti de gauche *Yoonu Askan wi* et est syndicaliste. Il est aussi à la tête d'une organisation de la société civile, l'Organisation sur les systèmes d'information, les réseaux et les inforoutes au Sénégal (OSIRIS), qui publie différents types de documents sur le Web, sans mettre un accent particulier sur les actions en direction ou à l'initiative de femmes. Olivier a choisi de me donner rendez-vous au restaurant universitaire de l'Université Cheikh Anta Diop de Dakar pour déjeuner. Tête à tête de circonstance et fort plaisant. Il me confirme que les « technologies de l'information et de la communication sont vues comme un luxe » et ne font pas partie des priorités comme l'accès à l'eau, à l'école, à la santé... alors qu'une étude réalisée en 1996, dans le cadre du programme Acacia au Sénégal[8], a fait la démonstration que « les plus gros problèmes que les organisations rencontraient étaient liés à la communication ».

Alors que l'accès à l'Internet est admis comme un problème surtout en milieu rural, ainsi que la maintenance des ordinateurs et l'accès à l'électricité, plusieurs interlocuteurs insistent sur cette situation

---

8   Pour en savoir plus, voir le site du Centre de Recherches pour le développement international (CRDI), <http://www.idrc.ca/FR/AboutUs/Pages/default. aspx>, consulté le 21 octobre 2015.

avec fermeté en évoquant la «fracture numérique», l'absence de politiques adaptées, pour que les «femmes marginalisées» profitent «des opportunités offertes» par l'Internet, leur permettent de «se rattraper». Helga Jansen, âgée d'un peu moins de 30 ans, métisse, de classe moyenne, est rédactrice/auteure à la télévision et au journal alternatif de gauche sud-africain *Amandla*, où elle m'a donné rendez-vous au Cap. Elle ne se considère pas comme engagée politiquement, bien qu'ayant travaillé à la fois auprès du maire du Cap mais aussi de nombreuses ONG de femmes dont le mouvement que Mama préside. À propos de l'Internet, elle parle d'«outil de travail» peu adapté à la majorité des femmes qui rencontrent des difficultés à «écrire ce qu'elles ressentent». Helga argumente également que l'«instantanéité» du réseau (via *Google*, les chats, les blogs) – qui permet d'avoir accès à l'information et d'y réagir sans attendre –, n'est pas accessible à la majorité, consacrée à la survie quotidienne, ce qui nuit à l'expression des «sentiments», à l'«auto-expression». Argument repris par Liesl Theron qui affirme que l'Internet ne concerne pas les femmes qui vivent dans «des cabanes et ont à partager des toilettes communes avec cinquante autres familles» et cherchent seulement à avoir accès à l'eau et à la nourriture. L'Internet est alors entendu comme réservé à celles qui en ont les moyens.

Mama, une des rares interlocutrices personnellement concernée par la pauvreté, pense au contraire que l'«immédiateté» induite par les TIC est très intéressante pour «croiser» les points de vue et surtout pour faire face à l'urgence, en garantissant la sécurité personnelle, de surcroît des femmes, qui ne sont plus obligées de sortir dehors (ce qui représente un danger) pour lancer un appel à l'aide grâce à leur téléphone mobile par exemple, ou qui, au cas où un violeur est entré chez elles, peuvent prévenir la police, et le tout en silence (sans parler) ce qui accroît leur sécurité. Elle envisage donc l'utilisation des TIC comme moyen de se défendre contre les agressions. Au niveau de son organisation, elle explique que l'Internet permet aux membres d'être «connectés entre elles», et de diffuser des informations, bravant les distances géographiques, toujours difficiles à surmonter faute de transports en commun ou de service postal.

Les obstacles à surmonter pour organiser des actions en direction des Sud-Africaines et dans le secteur de l'information s'avèrent pour une part assez classiques, car le premier des obstacles énoncé pourrait s'appliquer à une très grande partie des pays du monde – la pauvreté, l'illettrisme, le manque de moyens, dont le manque de capacités à utiliser un ordinateur… –, et pour une autre part, révèlent un particularisme, ancré dans la réalité violente, historiquement et structurellement méconnue du reste du monde.

Au Sénégal, les obstacles exposés pour organiser des actions en direction des femmes sont multiples mais convergent vers le premier niveau classique de handicaps : le manque de moyens financiers ou de sécurité, la faiblesse des alliances politiques, les problèmes d'intermédiation pour les organisations, de pressions sociales ou religieuses, de temps, de pauvreté, d'assurance personnelle, d'éducation et de conscientisation « pour les femmes ».

Dans les deux pays, les obstacles sont nombreux, financiers, économiques, sociaux, humains, militants. Ils ont pour conséquence que les organisations de femmes ou féministes dissocient mobilisation et information. La force de leurs actions est mise en péril au quotidien. Le risque de frôler l'impuissance est constant. Les tensions qui traversent les relations sociales et culturelles locales prennent le pas sur la pertinence de la circulation de l'information, quelle qu'elle soit. Le possible changement dans le domaine reste contingent, conditionné par la résolution préliminaire de tous les autres problèmes : écarts de richesse, analphabétisme, violences, inégalités de genre, de classe, de « race »…

DES POLITIQUES DE TIC SANS GENRE

Plusieurs organisations ont, au cours des années, tenté de combler ces obstacles tout en répondant aux impératifs des politiques de TIC. À la fin des années 1990, différents réseaux et organisations spécialisées du domaine « femmes et TIC » se concentrent sur la production d'outils de transmission d'informations dédiés aux femmes. Selon Ruth Ochieng, l'objectif est de créer un « catalyseur efficace dans la diffusion d'informations sur les problèmes affectant les femmes organisées aux niveaux de la base, national et international »[9].

---

9   OCHIENG Ruth, « Gender Research/Teaching Forum. Information and Communication Technologies as a Tool for Women's Empowerment and So-

Elle fait notamment référence aux listes de diffusion comme *Gender in Africa Information Network* (GAIN), créées en 1997, ou le réseau *Women of Uganda Network* (WOUGNET), mis en route en 2000 et l'organisation *Association for Progressive Communication for African Women* (APC-WNSP Afrique), devenue «*leader*» dans le domaine et dans la région. En Afrique du Sud, *Women's Net* se veut une «plateforme d'informations pour tous les mouvements de femmes de la région du sud de l'Afrique». En Afrique francophone, la liste électronique Femmes-Afrique, basée au Sénégal, est créée pour faire «circuler des informations sur les droits des femmes dans toute l'Afrique»[10].

Jennifer Radloff, responsable de la branche africaine de APC-WNSP, basée en Afrique du Sud, souligne que ces activités s'inscrivent dans la continuité des accords qui ont été négociés entre les organisations de la société civile et les gouvernements, à travers une déclaration de principe et un plan d'action assurant que les TIC contribuent à la réalisation des Objectifs du millénaire pour le développement (OMD), engagements pris lors du dernier SMSI, notamment en matière d'égalité de genre[11]. Elle mentionne la création et l'efficacité d'un outil d'évaluation de genre (*Gender evaluation methodology*, GEM)[12], dédié aux praticiens, que son organisation a créé afin de «repérer si les TIC sont davantage utilisées selon des modes qui changent les inégalités et rôles de genre, plutôt que pour simplement les reproduire et les répliquer». En Afrique, la GEM a été testée par *Women's Net*, en Afrique du Sud, *Fantsuam Foundation*, au Nigeria, *Women of Uganda Network*, *Femnet*, au Kenya, *Isis-WICCE*, en Ouganda et *AMARC* Afrique, toutes organisations implantées en Afrique anglophone. Cette méthodologie a été partiellement utilisée par enda-Synfev (branche genre de enda Tiers Monde) dans le cadre de ses dernières recherches.

---

cial Transformation, in Africa», *Feminist Africa*, Intellectual Politics, n° 1, 2002, *op. cit.*, p. 2.

10   *Ibidem.*

11   RADLOFF Jennifer, «Claiming Cyberspace: Communication and Networking for Social Change and Women's Empowerment», *Feminist Africa*, Women Mobilized Issue 4, 2005.

12   APC-WNSP, <http://www.apcwomen.org/gem>, consulté le 5 mars 2010.

Gillian Marcelle, experte en TIC et présidente du groupe de travail genre de l'*African Information Society Initiative* (AISI) (Initiative de la Société de l'information en Afrique), jouant sur le mot *«BIG»*, considère qu'il est nécessaire de «voir grand» pour accélérer l'intégration du genre dans l'«arène des TIC». *BIG* caractérise un processus en trois phases : *"Buy in; Implementation; and Growth and reinforcement"* (contrat, mise en œuvre, croissance et renfort). Il consiste à renforcer l'engagement de visibilité des résultats et obstacles, la reddition des comptes et participation et à établir des ponts entre concept et outils. Selon l'experte, cette approche «offre une perspective où on anticipe et on répond à la résistance de façon pro-active»[13]. Elle affirme que les agences de l'ONU en charge des politiques de TIC sont d'ores et déjà engagées sur cette voie, notamment dans la perspective de l'achèvement des OMD et la prise en compte de la «fracture numérique de genre».

Des études sont produites qui viennent objectiver cet enthousiasme. D'après la recherche-action menée par l'ONG enda Tiers-Monde en Afrique occidentale en 2005[14], cette «fracture» peut se mesurer selon un indicateur synthétique, dit des «4C», qui s'articule sur quatre composantes principales, le contrôle, la pertinence des contenus, les capacités, la connectivité. La situation serait «sérieusement» préoccupante en matière de contrôle. Globalement, les possibilités des femmes représentent les deux tiers de celles des hommes. Concernant les contenus et capacités, il est observé une inégalité de l'ordre d'un tiers. En terme de connectivité, c'est-à-dire d'accès physique et d'accessibilité sociale, les disparités sont réelles, mais moins importantes. Les femmes ne sont marginalisées «que» d'un dixième par rapport aux hommes sauf en matière de téléphonie mobile, ou l'inégalité se fait en faveur des jeunes femmes scolarisées[15].

Ces données africaines sont largement confirmées dans le reste du monde. Anita Gurumurthy, experte en politiques institutionnelles de

---

13   MARCELLE Gillian, «Thinking BIG to Accelerate Gender Equality and Transformation in the ICT Arena», *in* NG Cecilia & MITTER Swasti, *Gender and the Digital Economy - Perspectives from the Developing World*, Saga Publications, 2005, p. 231-252.

14   ENDA, «Fracture numérique de genre en Afrique francophone : une inquiétante réalité», *op. cit.*, p. 36.

15   *Ibidem*

TIC, précise que le clivage sexuel au sein de la «fracture numérique» s'illustre dans le nombre inférieur de femmes utilisatrices des TIC relativement aux hommes. Elle affirme: «Les femmes sont minoritaires parmi les utilisateurs de cette technologie dans presque tous les pays développés ou en développement»[16]. La tendance à la différenciation des usages commence très tôt. Par exemple, aux États-Unis, les garçons ont cinq fois plus de chances de pouvoir se servir d'un ordinateur à la maison que les filles et les parents dépensent deux fois plus en produits de TIC pour leur fils que pour leurs filles[17].

Par ailleurs, selon une recherche menée conjointement par l'*Association of Progressive Communicators-Africa-Women* et par *Femnet* en 2000[18] plus de 70% des ordinateurs hôtes qui forment les fondations de l'Internet sont installés aux États-Unis; l'anglais est utilisé dans près de 80% des contenus des sites Web bien que moins de dix pour cent des personnes dans le monde parle cette langue[19]. Le pourcentage des contenus en anglais a certes diminué et est passé à 45% en 2005[20] mais comme Daniel Prado, Secrétaire exécutif du Réseau mondial pour la diversité linguistique, *Maaya,* le souligne: «Une chose est certaine, l'anglais reste la langue la plus utilisée sur internet»[21]. L'Afrique génère environ 0,4% du contenu global, 0,2% en excluant l'Afrique du Sud. Sur ces 0,2% de contenus africains, moins du tiers sont produit par des femmes[22], ce qui fait chuter le

---

16   GURUMURTHY Anita, *Gender and ICTs: Overview Report,* Londres, Bridge, 2004, p. 22.

17   *Ibidem.*

18   LOWE Colleen Morna & KHAN Zorha, *Net gains: African women take stock of information and communication technologies,* recherche de l'*Association of Progressive Communicators-Africa-Women* & *Femnet,* Johannesburg, GenderLinks, 2000, 107 p.

19   D'après *Ethnologue,* bien que ce chiffre soit difficile à estimer, le nombre de locuteurs anglais dans le monde est passé en 2009 à 5,5%. Voir <http://www.ethnologue.com/ethno_docs/distribution.asp?by=size>, consulté le 6 novembre 2012.

20   Union Latine-Funredes 2007, *Langues et cultures sur la Toile,* Paris, DTIL, <http://2014.observatoireplurilinguisme.eu/portalingua/dtil.unilat.org/LI/2005/index_fr.htm>, consulté le 21 octobre 2015.

21   PRADO Daniel, «Présence des langues dans le monde réel et le cyberespace», in VANNINI Laurent, LE CROSNIER Hervé, Net.lang: Réussir le cyberespace multilingue, C&F Éditions, 2012, p. 39.

22   Colleen Morna Lowe & Zorha Khan, *op. cit.*

pourcentage de contenus créés par des Africaines dans le monde à 0,07%. Ruth Ochieng confirme cette faible contribution des Africaines : « les femmes en Afrique n'impactent toujours pas ce qui est jugé comme une "connaissance globale acceptable". Cette anomalie révèle l'hégémonie de certains groupes dans la diffusion et la production de connaissance, [qui] résulte de la monopolisation de la sphère du "savoir global" »[23]. En effet, la majorité des contenus (texte, audio, vidéo...) diffusés au moyen des TIC est globalement écrite par des hommes et surtout diffusée par des hommes[24]. L'écriture au quotidien sur des blogs, dans des séances de clavardage (chat) et d'autres galeries virtuelles, telle qu'elle est plus aisément pratiquée en Amérique du Nord et en Europe de l'Ouest, demeure en Afrique le fait d'une élite[25].

En termes de création numérique, ce sont majoritairement des hommes, et, en particulier, des hommes blancs, qui programment des logiciels, y compris dans le mouvement des logiciels libres[26].

Les femmes sont sous-représentées dans toutes les structures de décision du secteur des TIC et ont relativement peu de contrôle et d'influence sur les processus de prise de décision[27]. Les propriétaires des entreprises privées de télécommunication sont majoritairement des hommes[28].

Les racines du problème traité par la « fracture numérique de genre » naissent alors de causes plus profondes que celles de l'accès

---

23   Ruth Ochieng, *op. cit.*, p. 2.

24   De nombreuses études ont mis en lumière les inégalités de genre dans les médias, parmi lesquelles *Gender and Media Baseline Study* (GMBS), étude conduite en septembre 2002 par l'organisation sud-africaine *GenderLinks*, <http://www.genderlinks.org.za/page/media-gender-and-media-baseline-study>, consulté le 21 octobre 2015.

25   *Ibidem.*

26   GHOSH Rishab A. & *alii, Part 4: Survey of Developers, In Free/Libre and Open Source Software: Survey and Study*, International Institute of Infonomics University of Maastricht, The Netherlands, 2002.

27   Gillian Marcelle, *op. cit.*, p. 231-252.

28   Il n'existe pas d'études sur les propriétaires des entreprises de télécommunications, mais si l'on regarde les noms des membres des conseils d'administration de chaque entreprise intervenant en Afrique, comme ailleurs, on peut observer qu'ils sont majoritairement masculins.

et des capacités, angles très majoritairement ciblés par les décideurs des politiques de TIC. Est-il par exemple besoin de rappeler qu'au Sénégal, il est recommandé et courant qu'une femme sollicite l'autorisation de son mari pour se rendre au cybercentre, et encore qu'une jeune fille s'occupe prioritairement des soins de sa famille, de ses proches, avant de trouver le temps d'aller à l'école, ou plus généralement que les femmes et les jeunes filles de la région ne sont pas à égalité de prise de parole avec leurs homologues masculins, hommes et garçons? Les difficultés ne se rencontrent pas dans l'accès aux ressources des TIC ou aux formations afférentes, mais dans la rémanence des relations sociales et culturelles inégalitaires existantes.

Par ailleurs, les formats culturels et sémantiques selon lesquels les contenus sont publiés sur le Web tout comme les contenants dans lesquels ils sont publiables – les programmeurs informatiques du monde entier utilisent des infrastructures, une logique et des codes inventés en Occident[29] et nécessairement l'anglais pour ce faire[30] – ont des empreintes historiques, géographiques et de genre structurelles qui n'autorisent pas forcément la publication de contenus propres par toutes les femmes en Afrique. La question se pose immédiatement de savoir si ces formats ne sont pas trop éloignés de certaines femmes africaines, de leur mode de pensée comme de leur quotidien. Suivant leur milieu, ces formats ne peuvent être *plaqués* sur leurs savoirs propres, car ces femmes risquent de ne pas pouvoir les interpréter ou même se représenter grâce à eux. Le phénomène d'identification ou de validation a toutes les chances de ne pas se produire.

Quand les organisations internationales, les organisations non gouvernementales (ONG), internationales ou nationales, et les fondations privées entendent «soutenir les femmes d'Afrique», pour qu'elles aient accès aux ressources des TIC et aux capacités pour les utiliser, elles s'ingèrent de fait dans le quotidien de ces femmes, prises comme un groupe homogène. On assiste alors à une intrusion du vir-

---

29   Le premier réseau numérique, *Arpanet*, a été créé en 1969 pour le département américain de la Défense. Ce réseau a, dix ans plus tard, été introduit dans les universités américaines. Il a définitivement été remplacé par Internet en 1990, dans le cadre de la recherche civile. Le *World Wide Web*, une interface publique, sous forme de pages à consulter, est créé par le Conseil européen pour la Recherche nucléaire (CERN) en France en 1991.

30   Daniel Prado, *op. cit.*, p. 43.

tuel sur les modes de pensée et d'agir de femmes, africaines, intrusion qui ne prend pas en compte la situation de ces femmes : elles peuvent être riches ou pauvres, noires, métisses ou blanches, jeunes ou moins jeunes, urbaines ou rurales, mariées ou non, mères de famille ou non, hétérosexuelles ou homosexuelles, lettrées ou illettrées...

Cette intrusion est invisible. Elle révèle autant une incompétence de la part des décideurs des politiques de TIC qu'un conservatisme latent. Selon Nancy Hafkin, experte du réseautage des femmes via les TIC en Afrique, «les experts en genre des gouvernements ne connaissent pas le vocabulaire qui pourrait les aider à préparer des documents de politique générale sur Genre et TIC»[31]. Elle souligne l'échec du «*mainstreaming* de genre» comme stratégie politique. Certaines institutions, comme l'Organisation internationale de la Francophonie ou la Direction pour l'avancement des femmes (DAW) de l'ONU, commencent aujourd'hui à peine à entendre ces analyses et à envisager de former leurs équipes d'intervention, de terrain comme de négociation à ce qu'est le genre notamment dans les politiques de TIC.

S'appuyant sur les travaux des recherches post-coloniales et notamment ceux d'Edward Saïd, Arturo Escobar, Chandra Talpade Mohanty et Jane Parpart, Christobel Asiedu confirme qu'il existe un problème de «mondialisation par le haut», dans laquelle des experts des organisations de développement déterminent les besoins en TIC des femmes[32]. Elle affirme que les agences de l'ONU tendent à définir les femmes comme un groupe homogène et qu'elles orientent l'expertise – qui ne regroupe pas uniquement des hommes occidentaux mais aussi des femmes et organisations non occidentales «élites» – en mettant en évidence les problèmes et leurs solutions sans la participation active des femmes à la «base» «qui sont pauvres, rurales, non alphabétisées et forment la majorité des femmes en Afrique»[33]. Ces femmes sont vues comme des «"barrières et obstacles" à l'accès aux

---

31   HAFKIN Nancy & TAGGART Nancy, *Gender, Information Technology and Developing Countries,* Washington, AED LearnLink Project, USAID, 2001.

32   ASIEDU Christobel, *ICTs for Gender and Development in Africa: A Postcolonial Analysis,* contribution à l'*American Sociological Association Annual Meeting,* Sheraton Boston and the Boston Marriott Copley Place, Boston, MA Online, AllAcademics, 2008.

33   *Ibid.,* p. 2.

TIC, ayant des "besoins" et des "problèmes" mais peu de choix et de liberté d'action»[34]. De cette vision conformiste, sans différenciation de «race» et de classe, des TIC pour le développement, la sociologue conclut qu'il n'existe pas de «tentative d'examiner de façon critique quel groupe de femmes gagne à avoir accès à ces technologies»[35].

Au final, la «société de l'information» est autant le produit de l'institutionnalisation du genre qu'elle en est la productrice. La lutte contre «la fracture numérique de genre» sert pour les responsables des politiques de TIC à répondre aux «besoins des femmes», besoins dont ils décident. L'analyse de la «société de l'information» avec une perspective de genre et l'identification des inégalités qu'elle produit leur soucient peu. Se dessine un biais important: ces décideurs utilisent le terme genre pour qualifier des stratégies qui consistent à cibler des femmes pour qu'elles aient accès aux TIC, un accès au mieux égal aux hommes. Dans le domaine des TIC, le concept de genre est alors entendu d'un point de vue très restrictif, pour ne pas dire inexact. En fait, il n'existe pas de politiques de genre dans les politiques de TIC.

«GENRE ET TIC» ET CYBERFÉMINISME : DEUX APPROCHES OPPOSÉES ET CONVERGENTES

Des militantes des droits des femmes ou des féministes ont commencé à utiliser les TIC, il y a un peu plus de quinze ans. Très majoritairement en Amérique du Nord et en Europe de l'Ouest, elles ont très vite échangé leurs analyses avec celles des Latino-américaines[36] et des Asiatiques, et de façon extrêmement partielle ou dispersée, avec celles des Africaines ou des Européennes de l'Est. C'est encore le cas aujourd'hui. Depuis les années 1990, beaucoup ont construit avec ces technologies une relation individuelle relevant de la dépendance voire de l'addiction, qui leur permet d'être en connexion partout dans le monde, ou de faire de ces outils, et en particulier de l'Internet, un

---

34   *Ibid.*, p. 5.
35   *Ibid.*, p. 4.
36   LEON Irene, *Género en la revolución comunicacional*, Quito, ALAI, América Latina en Movimiento, 2005, <http://alainet.org/active/19633&lang=es>, consulté le 21 octobre 2015.

objet de création numérique[37]. La plupart de ces militantes de la première heure ont toujours considéré les TIC comme un prolongement de leur engagement, et en particulier celui pour la liberté, la démocratie, l'indispensable égalité hommes/femmes, ou encore le féminisme.

Elles ont estimé que l'informatique, le téléphone mobile ou l'Internet allaient leur permettre d'aller plus loin sur le chemin de la transformation sociale. Aussi, très vite, elles ont interrogé d'un point de vue politique et social ce nouvel environnement. Elles se sont demandées si, comme dans la vie réelle, ce nouvel espace allait renforcer les discriminations, creuser les écarts, créer des frontières, multiplier la domination ou au contraire étendre les approches stratégiques d'obtention de davantage de droits pour les femmes, de lutte contre les discriminations et contre l'impérialisme colonial, d'abandon du patriarcat, sous toutes leurs manifestations. Elles ont examiné en quoi cet espace allait permettre de valoriser des alternatives féministes.

Ces initiatives ont engendré deux courants : celui de l'appropriation institutionnelle des TIC par des femmes, telle qu'elle est globalement pratiquée par le mouvement «Genre et TIC», et celui qui a été nommé le «cyberféminisme».

Judy Wajcman voit dans le cyberféminisme une source de pouvoir pour les femmes[38]. Selon Montserrat Boix, responsable du magazine féministe espagnol *Mujeres en Red*, «la priorité est d'élever les réflexions, ensemble dynamique de travaux pratiques, et de promouvoir les compétences des femmes dans le domaine de l'information, de la communication et de l'utilisation des technologies»[39]. Elle insiste sur l'élaboration de contenus par les femmes et de leur diffusion à travers tous les canaux possibles, sur l'incontournable nécessi-

---

37   HAWTHORNE Susan & KLEIN Renate (dir.), *CyberFeminism: Connectivity, Critique and Creativity,* North Melbourne, Spinifex Press, 1999, 288 p. ; PLANT Sadie, «Feminisations: Reflections on Women and Virtual Reality», *in* HERSHMAN LEESON Lynn (dir.), *Clicking In: Hot Links To A Digital Culture,* Bay Press, 1996, 372 p., p. 37.

38   WAJCMAN Judy, *TechnoFeminism,* Cambridge, Malden, MA, Polity, 2004, p. 63.

39   BOIX Montserrat, *Comunicación, tecnologías de la información y feminismos,* Mujeres en Red – el periódico feminista, 2002, <http://www.mujeresenred.net/spip.php?article300>, consulté le 21 octobre 2015.

té de localiser et de participer à la production au sein des «nouveaux médias d'information antagoniste, de contre-information, d'information alternative productrice de contenus et élaborant des textes qui aident à dénoncer la discrimination, l'inégalité des droits des femmes et qui participent de la réflexion sociale nécessaire dans toutes les régions»[40].

Elle enchaîne sur le besoin de promouvoir et d'exiger des renforcements de capacité en communication pour les femmes, notamment en matière d'utilisation des TIC, «ce qui n'est pas seulement stratégique pour la participation des femmes dans la nouvelle dynamique des mouvements sociaux, mais crucial pour le développement personnel en termes d'emploi et d'éducation»[41]. Dans ce discours qui se veut plus radical que la rhétorique institutionnelle, l'usage des TIC reste au centre de la transformation. Cette centralité interroge par le simple fait qu'elle ne remet pas en cause la construction du système auquel ces discours et pratiques souhaitent s'opposer.

Dans le mouvement «Genre et TIC» et comme en atteste la Boîte à outils de *Bridge* sur Genre et TIC[42], les exemples de «bonnes pratiques» sont orientés «projets». Ils forment un parti pris, celui de la lutte contre la «fracture numérique de genre» et donc celui de s'inscrire dans la logique de l'institutionnalisation des TIC. Les impacts de ce parti pris sont sévères. Premièrement, les actions mises en œuvre répondent aux critères de financement des bailleurs qui soutiennent la réduction de cette «fracture numérique de genre» selon différents axes: santé, éducation, accès au travail... Il s'agit davantage de mettre en place des formations, des méthodologies, des actions de sensibilisation, au mieux des campagnes de plaidoyer, de façon ponctuelle et auprès de groupes distincts. Deuxièmement, les TIC sont transmises par le haut et les organisations qui font ce travail ont un rayonnement élitiste: des expertes enseignent, donnent accès, transmettent des informations... aux autres, jeunes, femmes. Ces expertes sont principalement concentrées au sein de ce qui est fréquemment nommé

---

40 *Ibidem.*

41 *Ibidem.*

42 JOLLY Susie, NARAYANASWAMY Lata & AL-ZU'BI Ra'ida, *GENRE et TIC Boîte à outils*, Bridge, 2006, 47 p.

«ONG de TIC» qui recueillent les financements des organisations internationales, au détriment des organisations de terrain, peu inter-rogées sur la pertinence des TIC pour leurs actions. Si la sincérité des intentions n'est pas à remettre en cause, la prise en compte de l'expertise des groupes de «base» est peu au rendez-vous.

Par exemple, Ineke Buskens et Anne Webb, coordinatrice de recherche du projet *Grace*, affirment que les TIC en elles-mêmes ne créent pas les facteurs d'autonomisation des femmes[43]. Ce sont les usages qu'elles en font qui peuvent l'être : «Les femmes doivent être les agents de leurs propres processus, en charge de et en contrôlant leur environnement aussi bien que leur processus de changement et d'autonomisation»[44]. Elles considèrent en conséquence que l'accès et l'utilisation des TIC par les femmes requièrent une transformation des mentalités et savoirs des peuples dans le monde, «formatés par les inégalités de genre et plus particulièrement la domination mascu-line», postulat d'autant plus vrai en Afrique où le «rôle des femmes sur le marché du travail et dans la sphère privée représentent une variable-clé d'autonomisation dans le secteur des TIC». En recom-mandant un changement épistémique des bénéficiaires des politiques de TIC, elles prescrivent.

Au sein du même mouvement, des ONG testent des initiatives de commerce électronique qui relient directement les femmes arti-sans aux marchés mondiaux et soutiennent leurs activités par l'apport d'informations sur le marché et la production. Ces actions répondent alors essentiellement à des programmes gouvernementaux ou interna-tionaux. De la même façon, ces ONG participent à des programmes de gouvernance électronique que quelques gouvernements ont impulsé afin de permettre aux citoyens un meilleur accès aux services gouvernementaux par l'électronique, accompagnés, dans certains cas, d'une stratégie explicite visant à garantir l'accès effectif des femmes et de ceux qui rencontrent des difficultés d'accès à ces services. Aussi, selon une étude menée par Anita Gurumurthy, «les TIC ont facili-té la construction d'une sphère publique plus inclusive – permettant

---

43   GRACE, *African Women and ICTs : Investigating Technology, Gender and Em-powerment*, Londres, Zed Books, 2009.
44   BUSKENS Ineke & WEBB Anne, *African Women and ICTs. Investigating technology, gender and empowerment*, CRDI, 2009, p. 117.

aux personnes âgées, handicapées et marginalisées de communiquer, de s'organiser en réseau et de toucher les responsables politiques. L'Internet a fourni, aux minorités sexuelles en particulier, un terrain propice à la subversion pour affirmer leur identité et défendre leurs droits humains par le lobbying»[45]. L'experte indienne souligne que ces initiatives peuvent offrir des espaces pour divers types de communication de bas en haut, à faible coût. Elles peuvent amplifier les voix des femmes et contribuer à rendre publics des expériences de femmes et leurs points de vue et cela par le biais d'intermédiaires.

Chandni Joshi, représentante de l'UNIFEM, agence onusienne aujourd'hui disparue, affirme que les TIC permettent aux femmes de lutter pour leur reconnaissance politique, économique et sociale[46]. Elle se réfère à un constat selon lequel de nombreuses militantes, à travers le monde, utilisent l'Internet avec succès, en créant des réseaux. Ces militantes imposeraient ainsi leurs propres revendications à l'ordre du jour des conférences mondiales de l'ONU, toute action qui peut se traduire par des gains politiques, économiques et sociaux significatifs pour les femmes. La Commission asiatique pour les droits humains est ainsi citée en exemple qui a envoyé des messages électroniques à de nombreux groupes progressistes de défense des droits des femmes à propos des crimes «d'honneur» perpétrés en Asie et a publié des pages Web faisant état de ces pratiques. Plus largement dans le monde, les TIC auraient servi de faire-valoir des militantes de l'égalité hommes/femmes[47].

L'ensemble de ce panorama – idéal des usages des TIC par «les femmes»– résonne avec les représentations de mes interlocuteurs en Afrique du Sud et au Sénégal. Quand j'introduis auprès d'eux l'idée de «créer des supports Internet créés par des femmes ou sur les femmes», laissant supposer qu'ils n'existent pas encore, leurs réponses sont nettes. C'est «très important», «formidable», «très pertinent», «hyper important», «très intéressant», «essentiel», «fonda-

---

45   GURUMURTHY Anita, «Promoting gender equality? Some development-related uses of ICTs by women, Development», *Practice*, XVI (6), novembre 2006, Londres, Routledge, p. 611.

46   JOSHI Chandni, «Préface», *in* GURUMURTHY Anita (dir.), *Gender in the Information Society: Emerging Issues*, New York, UNDP, 2006, p. 8.

47   *Ibidem.*

mental». À noter que la plupart relient automatiquement l'existence de ces supports à l'importance que les femmes, dans leur ensemble, soient connectées à l'Internet. Les doutes, nuances et divergences apparaissent dans un deuxième temps.

En Afrique du Sud, Saeanna Chingamuka, âgée d'un peu moins de 30 ans, d'origine *Shona*, noire, est chercheuse/rédactrice à *Gender Links*. Elle est engagée depuis l'âge de 20 ans dans les domaines genre et médias, gouvernance et violences. Elle habite à Johannesburg. J'échange avec elle depuis la France via courriel électronique. Saeanna pense qu'un tel support permettrait de «défaire les frontières et de fournir aux femmes l'opportunité d'apprendre des autres et de partager leurs défis». Synnøv Skorge affirme que cela serait «incroyablement important» en termes d'éducation, de conscientisation, de réseautage, de renforcement des capacités, de solidarité et d'accès aux emplois, autant de possibilités qui accroîtraient la capacité des femmes au «contrôle» de leur vie quotidienne. Rita Edwards dirige *Getnet*, une organisation spécialiste de formations sur le genre, où elle me reçoit[48]. Elle est féministe, anticolonialiste, membre de nombreuses organisations, comme SANGOCO, la plus grande coalition syndicale sud-africaine, mais aussi militante au sein de mouvements sociaux et du mouvement que préside Mama. Rita estime qu'un support Internet dédié aux femmes serait d'autant plus pertinent que la majorité des médias traditionnels sont «contrôlés par des hommes», dans une «culture très patriarcale» qui par voie de conséquence délivre un «portrait» des femmes s'attardant davantage à «leurs attributs physiques» ou qui les présente comme des «consommatrices» (ce qui est en soi un problème), alors qu'elles auraient tout à gagner à prendre les moyens pour contrôler et diffuser des contenus de «première main». Mercia Andrews répond au conditionnel et pense qu'un tel support «serait» pertinent si on y trouvait des informations «différentes», comme les droits, la santé, le travail… Mais elle mesure à quel point ce «média» n'a pas été assez «exploré» et utilise la radio comme élément de comparaison. Sally Jean-Shackleton dirige *Women's Net*, une organisation spécialiste du mouvement «Genre et TIC». Je connais cette organisation depuis la préparation de la 33ᵉ session spéciale de l'Assemblée générale des

---

48   Rita Edwards est aujourd'hui décédée.

Nations Unies qui a suivi la 4ᵉ Conférence mondiale des femmes, dite Pékin+5, et a eu lieu en 2000 à New York. Âgée d'un peu moins de 40 ans, blanche de classe moyenne, elle est engagée dans l'humanitaire et les questions transgenre. Comme Rowayda, je la rencontre à l'AWID. Sally estime que le site Web de son organisation, spécialiste en «Genre et TIC», existe déjà et qu'elle dispense «beaucoup d'aide» en direction d'autres sites de femmes, ce qui représente en soi une ressource «incroyable». Elle va jusqu'à affirmer que leur site est celui qui «collecte toutes les informations sur le mouvement des femmes en Afrique du Sud». Et d'ajouter que, de plus, elle ouvre des espaces de discussion (des listes électroniques) qui permettent aux organisations de collaborer en «réseau». Elle insiste sur la nécessité d'avoir «nos [les femmes] voix présentes» en ligne et se place comme porte-drapeau.

Au Sénégal, alors que le site Web de l'APROFES vient d'être créé, Binta Sarr tient à partager le souhait que ce support Internet, dédié aux femmes, devienne un ensemble d'«espaces de communication pour les femmes, des espaces d'échange au Sud», et des espaces communs de «lutte», prenant en compte les «différences de contexte aux niveaux économique, culturel et social, parce que le combat des femmes, ce n'est pas le combat des femmes sénégalaises ou africaines seulement, c'est le combat des femmes au niveau universel». Madjiguéne Cissé estime que «cela permettrait de toucher plus de femmes» et explique les actions mises en œuvre par son organisation en matière d'apprentissage des TIC pour les femmes, notamment les formations si bien que «à la fin du cours, les femmes ont chacune une adresse Internet et commencent à communiquer». Elle ajoute que désormais les PV des réunions sont validés par voie électronique. Autant de pratiques que Fatou Ndiaye Turpin valide au sein de son organisation qui travaille par «points focaux» interposés. Myriam considère qu'investir de tels espaces assure d'être «moderne». Fatou Bintou Thioune pense que de tels supports permettraient d'informer de façon plus rapide les femmes que leur organisation cible, de les «convoquer». Fatou Diop, dont l'organisation n'a pas de site Web, évoque la possibilité d'avoir «assez d'informations pour pouvoir agir, proposer, penser». Fatou Ndiaye Turpin parle d'obtenir ces informations «de manière instantanée» et pour pas cher (moins que le téléphone). Fatou Sarr Sow souhaite distinguer les supports «par des femmes» et les supports «pour des femmes», tout en considérant les deux approches comme «importantes». La première renvoie à une «approche spécificité», qu'elle qualifie de «classique», qui permet de créer une «brèche pour permettre à un maximum de femmes d'entrer dans l'espace Internet, dans les nouvelles technologies et de ne pas rester en rade». Une «technique de *marketing*», ajoute-t-elle. La deuxième permet de prendre en compte «des questions qui concernent les femmes» selon une approche spécifique et qui ne le sont pas dans «les espaces généraux». Enfin, Aminata Kébé, un peu moins de 40 ans, d'origine modeste, juriste, est formelle : avoir un tel support facilite l'action de «faire passer certaines choses». Aminata coordonne et est membre de l'Association des juristes sénégalaises (AJS), une grosse association nationale qui dispense des conseils juridiques aux femmes et qui alimente un site Web sur les droits des Sénégalaises.

De fait, le discours qui prévaut au sein du mouvement «Genre et TIC», assez optimiste – grâce à l'Internet, les femmes, en termes génériques, créent des réseaux qui leur permettent de mieux et plus vite mobiliser l'opinion publique internationale sur les discriminations et injustices dont elles sont l'objet au niveau local – est passé. Cette assertion n'est pas inexacte mais manque de précision. Les femmes dont il s'agit représentent quelques militantes, dans le monde, qui à partir de la Conférence de Pékin de 1995 ont effectivement entrepris un travail de plaidoyer. Ces militantes sont généralement des responsables (présidentes, directrices) d'organisations nationales ou régionales (ONG, associations) de taille importante qui forment désormais une élite notamment parce qu'elles peuvent se déplacer, tant du point de vue financier que des modalités des accords transnationaux sur l'immigration. Les militantes du mouvement «Genre et TIC» par le simple fait qu'elles ancrent leur action politique au niveau des organisations internationales et des décideurs politiques de haut niveau dans le but d'infléchir les politiques de TIC font partie de cette élite. De l'autre côté, les cyberféministes, en se manifestant sur le terrain de la création numérique ou de l'action directe dans le virtuel, en font également partie.

« GENRE ET TIC », VÉHICULE DE L'INSTITUTIONNALISATION DES TIC

On peut considérer l'ensemble des actions des cyberféministes ou des militantes du mouvement « Genre et TIC » comme allant dans la direction d'avancées en matière d'égalité hommes/femmes. Est-ce suffisant ? Je m'interroge en particulier sur les limites de l'analyse féministe de la « société de l'information » que ces militantes disent mener. S'étend-elle au-delà des usages des TIC et du contexte de ces usages par les femmes dans leur différence ? Compare-t-elle les acquis des luttes sur le terrain, dans le réel, et la genèse des besoins des TIC tels qu'ils sont représentés ? Ces questions demandent encore réponses, notamment au sein du mouvement « Genre et TIC », globalement plus développé que le cyberféminisme. Elles se posent d'autant plus que lors de mes entretiens sud-africains et sénégalais, j'ai largement pu constater que la définition des enjeux de la « société de l'information », voire de la « société de l'information » elle-même, appelait de nombreuses hésitations. Celle des « usages des TIC » est un peu moins obscure, car perçue comme plus pratique. Elle reste néanmoins très *éloignée* des actions politiques des organisations. Dans les deux pays, la plupart de mes interlocuteurs ne savent pas trop de quoi il s'agit.

En Afrique du Sud, Bernedette Muthien évoque d'emblée l'« accès aux infrastructures, aux technologies », qui serait réservé à une élite. Rita Edwards insiste sur l'écart des richesses, sur le chômage, c'est-à-dire plutôt les problème des moyens économiques individuels. Sally Jean-Shackleton affirme que l'enjeu principal réside dans les « contenus », parce qu'ils « font la différence » et permettent ou non leur « appropriation » par des femmes. Elle donne l'exemple du projet de son organisation portant sur les *Digital Story Tellings*[49] qui permet à des femmes de choisir leurs « mots, images, voix » si bien qu'il invente une « voix familière », une « langue » partagée, un « accent » connu, qui leur permet personnellement d'être « à l'aise dans le cyberespace [qu'elles] occupent ». Elle insiste sur la nécessité de créer un espace reflétant « diversité », réalités et « opinions ». Saeanna Chingamuka exprime une position tranchée. Il s'agit de « renforcer l'autonomisa-

---

49   Les *Digital Story Tellings* forment une pratique consistant à utiliser des outils informatiques pour raconter des histoires notamment personnelles.

tion des citoyens (*empowering*) et d'assurer une croissance durable dans les sphères économiques, politiques, sociales et culturelles de la vie».

Au Sénégal, Madjiguéne Cissé et Fatou Ndiaye Turpin considèrent que le principal enjeu réside dans la nécessité «que la majorité des gens, que tout le monde ait accès à l'information». Ce que Madjiguéne reformule immédiatement : «démocratiser l'Internet ça devrait être l'un des plus gros enjeux». Elle cible prioritairement le problème de l'accès à l'Internet. Selon Binta Sarr, «le grand défi de la société de l'information est la formation des plus démunis, surtout les femmes, à l'informatique» et ce sont aux pouvoirs publics de mettre en place les ressources nécessaires. Elle fait alors mention aux capacités des femmes à se servir d'un ordinateur et du rôle dévolu à l'État en la matière.

Olivier Sagna considère que «l'enjeu principal est le développement massif d'une culture de l'information». Il ne résume pas cette option à la seule connaissance des outils, «le côté quincaillerie», mais surtout à la maîtrise par les gens des «processus professionnels ou pédagogiques» pour qu'ils ne soient pas «uniquement des consommateurs mais aussi des producteurs d'information, d'applications, de logiciels, créateurs de connaissances, de savoirs», autant d'ingrédients qui forment culture dans une perspective «de développement social et humain». Il ajoute qu'il est nécessaire de «mettre en place un développement des infrastructures qui corrigent les inégalités entre les villes et les campagnes, à l'intérieur des villes, entre les quartiers où résident des gens de différents niveaux sociaux, toutes les personnes qui peuvent être marginalisées, les jeunes, les femmes, les vieux…, [autant] d'asymétries qui découlent de la loi du marché et qui demandent des politiques publiques». Il insiste sur les «mécanismes du marché» qui réclament des priorités en termes de rentabilité à court terme et qui génèrent ces disparités. La perception des enjeux et des politiques à mettre en œuvre pour y faire face s'étoffe.

Aminata Kébé associe directement aux enjeux les dangers de la «société de l'information» et parle de «cybercriminalité», autant de «délits sur l'Internet» difficiles à légiférer. Elle cite l'exemple d'une étude en cours sur la «traite transfrontalière» des femmes. À ce propos, Maréme Cisse Thiam insiste sur les opérations de «fraude sur l'Internet», les risques du fait de la «société de l'information» valant pour «toute action humaine» et requérant de la «prévention». Madjiguéne Cissé parle des risques de pédophilie, d'incitation au terrorisme et Binta Sarr invoque «les sites pornographiques, les sites de rencontre» où les femmes risquent d'être «trompées». Olivier Sagna ajoute les risques de «fichage», d'atteinte aux «libertés publiques» comme les «applications autour de la biométrie» mais surtout les risques de dépossession des gens, et en particulier des jeunes, de leur réel lien communautaire, qui devient de plus en plus virtuel, sans réel fondement et les éloigne de leur environnement le plus proche, les déresponsabilise.

Tenter d'identifier les «enjeux de la société de l'information» génère chez mes interlocuteurs un *maelström* de questions économiques, politiques, sociales, culturelles et de genre, selon des critères multiples, passant par l'accès aux infrastructures ou les capacités à les utiliser ou leur contrôle ou les contenus à y diffuser, rarement les quatre en même temps, et dans des domaines différents, pour l'essentiel l'Internet, et pour une poignée l'informatique et les TIC plus généralement.

Dans les deux pays, par enjeu, hormis la cybercriminalité, la majorité de mes interlocuteurs voient avant tout les avantages/opportunités au détriment des dangers. Il existe un décalage entre les fondements de la «société de l'information», ses composantes et impacts, et la représentation que les organisations de femmes ou féministes en ont. Ils ont une vision globalement biaisée, peu documentée de ces enjeux, entendus comme atouts et risques, au point qu'étonnamment ils saisissent peu la portée internationale de cette «société de l'information». Mes interlocuteurs placent volontiers leurs projections au-dessus de la réalité de ces enjeux qu'ils méconnaissent globalement.

La «société de l'information» n'est pas encore représentée ou interrogée. Elle n'a pas pris corps. Elle est *à part*. Cette *entité* peut éventuellement être appréhendée comme un système où les inégalités de genre peuvent se produire, «comme partout», mais où l'interrogation, la déconstruction de genre n'est pas poussée plus loin. Cette «société» est-elle le *système nerveux central* des sociétés contemporaines et plus globalement, dans le nouveau contexte de mondialisation, des relations sociales? Les inégalités de genre peuvent-elles s'y reproduire, y être accélérées, renouvelées ou renforcées? Dans le discours de la majorité de ces organisations de femmes ou féministes, la «société de l'information» serait même le véhicule de leur possible éradication. Elle forme outil, infrastructures, potentiellement canal, média, davantage qu'un ensemble de politiques. D'ailleurs, la question se pose de savoir à quel point mes interlocuteurs se sentent concernés par la «société de l'information» et en particulier l'aspect de ses impacts sur les décisions de la vie quotidienne.

Certes, ces interprétations sont connues par les militantes du mouvement «Genre et TIC», mais elles sont le plus souvent prises en compte de façon dispersée et non conjointe. Pour le comprendre, revenons à ses fondements. D'un point de vue général, même s'il est conceptualisé par de nombreux chercheurs[50], ce mouvement reste à approfondir du point de vue de sa politisation[51]. Adopté par des praticiens[52], sa mise en œuvre, par des formations adaptées aux TIC ou des méthodologies d'évaluation d'impact (de l'utilisation des TIC dans les actions genrées) ou encore des campagnes de sensibilisation nationales ou internationales appuyées sur les technologies de nouveaux outils ou supports média, ne peut porter en elle tous les facteurs d'une démarche d'innovation allant dans le sens d'un changement social. Les actions s'intéressent davantage à l'aspect outil de ces technologies au détriment de leurs aspects politiques. Elles renforcent notamment les approches par les entrées accès et capacités des femmes aux TIC plutôt que contrôle et contenus de l'espace que ces technologies structurent. La lutte contre les inégalités de genre générées par la «société de l'information» est traitée par ce mouvement. L'analyse des impacts de ces inégalités sur l'action politique n'est en revanche pas une priorité.

---

50   HARALANOVA Christina & PALMIERI Joelle, *Strategic ICT for Empowerment of women - WITT Training Toolkit,* Women Information Technology Transfer (Bulgaria/The Netherlands), 2008 ; Anita Gurumurthy, 2004, *op. cit.* ; Susie Jolly, Lata Narayanaswamy, & Ra'ida Al-Zu'bi, 2006, *op. cit.*.

51   BAYART Jean-François, MBEMBE Achille & TOULABOR Comi, *Le politique par le bas en Afrique noire. Contributions à une problématique de la démocratie,* Paris, Karthala, 1992, p. 148-256.

52   Voir notamment les travaux de *Femnet,* <http://www.femnet.or.ke/> et de *Women's Net,* <http://www.womensnet.org.za/>, consulté le 21 octobre 2015.

Cette impasse interroge le rôle du mouvement dans l'*inhibition/ impuissance informationnelle contemporaine* des organisations de femmes ou féministes. En introduisant une obligation de résultats qui consisterait pour les femmes, prises de façon générique, à «être connectées» pour participer de l'égalité de genre, dans les TIC, voire plus généralement dans d'autres secteurs, ce mouvement appelle une autre série de questions : les TIC et leurs usages sont-elles indispensables à la transformation des relations sociales ou à l'action politique ? Si oui, cette obligation, qui s'ajoute à la gestion de la vie quotidienne, ne participe-t-elle pas de l'invisibilité des savoirs paradoxalement acquis dans l'assentiment des femmes à assumer ce rôle de gestion quotidienne de la cité ? Cette vision de l'obligation d'être connectée n'introduit-elle pas en soi une limite : celle d'avoir accès aux TIC et de savoir les utiliser au détriment de leur contrôle et du pouvoir de diffuser des contenus par leur intermédiaire ?

Après vingt ans de pratique et d'études des politiques de TIC, répondre à ces questions permet d'établir qu'il est moins temps aujourd'hui de s'interroger sur l'aspect pratique des usages des TIC que de mesurer en quoi ces usages innovent, apportent du changement social et politisent[53], et en particulier en termes de genre. Il apparaît désormais plus pertinent de mesurer en quoi des femmes, en utilisant des techniques, s'abstraient ou non du contexte politique, alors que cela se pose moins en dehors du contexte des usages des TIC. Le mouvement «Genre et TIC», en négligeant l'importance de cet enjeu d'*abstraction politique,* et en particulier en ne laissant pas la main aux organisations de femmes sur la production et le contrôle de contenus, mais en leur donnant accès à cette production (externe), n'a pas changé de paradigme des usages des TIC par les femmes. À cet égard, il participe de l'institutionnalisation des TIC.

---

53   MOTTIN-SYLLA Marie-Hélène & PALMIERI Joelle, *excision : les jeunes changent l'Afrique par les TIC,* Dakar, enda, 2009, p. 101.

« Colonialité numérique » : redéfinir la colonialité du pouvoir

Côté face

Des usages des TIC écartés des actions politiques des organisations

Établir le lien entre réel et virtuel, lutte pour l'égalité entre hommes et femmes et ingestion du contexte. Survivre. Faire émerger ses combats. Mettre le pied à l'étrier de la communication. Il s'agit bien de cela quand on lie usages des TIC et gestion de la vie quotidienne, en Afrique, dans une organisation de femmes ou féministe. Et la démarche n'est pas commode. Pas aussi aisée que les autres actions : les violences, l'autonomisation des femmes, la revendication des droits, les études sur le genre, l'abandon du patriarcat... Pour la majorité de mes interlocuteurs en Afrique du Sud et au Sénégal, la communication en elle-même est *à part*. Elle n'est pas entendue comme une action prioritaire. De plus, les TIC étant considérées peu accessibles par les bénéficiaires de l'organisation et l'Internet encore davantage, l'accent est mis sur le site Web dans le principal but d'être davantage visible.

Dans les deux pays, cette visibilité n'a pas été vraiment réfléchie. Elle est globalement considérée incontournable : elle ne réclame pas de choix. Le site Web vise à «vendre»[1] les activités de l'organisation. Il n'a pas été créé en fonction d'objectifs, d'usages, de cibles et de messages prescrits. Il fait désormais partie du décor organisationnel politique de l'organisation et n'a pas vocation à participer de la transformation sociale par la diffusion d'informations, contrairement aux objectifs des organisations. En cela il incarne davantage une vitrine à destination des bailleurs qu'un canal de diffusion d'informations. La technique au service du *donner à voir* prend globalement le dessus sur l'éditorial.

DES SITES WEB INSTITUTIONNELS CIBLANT L'OCCIDENT

Sur les vingt-huit organisations consultées au Sénégal et en Afrique du Sud, cinq n'ont pas de site Web au moment de nos entretiens : l'Association sénégalaise des femmes diplômées des universi-

---

1   J'utilise ici le terme «vendre» au sens large et ne le restreins pas au qualificatif financier. Il recouvre les actions de promotion, de visibilité, de reddition des comptes auprès des bailleurs financiers des organisations.

tés, le CLVF, le COSEF, le *New Women's Movement*, la *Trust for Community Outreach and Education*. Pour les autres, les différents sites Web[2] sont organisés en bibliothèque d'informations ou en «vitrine» et ont pour principale vocation de mettre en valeur la structure auprès de partenaires. Ils permettent d'informer leurs membres en interne. Mais cet objectif intervient dans un second temps. Aucun n'utilise les outils du Web 2.0[3] et hormis les sites de l'APROFES et de *Gender Dynamix*, qui utilisent des systèmes de publication en ligne (*Content Management System* - CMS)[4], ils sont statiques. Ils ne proposent pas d'interactivité et en dehors des sites de *Women's Net*, *Amandla*, *Alif* et de la *TAC*, ils ne sont pas multimédia (ils présentent uniquement des textes et quelques photos).

Ce bref aperçu est en adéquation avec ce que disent mes interlocuteurs sur leurs usages Internet. Ils utilisent peu le réseau numérique afin de communiquer entre eux ou pour alimenter des réseaux physiques existants, notamment par le biais de l'utilisation des courriers électroniques. Ils expliquent essentiellement ces habitudes d'usage par le fait que leurs propres interlocuteurs en milieu rural ont très peu accès à la toile. En milieu urbain, l'utilisation des courriels et des sites Web est davantage courante.

Ces affirmations font écho à une démarche de publication sur le Web plus ou moins construite. Au Sénégal, cette démarche est plus intuitive que réfléchie politiquement. Les éléments de vocabulaire avancés sont très intéressants : «les femmes», «le Sénégal», «les organisations», en ce qui concerne les cibles, «philosophie»,

---

2   Notons que la majorité des sites existants sont récents, postérieurs à 2004. Le plus ancien, celui de *Women's Net*, date de 1999 et reste précurseur en termes de publication dédiée au genre.

3   Né de la notion de *User Generated Content* (UGC), le Web 2.0 désigne, par rapport au Web, des changements 1) techniques qui privilégient la notion de «une application pour n utilisateurs» versus «n applications produites par n utilisateurs», 2) philosophique – les internautes ont le pouvoir – et 3) social – internaute récepteur versus producteur/créateur. Ce nom a été utilisé une première fois en 2003, puis diffusée par Tim O'Reilly en 2004. Elle s'est imposée à partir de 2007. O'REILLY Tim, *What Is Web 2.0?*, O'Reilly, 2005.

4   Système de publication en ligne. Ce sont des logiciels qui permettent de publier des informations de tout type (texte, audio, vidéo) sur le Web sans aucune connaissance technique. Ils permettent que les informations soient mises à jour facilement et de façon dynamique.

«expériences», «activités», «projets» pour les messages, «sensibilisation», «lobbying», «partage», «démystification» pour les usages, «plateau», «rendez-vous», «centre», pour les espaces de diffusion. En utilisant ces termes, mes interlocuteurs confèrent à leur site Web un statut, celui de refléter l'organisation et ses modes opératoires : ouverts, larges, étendus, à but pédagogique ou de vulgarisation. En Afrique du Sud, le constat est légèrement différent : mes interlocuteurs témoignent soit d'une vision par le haut soit d'une forme de résignation conformiste.

Dans un premier temps, quand ils évoquent leurs cibles, mes interlocuteurs parlent soit des groupes de «base», et en particulier des femmes en milieu urbain et rural, soit des étudiants. Pourtant, dans un second temps, j'apprends que les personnes à qui ils s'adressent au travers de leur site Web sont globalement des homologues ou partenaires. Ils se situent peu sur le continent africain pour ce qui concerne les organisations sénégalaises contrairement à leurs homologues sud-africaines. Les organisations des deux pays visent surtout des bailleurs de fonds, étudiants ou partenaires en Occident :

> «L'Internet est efficace pour le milieu urbain mais reste difficile en milieu périurbain ou rural. Nous transmettons les rapports d'activité par les chauffeurs qui prennent les enveloppes et les distribuent sur leur route»
>
> (Madjiguène Cissé, REFDAF, Sénégal).
>
> «Seules 5% des femmes savent se servir d'ordinateur en Afrique du Sud, le même taux que les personnes en mesure de recevoir de l'information. Le support de communication le plus efficace est désormais le téléphone mobile et le SMSism[5], même s'il reste inadapté pour les illettrés.
>
> (Rowayda Halim, Nisaa, Afrique du Sud)

De plus, pour la plupart de mes interlocuteurs quand nous évoquons la diffusion et donc les publics à atteindre, l'imaginaire renvoie aux frontières du pays, ce qui est antinomique avec l'Internet tel qu'il existe et tel qu'il est envisagé quand il s'agit de définir les ambitions du site Web. Cette contradiction confirme au moins deux points de vue arrêtés. En Afrique du Sud, les organisations de femmes ou féministes observent une vision très nationale de la pertinence des infor-

---

5   Ce terme est utilisé par Rowayda pour signifier l'utilisation des textos pour envoyer des messages.

mations sur et par les Sud-Africaines, comme si ces informations ne pouvaient intéresser personne d'autre que les nationaux. Il existe peu de projection quant à la portée de ces informations et les effets de cette portée aux niveaux continental et international. De la même manière, au Sénégal, Fatou Sarr Sow et Madjiguéne Cissé, interrogées sur les personnes qu'elles entendent toucher restent sur les registres quantitatif et local. La première entend contenir le nombre de personnes par crainte d'être débordée. Une dichotomie est opérée entre les bénéficiaires de l'organisation, globalement non connectées ou illettrées, les bailleurs de l'organisation, connectés et en demande, et les élites locales, écartées d'emblée.

Nous assistons dans cette représentation à une vision *marketing*, commerciale, inscrite dans une démarche classique et institutionnelle de communication externe. Les sites Web sont des plaquettes électroniques[6] consultables à distance, partout dans le monde, qui s'adressent moins aux bénéficiaires des organisations qu'à leurs bailleurs de fonds, très clairement localisés au «Nord», et en particulier en Amérique du Nord et en Europe de l'Ouest.

Quand il s'agit de motiver le choix du support Internet, la première idée qui se présente au Sénégal et en Afrique du Sud est indéniablement le site Web. Autant dire que c'est un non-choix, puisque, en premier lieu, aucune autre formule de support Internet n'est citée : blog, wiki, forum, liste électronique, réseau social… Au Sénégal, ces autres supports sont peut-être utilisés mais sont très rarement cités. En Afrique du Sud, la majorité de mes interlocuteurs ne connait pas ces supports et en témoigne avec aisance. Cette situation confirme la tendance des organisations spécialistes de la mouvance «Genre et TIC», exprimée par Sally Jean-Shackleton, à remplir un rôle de monopole dans le secteur, à réserver les listes de diffusion aux organisations

---

6   Les sites-plaquettes sont des sites Web dont l'objet est de faire simplement la promotion de l'organisation qui les crée. Ils n'ont pas d'autre vocation que de répondre à des besoins de communication institutionnelle de l'organisation, loin d'une communication qui développperait l'interactivité avec les internautes, l'ouverture de la publication aux internautes, la syndication de contenus avec d'autres sites sur des thématiques ou des repères géographiques, la création de débats, l'élaboration collective d'actions… autant de fonctionnalités aujourd'hui disponibles sur le Web 2.0.

à qui son organisation propose ses services et le site Web à l'organisation qu'elle dirige dans le but d'un rayonnement international.

Dans tous les cas, si les wikis, forums et autres blogs – surtout les blogs – sont évoqués, ils ne le sont pas comme répondant à une réflexion sur des usages précis correspondant à des cibles précises, comme par exemple créer un forum de discussion temporaire afin de débattre d'un sujet spécifique comme l'imminence des élections et leurs impacts en termes de genre. Ils correspondent plutôt à des usages propres : se faciliter la vie.

Ensuite, après avoir sectorisé leurs cibles (national/international, élites/«base», connectés/non connectés), ces organisations évacuent les potentiels bénéfices des usages que leurs cibles pourraient faire des informations publiées sur le site Web notamment sur d'autres supports. On assiste à une double occultation : les cibles du site Web ne sont pas vues comme pouvant émettre des informations à transmettre, en interne et en externe, et les cibles auxquelles les informations diffusées sur le site Web sont destinées ne sont pas perçues comme pouvant apprendre ou être enrichies par ces informations, mais plutôt comme des étrangères à l'organisation ou des contrôleuses justifiées de la gestion de l'organisation (les bailleurs).

En ne consultant pas leurs cibles sur ce qu'elles pourraient bien attendre des informations diffusées, les organisations se privent de savoirs inédits sur leur propre communication et du sens à lui donner. En même temps, elles renforcent la distance d'ores et déjà existante entre prescripteurs des actions pour l'égalité des genres (les organisations elles-mêmes) et bénéficiaires de ces actions, puisque les prescriptions des bénéficiaires ne sont pas diffusées par eux-mêmes.

«LE» SITE WEB : UNE ÉVIDENCE

La question relative à la pertinence de supports Internet réunit tous les engouements, sans pour autant que les moyens, humains, financiers que la création de tels supports suppose, soient mentionnés. En revanche, elle permet de différencier et de nuancer les approches.

Beaucoup confondent l'existence de sites Web et l'accès à l'Internet et à l'ensemble de ses outils (courriels, moteurs de recherche, blogs...). Mes interlocuteurs citent d'emblée les sites Web quand on parle de l'Internet, et oublient la messagerie électronique, les réseaux sociaux numériques, le Web 2.0 plus généralement, et les autres outils utilisés quotidiennement. Ils ne perçoivent pas leur usage quotidien des courriels par exemple comme faisant partie de la communication par l'Internet. Par instinct, ils ont créé un raccourci entre l'Internet et le Web. Une telle évidence ne peut-elle pas être interrogée, remise en cause? Ce réflexe cognitif traduirait-il le fait qu'ils ont entériné l'impérieuse nécessité d'avoir un site Web en tant que produit de première nécessité ou moyen de ne pas louper un tournant, de suivre la tendance globale? La question d'en avoir ou pas ne se poserait plus? Le site Web serait-il devenu une exigence structurelle?

Plus globalement au sujet des TIC, à quelques exceptions près, mes interlocuteurs évoquent peu le téléphone mobile ou la radio. Ils considèrent implicitement l'ordinateur comme faisant partie des TIC mais n'en parlent pas. Je les relance pourtant sur leurs usages potentiels et différenciés des différents outils mis à leur disposition et des différents médias (texte, son, vidéo) disponibles pour rendre visibles leurs actions. En vain. J'identifie trois tendances. Premièrement, hormis Myriam, Andiswa et Johanna (les plus jeunes), la très grande majorité des personnes interrogées n'utilisent pas car ne connaissent pas ou sont perdues par l'étendue des logiciels existants, y compris sur le Web, notamment *Facebook, Twitter, MySpace,* pour les réseaux sociaux, *Chatzy,* pour les salles de discussion en ligne, *Instagram, Picasa,* pour les gestions de bases de données images, ou encore *DropBox, Wimi,* pour le partage des fichiers, *Jumla* ou *Spip,* pour les systèmes de publication en ligne ou CMS, etc. Deuxièmement, les usages quotidiens (courriel, listes de diffusion, parfois utilisation de moteurs de recherche ou alimentation de blog ou de *Facebook* –le plus cité–) et les outils qui le permettent (ordinateur, téléphone mobile) en faisant *partie du décor* de l'organisation et de la personne ne font plus partie de l'action politique. Troisièmement, l'aspect multimédia des TIC, en étant très majoritairement occulté au large profit du texte (diffusion des rapports d'activité, agendas des activités, déclarations, etc.) indique des usages majoritairement *primaires* des TIC, à l'image de l'*avant*-révolution numérique. L'ordinateur a remplacé la machine à écrire ce qui permet notamment d'aller plus vite dans la communication de documents. L'Internet n'a pas bouleversé les usages de l'ordinateur, fautes d'infrastructures et de compétences adaptées mais également d'imaginaire lié à l'image fixe ou animée, au son, comme vecteurs a minima de plaidoyer pour plus de droits et encore moins de transgression des ordres établis. La pénétration exponentielle de *Twitter* ou de médias sociaux privilégiant l'image, que connaît particulièrement l'Afrique du Sud depuis le début des années 2010 et qui peut autoriser, tel que cela a été observé et analysé[7], un dépassement et une transgression des formes de prise de parole dominantes, n'atteint pas encore les organisations que j'interroge.

Globalement, mes interlocuteurs parlent au conditionnel, ce qui témoigne d'un *processus en cours*. Mais la majorité d'entre eux ont une vision très optimiste : si l'Internet, en général, était utilisé massivement, cela pourrait « tout changer », car « les femmes » produiraient une autre approche de la société, en apportant « une touche féminine », ou simplement parce que « les femmes » auraient accès à plus d'informations, ce qui alimenterait leur conscientisation.

D'autres, qui se disent marxistes, se montrent plus prudentes et ne négligent pas la « fracture numérique » comme reflet des inégalités sociales. Binta Sarr insiste sur la dimension « Sud-Sud » qui serait à développer. Mercia Andrews critique les politiques publiques en la matière qui affichent une volonté d'utiliser les TIC pour traiter des enjeux sociaux fondamentaux comme l'analphabétisme alors qu'ils sont ignorés à la base. Binta et Mercia exercent leur esprit critique sur une société en mutation et ouvrent une voie dans l'analyse critique des rapports sociaux contemporains : tout en restant sur le terrain national ou continental, elles établissent un lien entre vie quotidienne dans le réel et espace virtuel.

En revanche, mes interlocuteurs considèrent davantage les femmes, dans leur ensemble, comme consommatrices d'information que comme émettrices d'information. Les seuls à parler de production de contenus par les femmes le font en termes différentialistes, c'est-à-dire en considérant les femmes comme différentes biologiquement ou « par essence ». Maréme Cisse Thiam estime que « les femmes sont capables » et qu'elles ont à tout à gagner à le démontrer en utilisant les TIC. Fatimata Seye Sylla pense que en tant que « res-

---

7   Voir notamment FAVERO Paolo, « Getting our hands dirty (again) : Interactive documentaries and the meaning of images in the digital age », *Journal of Material Culture,* septembre 2013, XVIII (3), 2013, p. 259-277.

ponsables des générations futures», «mères de familles soucieuses de l'éducation de [leurs] enfants, des rapports et des comportements des gens, [elles] produiront des contenus qui tiendront compte de tout ça. Elles ne produiront pas n'importe quoi». Elle ajoute que «les femmes, très pratiques, très multitâches, avec leur instinct de femmes, arrivent à repérer ce qui est essentiel», ce qui fait que si elles produisent des contenus, notamment prenant en compte le «respect», cela fera avancer le pays de façon très importante, grâce à l'éducation, «pilier de tout développement». Aussi elle recommande d'impliquer plus de femmes dans les matériels didactiques numériques.

Plus généralement, les avantages des usages et politiques de TIC ne représentent pas un acquis. Ils relèvent davantage d'un *registre idéologique à accepter* que d'une réalité constituée. Ils peuvent être rattachés à des politiques d'égalité hommes/femmes mais la concrétisation reste à démontrer. On assiste à une période transitoire où le *possible* est de mise mais où le *réel* se fait attendre.

LE *WEB*: DE L'*INFORMATIQUE PLUTÔT QUE DE L'ÉDITORIAL*

Propagande. Réflexion. Est-ce contradictoire? Commence à se dessiner un paradoxe. Celui auquel les organisations de femmes ou féministes africaines seraient confrontées en contexte mondialisé: se conformer aux institutionnalisations croisées des TIC et du genre tout en investissant des modalités exclusives de visibilité. Ce qui fait unanimité: le site Web est un outil incontournable. Reste à affiner cette idée de paradoxe. Je vais par exemple découvrir que la représentation par mes interlocuteurs de cet outil est davantage liée à une activité informatique qu'éditoriale. Cela leur demande alors des compétences techniques que, dans leur grande majorité, ils n'ont pas. Ils témoignent plus facilement d'une activité fastidieuse que d'une source d'inspiration politique.

Dans leur grande majorité, ils accordent peu d'importance à la quantité et à la qualité des retours de leurs lecteurs, dont il n'est pas attendu qu'ils influent sur leurs actions politiques. En somme, mes interlocuteurs se représentent globalement l'activité d'information par le haut et à sens unique. Ensuite, ils capitalisent peu et valorisent peu cette activité. Enfin, ces sites Web s'adressant essentiellement aux bailleurs créent une division implicite entre bénéficiaires des actions de l'organisation et bénéficiaires des contenus publiés sur le Web. Les sujets des contenus publiés sur les sites Web portent principalement sur les textes officiels, notamment législatifs, des travaux d'étudiants comme des mémoires ou des thèses, des recherches, des analyses sur les impacts des inégalités de richesse sur la vie des femmes, sur les violences, les droits…, des publications qui existent en version imprimée, ou des documents internes de l'organisation, comme les rapports d'activité annuels et les compte-rendu de réunions, des éléments de calendrier de rencontres locales ou des coordonnées. Des témoignages et analyses produits par des femmes, militantes ou pas, des portraits, sont très rares, avec quelques exceptions en Afrique du Sud où un travail de compilation de «récits» de femmes a débuté. Les contenus sont très majoritairement des textes en français pour le Sénégal et en anglais pour l'Afrique du Sud et ne prennent pas en compte les langues locales. Ces contenus sont politiques car ils reflètent les positions et actions de l'organisation, mais restent en retrait par rapport à l'engagement porté par les autres activités de l'organisation. La publication telle qu'elle est pratiquée fait partie de l'action politique de l'organisation, mais s'avère beaucoup plus statique que le plaidoyer pour plus de droits, l'intervention publique en milieux urbain et rural, la création de services de proximité, etc. En première analyse, je constate que l'entreprise de publication n'ajoute pas à l'action politique.

Au Sénégal, mes interlocuteurs présentent à dessein les contenus de leurs sites Web comme non politiques, préférant les termes «neutres» ou «sociaux» pour qualifier leurs diverses initiatives. En Afrique du Sud, ils expriment une espèce de fatalisme devant l'information publiée comme si le Web n'était en rien un lieu où l'action politique a sa place. De plus, dans les deux pays, le choix des informations à diffuser est le plus souvent arbitraire, non dicté par une politique éditoriale concertée – cette politique étant le plus souvent non conscientisée comme nécessaire – et rarement collectif. Il est le fruit d'une personne, la plupart du temps la coordinatrice de l'organisation.

La quasi inexistence de la dimension éditoriale du site Web surprend. Il existe deux pratiques : les organisations qui considèrent que cette activité crée débat au sein de l'organisation et dynamise le groupe et celles qui envisagent l'activité comme simplement administrative. Cette divergence autour de l'éditorial révèle une informalité du processus de publication numérique, qui éloigne l'organisation des techniques professionnelles. Cette informalité coexiste (voire induit) avec un désintérêt à utiliser ce support d'information électronique comme moyen de dynamiser l'action politique sur le terrain du réel.

Beaucoup de mes interlocuteurs dans les deux pays passent par un *Webmaster*[8] qu'il faut rémunérer et dont ils dépendent pour mettre des contenus en ligne. Cette intermédiaire, la plupart du temps un consultant externe et parfois un ou des étudiants de passage ou demeurant en Occident, est considéré comme un «expert» (Synnøv Skorge) en mesure de publier des «informations utiles» sous toutes leurs formes (papier, Web): ce qui existe déjà, ce qui ressort de l'actualité de l'organisation ou de la direction, ou alors d'une incongruité. Les responsables du site Web de l'organisation pourraient apprendre à publier en ligne elles-mêmes, mais elles «ne le font tout simplement pas», moins faute de temps ou de moyens que de volonté, de gestion de priorités. Pour les personnes qui utilisent des CMS, les usages varient. Certaines sont totalement autonomes et publient directement leurs contenus, alors que d'autres (la majorité) continuent à confier la tâche de mise en ligne des contenus à une personne dédiée. Au Sénégal, mes interlocuteurs justifient dans la très grande majorité des cas leur recours à des intermédiaires dans la mise en œuvre des sites Web par leur ignorance de l'outil informatique. Ils témoignent ainsi une forme de fatalisme vis-à-vis de «l'informatique», le plus souvent perçue comme une technique difficile à s'approprier.

De fait, dans les deux pays, mes interlocuteurs entérinent l'idée qu'il est nécessaire de complètement maîtriser l'informatique pour créer et alimenter un site Web. Ils font alors le plus souvent l'amalgame entre outil informatique et structuration éditoriale des données, qui de fait sont confiées à l'extérieur, à un informaticien, la plupart du temps un homme, n'ayant aucun engagement dans les sujets abordés par le site: les femmes, leurs droits, le genre… Cette situation ne pose pas problème, à l'exception de la dépendance qu'elle crée au niveau de la mise à jour technique du support éditorial. La mise en ligne de

---

8   Le *Webmaster* est un prestataire informatique qui codifie les contenus (textes, images fixes et animées, sons, vidéos) pour qu'ils soient publiés et lisibles sur le Web et qui coûte suivant les estimations entre 150 € et 1 200 € par an.

contenus sur des serveurs serait mécanique, ne demanderait pas de réflexion, ni de choix, y compris implicite. Pourtant à elles seules les fonctionnalités mises en œuvre sur le site Web en termes d'interactivité, de liens hypertextes, de présentation et de hiérarchisation des données (rubriquage, page d'accueil, sommaire d'articles, type de fichiers…), font sens, ne sont pas neutres, de surcroît sont censées dépendre des cibles auxquelles les protagonistes s'adressent[9].

Aussi, après la création du support Internet, sa maintenance n'est pas maîtrisée par l'organisation, donc pas assurée, faute de formation adaptée, ou de moyens affectés, tant en budget temps qu'en budget financier, cette activité étant considérée moins prioritaire que les autres. Les informations publiées sont alors pour la plupart statiques et datées. Les actualités sur les activités en cours sont dans la majorité des cas absentes.

Cette dépendance à un technicien, cette appréhension de la publication en ligne vue comme un *tout* informatique opaque dont l'accès logiciel est ralenti (plus qu'un traitement de texte), cette confusion entre contenus à publier et utilitaires pour mettre en page/valoriser ces contenus, confirment la méconnaissance du Web par mes interlocuteurs et les orientent vers le technique plutôt que vers l'éditorial. Le Web représente un *mythe logiciel* qui n'existe pas pour les outils bureautiques par exemple. Ce mythe noie le contenu et le contrôle du contenu sous l'appréhension, non justifiée et mythique, de la technologie. Il est masculin, occidental. Il distord chez les organisations de femmes ou féministes le lien entre action et pensée.

PUBLIER : DE FAIRE FAIRE À DONNER À PENSER ?

Les pratiques éditoriales sont variées. Certains de mes interlocuteurs, et en particulier ceux dont les TIC sont le métier, ont un point

---

9   Je m'appuie ici sur trente ans d'expérience personnelle dans la presse et la communication institutionnelle et plus récemment sur vingt ans dans l'appropriation et les usages des TIC. Mes connaissances en matière de stratégies de communication en ligne, d'analyse de leur effectivité, et des analyses d'impact des outils numériques sont diverses d'autant que j'ai été amenée à réaliser des audits, formations et autres interventions, dont les conception et réalisation de sites Web, pour différents types d'acteur, dans le public comme dans le privé, un peu partout dans le monde.

de vue arrêté sur le choix de l'information à mettre en ligne. La majorité des autres n'aborde pas ce que peut apporter le travail collectif de rédaction en matière de donner à penser et encore moins ses impacts sur leurs actions politiques notamment pour plus de droits pour les femmes ou pour l'égalité de genre.

Par ailleurs, quand nous abordons la question des compétences spécifiques nécessaires à l'activité de publication sur le Web, mes interlocuteurs les installent plus favorablement dans le domaine de l'informatique que dans celui du traitement de l'information. Ce parti pris place la pratique éditoriale exactement à la jonction des termes «information» et «informatique» (information automatisée) dont la structuration serait chez les organisations de femmes ou féministes hors domaine de compétence. L'information, c'est-à-dire la publication des résultats ou analyses des activités mises en œuvre par les organisations, serait alors disjointe desdites activités et la déformation de contenu, notamment par personne interposée, de surcroît des Webmasters, impossible. La notion de nécessité de *continuum* (y compris la mise en perspective et l'analyse) et de cohérence de l'information à publier puis à diffuser n'existe pas.

De plus, mes interlocuteurs ne font pas forcément le lien entre le fait d'«avoir» un site Web et d'avoir une pratique éditoriale. L'activité éditoriale, le choix des informations à publier, ne correspondent en effet pas toujours à un travail collectif ni à un travail éditorial. Cette *absence éditoriale* révèle les stigmates plus généraux des formations qui s'adressent aux militantes des droits des femmes : elles ne recouvrent pas ces techniques mais plutôt les domaines de gestion de l'urgence (sanitaire, scolaire…) ou de plaidoyer institutionnel. Ces programmes de formation ne sont pas neutres et n'incluent que très rarement les problématiques de communication[10].

Le traitement éditorial − la préparation des contenus − et sa mise en ligne sont considérés comme ne faisant généralement qu'un. Mes interlocuteurs englobent les acteurs des deux phases dans un «nous» générique qui rassemble les producteurs de contenus qui donnent des textes (rapports, mémoires, communiqués…) en vrac à l'inter-

---

10   La question du contenu des programmes de formation qui s'adressent particulièrement aux organisations de femmes en Afrique mériterait d'être traitée en tant que telle.

médiaire qui met en ligne. Ce travail de mise en ligne, vu comme technique, tout autant que le travail de structuration de l'information qui n'est pas entendu comme faisant partie des contenus et du sens qu'ils pourraient être amenés à donner, sont donc délégués.

Toutefois, une poignée de personnes, pour la plupart spécialistes de l'information, décrivent des processus élaborés. En Afrique du Sud, Buru Sisulu est âgé d'un peu plus de 30 ans, d'origine *IsiXhosa*, noir, de classe ouvrière et est coordinateur de district de *The Treatment Action Campaign* (TAC), une très grande organisation nationale pour la trithérapie, où je l'interroge. Il est membre de l'ANC depuis l'adolescence. Buru distingue très concrètement son apport, des «rapports» qu'il rédige sur un événement ou une rencontre, et le système de publication : il envoie ces textes au niveau local pour validation, qui se charge de le transmettre au niveau national, qui décide à son tour de publier sur le site Web, sans re-consulter son auteur. La décision de publication est centralisée et placée hiérarchiquement entre les mains des dirigeants de l'organisation. Andiswa Magazi, âgée de moins de 25 ans, est d'origine *IsiXhosa*, noire. Elle est pauvre et membre du même mouvement que Mama, le *New Women's Movement*, pour lequel elle est responsable de communication et en fait son terrain d'engagement. Andiswa considère que c'est son «rôle» de rassembler autour d'elle, d'apprendre à créer un «bulletin», en trouvant les bonnes personnes à former. Comme pour les publications imprimées, elle assure à elle seule ses conception, réalisation, gestion budgétaire, et consulte les personnes sources de l'information qui fait objet de publication. Sally Jean-Shackleton parle d'une équipe de cinq personnes dont un «rédacteur en chef» et une personne «en interne», dédiées à la recherche de contenus, à la réalisation de reportages sur des lieux de rencontres, à leurs sélection, rédaction, édition, mise en ligne. Elle précise les sujets des articles : tout ce qui est «intéressant pour les femmes, le genre, les filles, le féminisme, les féministes, la militance, en Afrique du Sud, dans la région d'Afrique australe et en Afrique». Concernant les propositions externes d'articles, elles sont admises si elles ne mettent pas en danger le rédacteur ou les personnes interviewées, point sécuritaire très caractéristique de l'Afrique du Sud. Helga Jansen évoque un «collectif éditorial», dont la majorité des membres est «bénévole» qui décide du traitement de l'information, intégrant une date butoir, après avoir reçu une proposition du directeur, qui est rédacteur en chef et fait partie du collectif. Chacun est alors «responsable» de sa rédaction et du circuit éditorial qui va avec, c'est-à-dire les corrections, l'édition et la publication des textes dans les délais.

Au Sénégal, Binta Sarr témoigne d'un travail volontairement collectif. Elle aussi explique le fonctionnement d'une équipe éditoriale, tout en ne la nommant pas comme telle : «au niveau de chaque équipe, il y a l'équipe sur les droits et les violences, une équipe qui travaille sur les ressources, la micro-finance, la micro-assurance santé, une équipe qui travaille sur le VIH/Sida, la culture ; au niveau de chaque équipe, ils vont voir quelles sont les informations pertinentes, que nous pouvons amener au niveau de notre site». Chaque lundi, «nous avons une réunion de coordination» de l'association, à l'issue de laquelle «le compte-rendu est balancé à chaque personne dans sa boîte qui le peut lire et faire son *feed-back*».

Les deux modes d'organisation de la publication sur le Web traduisent des approches différenciées du rôle de la communication et de la diffusion de l'information dans les activités de l'organisation, tant au niveau interne, qu'externe. Les premiers décrivent des modèles statiques, dépendants, verticaux, le plus souvent assumés, choisis, alors que les deuxièmes exposent des processus dynamiques qui prennent bien en compte les différentes étapes de l'activité de publication, sans pour autant qu'ils en assurent la transparence et l'horizontalité.

Pour les organisations qui n'ont pas encore de site mais qui y réfléchissent, les choix de pratique éditoriale se présentent différemment. En Afrique du Sud, Mercia Andrews envisage un «sous-comité en charge de ces questions» qui choisira les «recherches, luttes, récits» à mettre en ligne et le mode de fonctionnement, notamment par «des réunions régulières». Cette décision est le fruit de six mois de réflexion guidés par l'idée d'avoir un site Web qui soit «utilisé à bon escient et régulièrement». Elle sait déjà que ce comité sera composé de quatre personnes, dont «un communicant», et qu'il fonctionnera collectivement.

De fait, dans les deux pays, la majorité des organisations de femmes ou féministes manifestent une approche informelle, non conforme aux techniques professionnelles de l'activité de publication. Mes interlocuteurs ne jugent pas nécessaire et prioritaire de définir en commun la pratique éditoriale et ce qu'elle recouvre. Ils s'intéressent peu au processus qui mène du choix du sujet, de sa source jusqu'à son traitement et à sa publication, et en quoi il procède d'une réflexion ou d'une tâche parmi d'autres, comme la mise en ligne ou la correction des textes. Le site Web, n'étant pas assimilé à un canal de diffusion, les personnes en charge de son animation n'associent pas l'activité de publication de contenus, en particulier sur l'Internet, à la création du donner à penser. Cela ne signifie pas pour autant que ledit site ne remplit pas ce rôle. D'ailleurs, à propos des contenus véhiculés globalement, Mercia Andrews parle de « mur politique » plus que technologique, faisant clairement référence à l'intrusion idéologique des TIC ou de la télévision, y compris chez les paysans vivant dans des zones les plus reculées. Je commence à comprendre que le sens donné, le sujet politique, sont implicites, exprimés selon des modes diversifiés, non uniformes, non inscrits dans les codes auxquels je suis habituée, formatée.

Les organisations de femmes ou féministes développent un imaginaire des sites Web qui reposent davantage sur une *option marketing* : ces sites Web servent prioritairement à vendre l'organisation auprès des bailleurs de fonds occidentaux. Pour la part de mes interlocuteurs qui constate que leur site « ne rapporte rien » (Synnøv Skorge, Fatou Ndiaye Turpin), il n'y a pas de perspective de comment cette situation pourrait changer, voire au contraire le site est perçu comme contre-productif et inutilement chronophage. De plus, mes interlocuteurs témoignent une triple posture : peu d'intérêt porté à l'avis de l'internaute, présupposé selon lequel l'internaute ne peut rien apporter à l'organisation, et par voie de conséquence, site Web conçu comme une force de vente de l'organisation auprès de ceux qui ont les moyens de l'acheter. Ce triptyque corrobore le peu d'attention portée aux cibles du site Web et à leurs usages. Les organisations publient pour publier sans se soucier de savoir si les contenus sont lus, ni davantage de qui les lit, ou prétendent connaître en amont leurs lecteurs. Le site Web ne répond pas aux besoins de supposés lecteurs mais plutôt à ceux de l'organisation elle-même. Les organisations publient pour elles-mêmes ou pour répondre aux exigences de leurs bailleurs. La communication numérique des organisations se fait à sens unique et leurs cibles ne sont pas identifiées précisément. La majorité des organisations ne maintiennent pas de site Web pour les potentiels internautes mais pour elles et la promotion de leurs activités.

En soi, ce mode de publication, que je serais tentée de qualifier de nombriliste, a le mérite d'exister. Sans cette approche, ces organisations seraient presque totalement invisibles, tout du moins dans le cyberespace. Toutefois, en publiant pour elles-mêmes, les organisations se placent en porte à faux par rapport aux autres activités qu'elles mènent, pour lesquelles elles expriment un parti pris évident d'ouverture vers l'extérieur. Elles se retrouvent en situation de paradoxe entre action dans le virtuel et action dans le réel.

Par ailleurs, ce panorama des pratiques de publication par le Web confirme qu'il existe une *dichotomie invisible* entre bénéficiaires des actions des organisations –par exemple, les conseils juridiques en matière de divorce ou de violence conjugale– et bénéficiaires des informations qu'elles veulent diffuser –par exemple, le rapport d'activité de l'organisation qui s'adresse globalement aux bailleurs et non aux femmes qui viennent chercher lesdits conseils. En première observation, ces formes de division entre bénéficiaires nuisent à la transparence des actions des organisations dans leur ensemble. Les zones de porosité entre les différents acteurs auxquels les organisations s'adressent n'existent pas. Ce choix ou ce non-choix demande des *stratégies de contorsion* en matière de communication, notamment par des impasses de publication. Les témoignages attestent des impacts sur la bonne conduite des activités au quotidien.

Ensuite, la différenciation implicite faite entre action de terrain et action de communication révèle une forme de *désunion organique* entre communication et action politique des organisations qui opèrent des choix d'informations à diffuser et donc à discuter, débattre, en fonction de leurs interlocuteurs. Le débat ne peut par essence être partagé par ce biais, et par conséquent, affecte l'exercice de la démocratie au sein-même de l'organisation, ce qui est généralement contradictoire avec ses objectifs principaux (plus de droits, d'égalité, de justice…). Ce *sectarisme tacite* interroge la hiérarchie entre les acteurs, les modes de prise de décision, les choix d'actions, au sein de l'organisation et inter-organisations. Il fait écho à un des effets des politiques de TIC qui renforcent les divisions existantes, qu'elles soient de genre, de

classe ou de « race » et nuisent ainsi à l'exercice démocratique. Le paradoxe se précise encore. Dans l'espace virtuel, la démocratie n'épouse
pas les mêmes contours que dans l'espace réel et ce constat est d'autant plus vrai pour les organisations de femmes ou féministes, qui
plus est en Afrique, toujours à l'affût de visibilité et de subsides pour
faire avancer leurs revendications et pour promouvoir leurs actions[11].
L'espace virtuel étant désormais et par la force des bailleurs perçu
par les organisations de femmes ou féministes comme un espace de
vente, de visibilité, il n'est pas prioritairement associé à un espace de
débat, d'échange ou d'action. Il peut l'être. Il peut le devenir.

---

11   Voir notamment Oxford Policy Management 2008, *Making Aid More
Effective through Gender, Rights and Inclusion: Evidence from Implementing the Paris Decla-
ration, Social Development Direct and Working Together,* Résumé analytique, juin 2008,
<http://www.oecd.org/social/genderequalityanddevelopment/41047104.pdf>,
consulté le 21 octobre 2015.

Côté pile

La « société de l'information » : un secteur économique mondialisé

Afin de mieux comprendre l'ensemble de ces usages des TIC, il est utile de revenir aux origines de la «société de l'information». Elle est le plus souvent présentée comme une entité *à part,* par les organisations observées comme par les prescripteurs des politiques de TIC ou encore les chercheurs. Elle fait d'ailleurs l'objet d'études spécifiques, dans les domaines empirique comme théorique, dans les sciences humaines ou dans les sciences physiques et les technologies. Elle est peu appréhendée comme un tout, construisant les relations sociales par exemple ou encore les rapports de domination entre États, entre États et individus. Elle est plus communément étudiée sous l'angle de la «société des connaissances», de la géographie des infrastructures des réseaux qui la portent ou encore du secteur économique à part entière qu'elle représente. Commencer par l'angle économique va permettre d'isoler un certain nombre d'éléments qui font ombrage à une compréhension plus extensive des fondements de cette «société» et des rapports de domination qu'elle renforce ou qu'elle produit.

LE NÉOLIBÉRALISME EN FOND

Les TIC recouvrent l'informatique, la téléphonie mobile et l'Internet. Elles donnent lieu à des politiques, dites des «politiques de TIC», intégrant le plus souvent le genre, décidées de concert entre les institutions, internationales ou nationales, et le secteur privé, dont les opérateurs de télécommunications. Ces technologies, et en particulier l'Internet, ont été créées dans un but contre-culturel et de recherche, et, sans avoir conçu l'Internet, les militaires, par la voie du Département américain de la Défense, ont participé au financement de sa conception[1]. Aussi, d'emblée, il n'est pas étonnant de retrouver dans cette «société de l'information» les inégalités d'ores et déjà existantes dans la *vie réelle,* et notamment les inégalités de genre, la recherche, l'armée, voire la contre-culture n'étant pas épargnées par

---

1   CARDON Dominique, *La Démocratie Internet,* Paris, Le Seuil, Collection Sciences humaines/Divers, 2010, p. 13.

des relations sociales hiérarchisées selon le sexe, la classe, la «race». Le contraire, à savoir la justice et l'égalité sociales, me paraîtrait beaucoup plus *suspect*.

Ce secteur économique a connu diverses phases, dont celles de sa déréglementation dans les années 1980, et de ses usages pour les mobilisations, qu'elles soient politiques, économiques, militaires ou criminelles. Il désigne un concept de réorganisation du monde[2].

Les TIC servent désormais un contexte global de mondialisation. Cette mondialisation est néolibérale: elle est basée sur une économie et une idéologie qui valorisent les libertés économiques (libre-échange, liberté d'entreprendre, libre choix de consommation, de travail, etc.), la libre concurrence entre les entreprises privées au détriment de l'intervention de l'État, et la globalisation des échanges de services, de biens et des facteurs de production correspondants (capital, travail, connaissance...) qui forment des marchés mondiaux[3]. Manuel Castells insiste sur le fait que la mondialisation des échanges économiques, guidée par des politiques requérant flexibilité et globalisation du capital, de la production et du commerce, et par une idéologie prônant les valeurs de liberté individuelle et de «communication sans entraves» – le libéralisme –, structure «la société». Cette structuration est rendue possible par les «progrès extraordinaires de l'informatique et des télécommunications»[4].

Parce qu'elles sont basées sur l'usage de l'informatique, l'automatisation des tâches et la minimisation de l'intervention humaine, les TIC permettent d'accélérer ces processus d'échange, de savoirs, tout autant que de vente de matières premières, de titres financiers ou de corps humains. Depuis leur naissance, les TIC alimentent un secteur économique à part entière –le commerce électronique, le marché des télécommunications, des ordinateurs et des logiciels, etc.–, qui occupe le 2e rang mondial en termes de budget après celui de l'armement[5].

---

2   MATTELART Armand, *Histoire de la société de l'information*, Paris, La Découverte, Collection: Repères, 2003, p. 99.

3   ADDA Jacques, *La Mondialisation de l'économie*, Vol. 1 et Vol. 2, Paris, La Découverte, Repères, 1996, p. 4.

4   CASTELLS Manuel, *La Galaxie Internet*, Paris, Fayard, 2002, p. 10.

5   CASTILLO Jasen & *alii*, *Military expenditures and economic growth*, Londres, Rand, 2001, 116 p.

Dans le secteur de l'informatique et des télécommunications, on constate une hyper-concentration des ressources qui renforce la tendance à la formation de monopoles et d'oligopoles privés du secteur de la communication[6]. Pour ne citer que l'exemple français, quatre groupes, Lagardère, Bouygues, Dassault, France Telecom, contrôlent à eux seuls presque l'ensemble de ce secteur alors qu'ils occupaient originellement, à l'exception de France Telecom dont les télécommunications sont le cœur de métier, les secteurs de l'armement et du bâtiment, en passant par la distribution de l'eau. Ce constat est à rapprocher du fait que le développement technologique est conçu comme faisant partie intégrante du processus commercial de mondialisation. Aussi, l'information et la communication constituent-elles un secteur économique industriel en tant que tel (à haut taux de profit)[7], dont les produits sont des marchandises.

De nombreux observateurs[8] s'accordent pour affirmer que l'Internet a permis de «raffermir» le fonctionnement de la Bourse (des valeurs) dont l'objet est d'organiser les échanges de biens ou d'actifs et d'en fixer le prix, appelé la cote. Cette cote est établie en fonction de l'offre et de la demande du produit (le chocolat, le café, l'or, le pétrole…) mais aussi du jeu des traders dont le rôle est d'influer sur ces prix, de les faire varier, afin de créer un effet spéculatif. Les différentes crises qu'a traversées le marché de la Bourse sont à la fois dues à l'utilisation intensive de l'Internet, qui permet de passer des ordres en temps réel, et par exemple de faire chuter le prix d'une action en moins d'une seconde, mais aussi à l'incitation de masse organisée par les boursicoteurs et les organismes financiers. Quels ne sont pas les

---

6 MUSSO Pierre, *Vers un oligopole mondial,* Paris, Monde diplomatique, 1998, <http://www.monde-diplomatique.fr/1998/03/MUSSO/10133>, consulté le 21 octobre 2015.

7 Voir la présentation de la Commission européenne, <http://ec.europa.eu/information_society/tl/industry/comms/index_en.htm> et le rapport 2006 de l'OCDE sur le marché de la communication, <http://www.oecd.org/document/34/0,3343,en_2649_33757_37487522_1_1_1_1,00.html>, consultés le 9 février 2010.

8 GRANIER Thierry & JAFFEUX Corynne, *Internet et transactions financières,* Paris, Economica, Collection Connaissance de la Gestion, 2002, 200 p.; NICOLIER Éric, *Bourse sur Internet (La),* Toulouse, Les essentiels Milan, 2001, 64 p.

sites Web de banque ou spécialisés qui ne font pas la promotion de la «Bourse sur Internet»?[9]

L'Internet permet l'accélération des transactions financières et économiques. En 2004, l'évaluation de la politique éditoriale du site Web de développement du projet *Bretton Woods*[10] – un portail d'information pour le développement mis en place par la Banque mondiale, avec un accent sur les TIC pour le développement (TICD) – insistait sur les développements économiques différenciés pour les pays du «Nord» et du «Sud» et la prépondérance de l'anglais comme norme d'échange:

> *«L'analyse de la privatisation et les thèmes du commerce (sur le portail) ont montré que plus de 80% des ressources provenaient des pays du Nord et 96% étaient énoncés en anglais. Il est également intéressant de noter que la libéralisation des télécommunications a représenté le thème le plus populaire, ce qui reflète peut-être les intérêts des fournisseurs du Nord plutôt que des pauvres du Sud».*

Au seul niveau technique, les infrastructures de télécommunications sont régies par des accords internationaux de télécommunications négociés au sein de l'Union internationale des télécommunications (UIT), mais le transport de données se concentre en Occident entre les mains d'entreprises privées[11]. Il en est de même des développements logiciels comme les navigateurs Web, les moteurs de recherche, les systèmes de messagerie électronique, les réseaux sociaux numériques…[12]. Si bien que les langages, logiques et autres

---

9   Voir par exemple, les sites dédiés comme <http://www.comparabourse. fr/>, <http://www.boursorama.com/> ou la Société générale, <https://particuliers.societegenerale.fr/epargner/par_type_de_placements/bourse/bourse_distance.html>, le Crédit Mutuel, <https://www.creditmutuel.fr/cmlaco/fr/info/professionnel/quotidien/gerer_excedents_tresorerie/bourse_sur_internet/index.html>, consultés le 14 février 2010.

10   Accords de *Bretton Woods*, <http://www.brettonwoodsproject.org/doc/knowledge/Gatewayreport.pdf>, consulté le 28 janvier 2010.

11   AFONSO Carlos, «Gouvernance de l'Internet», *Enjeux de mots: regards multiculturels sur les sociétés de l'information*, C & F, 2006.

12   *Microsoft Corporation* a été fondée par Paul Allen et Bill Gates en avril 1975 dans le Nouveau-Mexique aux États-Unis, pour répondre à leurs propres besoins d'étudiants américains. *Google* est née le 27 septembre 1998 dans la *Silicon Valley*, en Californie, à l'initiative de Larry Page et de Sergey Brin. *Yahoo! Inc.* a été créée par David Filo et Jerry Yang à l'université Stanford, en janvier 1994, puis est devenue

algorithmes, empruntés par l'informatique au cœur du domaine, non seulement ont en commun une langue unique, l'anglais, mais aussi un mode de pensée structuré, normé, codé. L'ensemble de cette *quincaillerie* n'est pas neutre. Elle est située. Elle a une histoire, un contexte géographique, social et politique, une «race», un genre.

Aux origines des réseaux numériques exploités, l'Arpanet naît en 1969 à l'initiative du département de la Défense des États-Unis. En 1980, l'Arpanet est divisé en deux, Milnet *(Military Network devenu* DDN, *Defense Data Network)* qui reste au service de la sécurité des États-Unis et NSFnet *(National Science Foundation)* dédié aux universitaires américains[13]. Immédiatement après, grâce au protocole de communication standardisé TCP-IP, l'Internet fait son entrée en scène. Les premiers fournisseurs d'accès privés apparaissent[14]. Ces entreprises sont toutes domiciliées aux États-Unis hormis *Tata Communications* en Inde et *Savvus* en Suède. D'autres opérateurs prennent le relais de ces géants et sont principalement basés en Europe. Tous irriguent la planète à partir des «nœuds» dont ils sont les propriétaires, comme en atteste la carte mondiale des fournisseurs d'accès Internet[15].

---

statutairement entreprise en mars 1995, une société dont le siège est à Sunnyvale en Californie. Fondée en 2002 par Reid Hoffman, la société *LinkedIn* a son siège social à Mountain View en Californie. *Twitter* a été créé à San Francisco en 2006 par Jack Dorsey au sein d'une société proposant des applications permettant de publier des fichiers audio sur un blog au moyen d'un téléphone. Fondé aux États-Unis par Tom Anderson et Chris DeWolfe en août 2003, *MySpace* a été racheté 580 millions de dollars par le groupe de Rupert Murdoch, en juillet 2005. *Facebook* a été inventé par un étudiant américain de l'université de Harvard à Cambridge au Massachusetts, Mark Zuckerberg, en février 2004. Notons au passage que tous ces créateurs sont des hommes, jeunes blancs états-uniens de classe moyenne (au minimum).

13 MEHL Graham L., «Internet an Introduction», *Internet in the World Wide Web, World of Software Development*, 2007, <http://www.trailstone.com/softdeve/internet/evolution.html#section1-1>, consulté le 26 octobre 2015.

14 En 2007, ces fournisseurs sont AT&T, *Global Crossing* (GBLX), *Level 3 Communications* (L3), *NTT Communications (Verio), Qwest, Sprint, Tata Communications* (anciennement *Teleglobe), Verizon Business* (anciennement UUNET), *Savvis, TeliaSonera, AboveNet, XO Communications.*

15 Il n'existe pas de carte plus récente. On observera que très peu d'infrastructure démarre en Afrique comparativement aux autres continents.

Carte 1: Carte mondiale des fournisseurs d'accès Internet

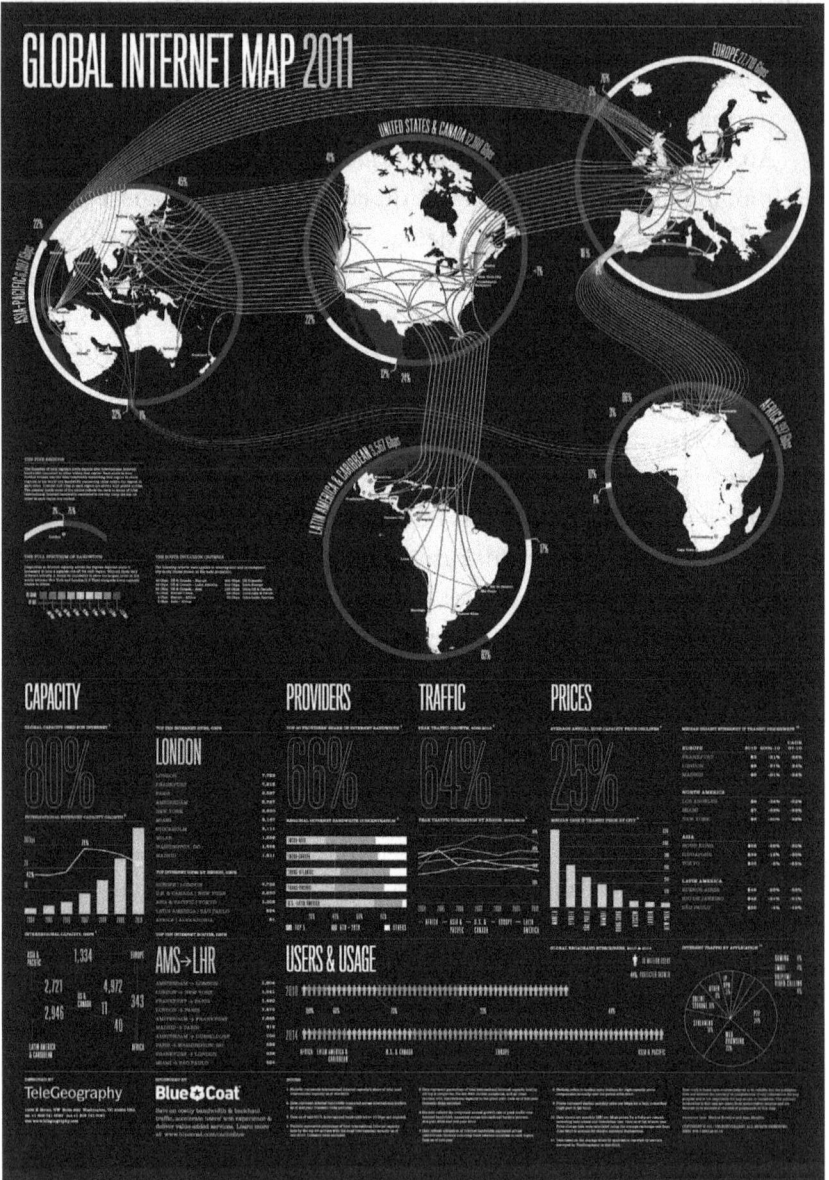

Carlos Afonso, directeur de la planification du Réseau d'information pour le tiers secteur (RITS) au Brésil, oppose à l'image d'un
réseau «global horizontal d'échange d'informations», tel que l'Internet est le plus souvent présenté, celle d'une «"chaîne alimentaire"
au sommet de laquelle se trouvent les grands opérateurs des épines
dorsales (*"backbones"*), dont les principaux sont des sociétés multina-

tionales des États-Unis»[16]. De la même façon, Laurent Checola et Olivier Dumons s'interrogent sur les propriétaires du cyberespace et affirment que les câbles utiles à l'Internet sont «contrôlés par une poignée de géants des télécommunications», ce qui ne fait que reproduire les inégalités économiques existantes[17]. Ils soulignent en particulier que contrairement à des pays «numériquement émergents», comme la Chine, l'Inde ou le Pakistan, l'Afrique est le continent le moins doté en infrastructures.

LES DÉCLINAISONS SUD-AFRICAINE ET SÉNÉGALAISE

Dans le cadre des programmes du NEPAD et de l'UIT[18], l'Afrique du Sud représente le pays africain qui connaît le plus haut niveau d'infrastructure en télécommunications. Selon *SouthAfrica.info,* la croissance rapide de la téléphonie mobile propulse le secteur des télécommunications au rang de celui des transports et du stockage, atteignant 10% du PNB[19]. Le journal affirme que «le pays possède le réseau de télécommunications le mieux développé d'Afrique», compte-tenu de l'extension et de la technicité de son réseau numérique[20] et représente «le quatrième marché des télécommunications mobiles progressant le plus rapidement au monde». Selon l'Unesco, en 1998, l'industrie de l'Internet du pays était classée 18e mondiale. Elle était détenue par un «petit groupe d'hommes, pour la plupart de race blanche, dans

---

16   Carlos Afonso, *op. cit.*

17   CHECOLA Laurent, DUMONS Olivier, «Qui tire le monde du cyberspace», *Le Monde,* 2008, <http://www.lemonde.fr/le-monde-2/article/2008/11/14/qui-tire-les-cables-du-cyberespace_1118902_1004868.html>, consulté le 21 octobre 2015.

18   UIT 2003, *Assessment Of Telecommunication And ICT Infrastructure In Africa,* document élaboré dans le cadre du *Symposium on African ICT roadmap to achieve NEPAD objectives - Arusha, Tanzania, 1-3 avril 2003,* <http://www.itu.int/ITU-D/afr/events/arusha-ITU-NEPAD/Documents/doc7(elotu-english).pdf>, consulté le 6 février 2010, plus disponible aujourd'hui.

19   *SouthAfrica.info,* septembre 2008, «Les télécommunications de l'Afrique du Sud», <http://www.southafrica.info/overview/francais/telecommunications.htm>, consulté le 10 février 2010, plus disponible aujourd'hui.

20   Le réseau numérique sud-africain occupe 99% du réseau continental. Il présente les dernières technologies en matière de ligne fixe, sans fil et satellite.

le centre urbain de Johannesburg»[21]. Deux opérateurs occupent le terrain, *Telkom*, ancien monopole public, aujourd'hui privatisé et dont l'État est actionnaire, et *Neotel*, dont le marché est restreint. En 2011, on compte 59,5 millions d'utilisateurs de mobiles dans le pays (plus de 100% de la population)[22] et avec le développement de l'ADSL et de la 3G, le nombre d'utilisateurs connectés à l'Internet par ordinateur augmente de 472% en sept ans, passant de 1,8 million en mai 2005 à 8,5 millions (17,4% de la population) en juin 2012[23], ce qui reste un peu moins de huit fois inférieur à la téléphonie mobile.

Le Sénégal connaît de semblables politiques de privatisation du secteur, contraint par les institutions financières internationales ou encore l'UIT et les politiques d'ajustement structurel qui assujettissent l'ouverture des pays non seulement aux flux commerciaux, d'investissements et financiers mais aussi aux flux de technologies, d'informations et de services[24]. Olivier Sagna confirme que le Président Abdou Diouf, après avoir organisé, à partir de 1987, la privatisation[25] d'une série d'entreprises publiques du secteur marchand[26], s'oriente vers les secteurs de l'eau (SONEES) et de l'électricité (SENELEC)[27]. Le secteur des télécommunications suit, avec une loi

---

21   *Op. cit.*

22   GSM Association 2011, African Mobile Observatory 2011, *Driving Economic and Social Development through Mobile Services*, 52 p., p. 1.

23   Internet World Stats 2012, *Internet Users, Population And Facebook Statistics For Africa 2012 Q2*, <http://www.internetworldstats.com/stats1.htm>, consulté le 21 octobre 2015.

24   NAYYAR Deepak & BHADURI Amit, «Le consensus de Washington et la libéralisation de l'économie in Tiers-Monde», Revue Tiers-Monde, XXXVIII (150), 1997, p. 295-310.

25   SAGNA Olivier, Application du triptyque «privatisation, libéralisation, régulation» au secteur des télécommunications. Bilan de l'expérience sénégalaise, communication présentée au Symposium Netsuds à Bordeaux en France, 13-16 octobre 2009.

26   SAMB Moussa, Privatisation des services publics en Afrique sub-saharienne, Afrilex, juin 2009, <http://afrilex.u-bordeaux4.fr/sites/afrilex/IMG/pdf/Privatisation_des_services_publics_en_afrique_sub-saharienne.pdf>, consulté le 21 octobre 2015.

27   Loi n° 95-05 du 5 janvier 1995 complétant l'annexe de la loi n° 87-23 du 18 août 1987.

votée en 1995 autorisant la privatisation de la SONATEL (opérateur de télécommunications)[28]. Le marché des télécommunications est libéralisé par l'adoption d'un code des télécommunications en 1996[29]. En 2009, un nouvel opérateur, SUDATEL, arrive sur le marché des télécommunications sénégalais et, depuis le 1er février 2009, la Redevance d'utilisation des télécommunications (RUTEL) d'un montant de 2% sur le montant hors taxes de toutes les prestations relatives à l'accès ou à l'utilisation des réseau des télécommunications publiques est appliquée[30], ce qui rapporterait mensuellement à l'État environ 12 milliards de francs CFA[31].

Dans les deux pays, la progression économique du secteur est indiscutable. Ce qui l'est davantage est le coût politique et épistémique de cette progression.

LES POLITIQUES PUBLIQUES IMPACTÉES

Au cours de mes différentes interventions, en tant que journaliste ou chercheur, j'ai souvent eu l'occasion de vérifier que partout dans le monde, le secteur des télécommunications n'est pas un secteur économique à part, mais sert tous les autres. Il accompagne et soutient la mise en œuvre de la mondialisation des échanges et des marchandises, quels qu'ils soient. Aussi le secteur privé dans son ensemble est, depuis le début de la «démocratisation» des TIC, très engagé dans le développement de la «société de l'information» et participe aux débats organisés par les institutions internationales, au même titre, voire beaucoup plus largement et facilement que les organisations de la société civile. Rappelons que le SMSI est le premier sommet onusien tripartite, c'est-à-dire intégrant officiellement le secteur privé (des entreprises) dans les négociations. Plusieurs organisations de la

---

28   Loi n° 95-25 du 29 août 1995 modifiant l'annexe de la loi n° 87-23 du 18 août 1987.

29   Loi n° 96-03 du 26 février 1996 portant code des télécommunications.

30   Loi n° 2008-46 du 3 septembre 2008.

31   Batik 2009, *Bulletin d'analyse sur les technologies de l'information et de la communication, Lettre d'information électronique mensuelle*, Dakar, OSIRIS (Observatoire sur les systèmes d'information, les réseaux et les inforoutes au Sénégal) - n° 125, décembre 2009.

société civile, et plus majoritairement des ONG, peuvent d'ailleurs témoigner qu'il leur a été plus difficile de participer puis de faire porter leurs voix lors de ces sommets mondiaux qu'au Sommet de la Terre ou au Sommet contre le Racisme par exemple[1].

Cette tripartie témoigne de l'impuissance des États en matière de politiques liées à l'informatique et aux télécommunications, tolérées comme faisant partie mais surtout relevant de la responsabilité du secteur privé. Je m'étonne depuis le premier SMSI de constater l'évidence pour les États d'élaborer les politiques de TIC de concert avec les entreprises privées, comme les opérateurs de télécommunication, alors que cette évidence n'est pas acquise ou mise en avant dans d'autres domaines comme la santé, où l'intérêt général et la primauté du bien commun semblent encore guider les politiques publiques.

Aussi, les orientations de la «société de l'information» dépendent-elles des ordres du jour des multinationales de télécommunication ou d'informatique, à forte dominante concurrentielle sur le terrain économique, et des grandes puissances économiques, majoritairement implantées en Occident. Anita Gurumurthy évoque une «domination stratégique de puissantes entreprises et nations, monopoles bâtis sur le régime de la propriété intellectuelle»[2].

Les différentes éditions du SMSI produisent un impact direct sur les États dits «en développement»: ces derniers reçoivent des prescriptions claires de la part de l'Occident. À titre d'exemple, en 2002, Michel Roussin, ancien ministre français de la Coopération, recommande aux États africains d'abandonner leur souveraineté nationale au profit du niveau régional[3]. Il se permet alors quelques conseils à leur adresse, notamment en termes de gouvernance, évoquant explicitement la corruption, comme élément néfaste du développement économique desdits États. Il parle également de «diffuser une image positive de l'Afrique»[4]. À ces fins, il dicte des conditions sans équivoque:

---

1   AMBROSI Alain, PEUGEOT Valérie & PIMIENTA Daniel, *Enjeux de mots: regards multiculturels sur les sociétés de l'information*, Paris, C&F, 2005, p. 15.

2   Anita Gurumurthy, 2004, *op. cit.*, p. 1.

3   ROUSSIN Michel, *Le nouveau partenariat pour le développement de l'Afrique (NEPAD): une nouvelle stratégie pour combler le retard*, contribution lors du premier colloque «*Afrique Sa»: ensemble, dynamisons le secteur privé*, le 3 octobre 2003.

4   *Ibidem.*

«La mise en place des infrastructures de communication entre tous les pays d'Afrique est un impératif pour la croissance et la valorisation des richesses. Dans ce domaine à forte intensité capitalistique exigeant un savoir-faire pointu, rien ne pourra se faire de manière durable sans une concertation étroite entre le secteur privé, les bailleurs de fonds et la puissance publique»[5].

Ce message présente l'intérêt d'être extrêmement explicite et rigoureux sur les politiques de coopération envisagées notamment par la France: la communication et ses technologies représentent un point d'entrée incontournable de l'investissement économique extérieur, qui, de surcroît, se mérite. Il revient aux États africains de «faire l'effort» de se plier aux logiques économiques occidentales, sous peine d'être ramenés à leur place, celle de pays en demande, pratiquant la «politique de la main tendue»[6]. Il confirme l'orientation politique «par le haut» du SMSI et alimente une rhétorique occidentale arrogante, qui loin de nier l'être, l'assume totalement. Les pays riches se posent comme sauveurs d'une Afrique perdue qui doit tout mettre en œuvre pour s'en sortir, et notamment rattraper son retard vis-à-vis des autres pays et surtout de l'Occident. Cette posture interroge une nouvelle génération de violences économiques entre États, accompagnées de prolongements au niveau épistémique.

Ces violences révèlent un défaut démocratique profond qui se manifeste par le déplacement des prises de décision politiques aux échelles locales, régionales ou internationales, depuis des instances élues à des organismes privés, non élus par les citoyens des différents pays du monde. Les choix politiques sont implicitement, davantage et au travers des politiques de TIC, mis entre les mains d'une poignée d'individus, administrateurs de conseils d'administration d'entreprises, pour leur grande majorité jeunes, hommes, blancs, états-uniens ou ouest-européens. Ces derniers se prévalent d'objectifs fort louables, comme par exemple «donner au peuple le pouvoir d'échanger et de rendre le monde plus ouvert et connecté»[7], mais les effets de ces bonnes volontés découlent directement et implicitement de la rhétorique employée: donner, pouvoir, peuple, ouvert, connecté. De

---

5   *Ibidem.*

6   *Ibidem.*

7   Mission de l'entreprise *Facebook* de 2009, <http://www.facebook.com/facebook?v=info>, consulté le 20 janvier 2011.

fait, ils se traduisent par des positions hégémoniques, universalistes, des visions par le haut d'un monde en copropriété.

Cette copropriété a pour conséquence directe de limiter les libres exercices de la citoyenneté et de la démocratie : les populations locales sont implicitement soustraites de ces jeux de pouvoir ou pour le moins non consultées dans la prise de décision qui se prend à un niveau plus global et désormais dans le secteur privé (des entreprises). Les privations que cette non-consultation entraîne ne se cantonnent pas aux simples dénis des droits d'expression ou d'information des populations, à travers de quelconques médias, de masse ou nouveaux, tels que ces dénis existent de longue date dans les contextes non démocratiques (censure, emprisonnement de journalistes, interdictions de publication, etc.). Elles dépassent un contrepoint fréquemment utilisé par les médias traditionnels qui consiste à se cantonner à la mise en avant d'une première couche visible de l'idéal d'un libre exercice d'expression ou d'information, à le mettre en exergue et à faire ainsi implicitement illusion à ce que la « société de l'information » peut offrir aux populations, au travers par exemple des usages des réseaux dits sociaux.

En dehors d'une certaine élite locale épargnée et complice, qui inclut majoritairement des hommes mais aussi des femmes, cet effet d'optique affecte particulièrement les femmes de la « base » prises par le temps, parce que socialement en charge de la gestion de la vie quotidienne locale, et donc trop occupées à gérer l'urgence en version accélérée. Celles-ci sont amenées à aller à l'essentiel le plus rapidement possible. Elles ne s'interrogent plus sur qui a des droits et qui a le droit de donner ou de prendre des droits, ni de qui prend des décisions, pourquoi, comment et à quel propos. Elles prennent les leurs, celles qui concernent la survie quotidienne de leur environnement proche. Aussi tout ce qui concerne les politiques liées à la gestion des TIC tout en les concernant directement car ayant des effets immédiats sur leur quotidien ne les touche pas.

D'ailleurs, interrogés sur les défis que peuvent représenter ces politiques, les enjeux associés en terme d'appropriation et d'usage, mes interlocuteurs ont manifesté deux attitudes opposées : elles se sont abstraites ou au contraire se sont immergées dans l'action politique. Pourtant, hors de cette « société de l'information », les représentations/interprétations ne s'expriment pas sur le registre de l'abstraction/immersion mais plutôt sur celui de la réaction/visibilité. Mes interlocuteurs, qui représentent dans leur grande majorité des organisations de femmes ou féministes, inscrivent les terrains de mobilisation sociale de leurs organisations dans une démarche institutionnelle, associative/informelle ou à vocation révolutionnaire explicite ou au moins de changement social. Leurs revendications, pour «plus de droits» ou pour «l'amélioration de la condition féminine», ou encore pour la «promotion de entrepreneuriat féminin» ou pour «l'abolition du patriarcat», alimentent des relations de rapports de force, plus ou moins explicites, qui interrogent les politiques publiques. Ce constat ne vaut pas nécessairement pour ce qui concerne leurs actions de communication ou leurs usages des TIC.

Plus globalement, il existe une hiérarchisation dans les luttes et celle-ci est démontrée par le faible attachement porté au rôle attribué aux TIC : savoir si l'usage des TIC peut interférer sur les droits ou plus largement sur les libertés importe peu. Dans l'ensemble, les enjeux des politiques de TIC sont mal cernés. Entre opportunité de changement social et risques générés par le secteur, les avis se font timorés ou divergent.

Le côté obscur…

La colonialité numérique : des rapports de domination renouvelés

L'environnement économique parcouru, les usages des TIC sur le terrain décortiqués, il est temps de s'appesantir sur le contexte où ces usages se déploient. J'ai alors besoin de les déconstruire, de fouiller l'historicité de leurs genèses, de ne pas m'arrêter à leurs contours économiques ou infrastructurels. Ces derniers sont trop mis en avant par les promoteurs des politiques de TIC pour ne pas paraître *équivoques*. Une hypothèse se profile : les inégalités de genre non seulement ne se mesurent plus uniquement aux aspects « néolibéraux » du secteur économique concerné mais ne suffisent plus à définir les impacts politiques de ce même système sur l'action politique des organisations de femmes ou féministes en Afrique. Dépasser cette première *critique* du néolibéralisme, certes nécessaire, mais non suffisante, devient essentielle pour qualifier des politiques d'empêchement de l'action politique qui nuiraient davantage aux organisations de femmes ou féministes en Afrique qu'aux autres mouvements sociaux, structurés par des idéologies universalistes, sans différenciation de genre.

PRÉCISER LES RAPPORTS DE DOMINATION

Les sociétés contemporaines mondialisées se caractérisent par l'introduction généralisée dans la vie quotidienne de l'informatique, des télécommunications et de la communication en réseaux. Cette généralisation est devenue une norme, un passage obligé vers une nécessaire modernité. À partir de ce point, il s'agit de se demander en quoi et comment les usages et politiques de TIC renforcent plus largement les rapports de domination existants. Anibal Quijano introduit en 1994 le concept de colonialité du pouvoir : un système constitutif de la modernité, différant en cela du colonialisme, qu'elle a précédé, accompagné, dépassé. Cette colonialité caractérise une forme spécifique et historicisée des rapports de domination entre États et sociétés[1]. Sur le terrain des TIC, cette colonialité du pouvoir se traduit, en

---

1   QUIJANO Anibal, « Colonialité du pouvoir et démocratie en Amérique latine », *Multitudes* juin 1994 « Amérique latine démocratie et exclusion, Quelles transitions à la démocratie ? ».

premier lieu, par des échanges économiques et financiers accélérés mais aussi par une importante ingérence épistémique des États et entreprises du secteur privé d'Europe de l'Ouest et d'Amérique du Nord sur les États dits du «Sud». Ensuite, en générant des impacts différenciés sur les populations, les usages et politiques de TIC précipitent la colonialité du pouvoir, c'est-à-dire l'ensemble des relations sociales produites par l'expansion du capitalisme en ses périphéries subalternes[2]. Ils densifient ces relations sociales hiérarchisées, les rendent plus excessives, abondantes, rapprochées dans le temps et l'espace.

Les usages et politiques de TIC développent des rapports spécifiques de domination, traversent les rapports sociaux, quels qu'ils soient, par le simple fait qu'ils les reproduisent tout en les modifiant. L'ensemble des éléments de définition de la colonialité du pouvoir les caractérise. En effet, selon le sociologue péruvien,

> «La colonialité du pouvoir [...] inclut, normalement, les rapports seigneuriaux entre dominants et dominés; le sexisme et le patriarcat; le familismo (jeux d'influence fondés sur les réseaux familiaux), le clientélisme, le compadrazgo (copinage) et le patrimonialisme dans les relations entre le public et le privé et surtout entre la société civile et les institutions politiques»[3].

Par ailleurs, les TIC tendent à accélérer et à automatiser un hypothétique et nécessaire lien entre les individus qui composent les sociétés et à ce titre nourrissent les fantasmes comme les innovations d'une hypermodernité (et non de postmodernité), qui irait au-delà de la post-modernité. Ignorer cette colonialité du pouvoir simplifierait certes l'argumentaire selon lequel la «société de l'information» produit des inégalités de genre, mais amputerait l'analyse de sa contextualisation.

Cette hypermodernité, tout en s'inscrivant dans le contexte historique de la modernité, conjugue les notions d'excès, de surabondance, de surenchère, d'exagération[4], dans un contexte de mondiali-

---

2   *Ibidem.*

3   *Ibidem.*

4   AUBERT Nicole, «Que sommes nous devenus?», *Sciences Humaines*, n° 154, L'individu hypermoderne: vers une mutation anthropologique?, 2004, p. 36-41; ASCHER François, *La Société hypermoderne. Ces événements nous dépassent, feignons d'en être les organisateurs*, La Tour d'Aigues, L'Aube, 2004, 300 p.

sation d'origine capitaliste. Elle s'étend par l'intermédiaire des usages des TIC et bouleverse le rapport des individus sociaux au temps et à l'espace. En alimentant et en renforçant tous les rapports de domination dans un contexte hypermoderne, les individus qui développent les politiques de TIC et ceux qui les utilisent sont susceptibles de créer de nouveaux rapports de domination, multiformes, consubstantiels. Ils créent davantage les bases de ce que j'entends désormais nommer des *sociétés numériques colonialitaires*.

J'ai longuement hésité sur le choix de l'épithète «colonialitaire» pour caractériser l'ensemble des retombées de la «société de l'information» dont je conteste le nom. Le premier adjectif qui s'imposait pour définir la colonialité du pouvoir que cette société, les politiques et usages associés, portent était «colonial». Ce terme est toutefois très connoté et a traversé de nombreuses et différentes théories, telles que les études subalternes, le post-modernisme, le néocolonialisme, le post-colonialisme, le colonialisme, et donc de nombreuses polémiques conceptuelles. Il est alors apparu plus adapté d'utiliser l'adjectif «colonialitaire» pour bien identifier les rapports de domination produits par cet ensemble qui fait système, à savoir *ce qui se rapporte à la colonialité du pouvoir*, et non à une situation coloniale spécifiquement. L'adjectif «colonialitaire» n'enlève rien à la coexistence du caractère néocolonial des politiques menées par les États africains et de leur identité «colonialistique» – ce qui a trait à la colonialité[5] –, de la même façon qu'il n'occulte pas l'existence d'autres rapports de domination.

Contextualiser la colonialité du pouvoir en Afrique numérique

Cette précision conceptuelle acquise, poursuivre notre démarche de contextualisation va permettre de ne pas plaquer sur le continent africain des déclinaisons théoriques importées, mais plutôt de les affiner. Selon Ramón Grosfoguel, les «modèles de rapports de pouvoir» instaurés par la colonisation n'auraient pas changé. La décolonisation ne serait qu'un mythe, à l'origine d'un deuxième mythe, le monde «post-colonial». En analysant la continuité dans ces rapports

---

5   CAHEN Michel, *Africando,* Bilan 1988-2009 et projets 2010-2018 dans le cadre d'un Rapport pour l'habilitation à diriger des recherches, 2011, p. 68.

de pouvoir, Ramón Grosfoguel prend pour acquis que les États et les populations non occidentaux, aujourd'hui débarrassés du contrôle d'administrations coloniales, vivent sous un régime de «colonialité globale», selon lui dicté par les États-Unis et soutenu par les institutions financières internationales (Banque mondiale, FMI, OMC), le Pentagone et l'OTAN. Il invite la communauté des chercheurs à opérer une «rupture anti-systémique décolonisante, capable de rompre les conceptions étroites des relations coloniales», passage incontournable pour une «décolonisation radicale du monde». C'est ainsi qu'il confond «colonialité» et «situation coloniale», tout en souhaitant les distinguer. Il dit pourtant s'appuyer sur les travaux d'Anibal Quijano (1993, 1998 & 2000) portant sur la colonialité du pouvoir, mais les appauvrit en bornant le concept de «colonialité» dans une historicité précise, celle qu'il considère être l'après-colonisation, alors que l'Amérique latine, continent sur lequel portent ses travaux, n'a jamais été décolonisée tout en ayant connu l'indépendance. Fatima Hurtado souscrit à la théorie de Ramón Grosfoguel mais elle précise que la colonialité fait référence à un type de pouvoir qui ne se circonscrit pas aux domaines juridique, économique et politique pour atteindre les sphères épistémique et culturelle, «base des inégalités en ce qui concerne la production des connaissances»[6]. Walter Mignolo insiste sur le fait que les effets du colonialisme impliquent une dé-connaissance des ex-pays colonisés: «L'indépendance ne suffit pas si elle conserve les hiérarchies de pouvoir et de savoir, la décolonisation de l'esprit reste à faire»[7]. Cette considération prend pour acquis qu'il y a eu des indépendances sans décolonisation, ce qui est le cas des États d'Amérique Latine, et non ceux de l'Afrique ou encore de l'Asie. Toutefois, elle présente l'intérêt de réinterroger l'épistémologie de la colonisation comme étant située, historicisée, ce qui nécessite d'établir un pont entre localisation (histoire et géographie) et pensée, pont appelé «géopolitique de la connaissance»[8]. La critique de la philosophie occidentale n'est alors pas suffisante et demande une recons-

---

6   HURTADO Fatima, «Colonialité et violence épistémique en Amérique latine: une nouvelle dimension des inégalités?», *Rita* n° 2, 2009.

7   MIGNOLO Walter, «Géopolitique de la connaissance, colonialité du pouvoir et différence coloniale», *Multitudes* n° 6 «Majeure: raison métisse», 2001.

8   *Ibidem.*

truction, une «refondation» de la «colonialité de l'être»[9].

Ce point de vue est très empreint d'une analyse des rapports entre l'Occident et l'Amérique Latine et demande à être confronté à l'histoire de la colonisation africaine. Ce à quoi s'emploie notamment Samir Amin qui qualifie les relations de pouvoir entre Europe et Afrique comme ayant toujours été «néocoloniales», gardant délibérément «le continent africain embourbé dans un état préindustriel», ce qui l'exclut[10]. De son côté, Mamadou Diouf évoque des phases de «cristallisation» de l'action politique en Afrique[11]. Aussi s'indigne-t-il du fait que la parole des Africains n'est pas suffisamment interrogée ou que les «appareillages théoriques» empruntés à l'Amérique latine ou à l'Asie soient plaqués sur l'Afrique[12]. Il propose aux théoriciens de l'histoire africaine de pratiquer une «comparaison réciproque»[13]. Il confirme à ce propos l'existence d'un lien historique et épistémologique entre les études africaines et la post-colonialité indienne. Toutes deux critiquent le «récit de l'histoire-monde de la philosophie des Lumières qui ramène tout à l'histoire de l'Europe»[14], récit universalisant qui prend l'expérience européenne comme unique référence géographique, culturelle et politique. Ce que souligne Dipesh Chakrabarty en affirmant que l'Europe rend la modernité autant universelle qu'uniquement européenne[15].

Mamadou Diouf défend l'idée de revenir «au lieu géographique», en l'occurrence l'Afrique, idée qu'il qualifie de politique, car «comprendre un lieu [... c'est aussi essayer] de comprendre que ce lieu est produit par un non-lieu qui s'accapare l'humanité et l'espace et qui

---

9   *Ibidem.*

10   AMIN Samir, «Au-delà de la mondialisation libérale: un monde meilleur ou pire?», *Actuel Marx,* Paris, PUF, *Fin de néolibéralisme,* XXXX (2), 2006, p. 102-122.

11   DIOUF Mamadou, *L'Afrique et le renouvellement des sciences humaines,* entretien par Ivan Jablonka, *La vie des idées,* 2009, <http://www.laviedesidees.fr/IMG/pdf/20090109_Diouf.pdf>, consulté le 2 janvier 2012.

12   *Ibidem.*

13   *Ibidem.*

14   *Ibidem.*

15   DIPESH Chakrabarty, *Provincializing Europe: Postcolonial Thought and Historical Difference,* New Jersey, Princeton University Press, 2000, 301 p.

vous renvoie toujours à sa leçon»[16]. Il rejoint les réflexions de Gaya-tri Chakravorty Spivak, à propos du *«critical-essentialism»* qui permet de «contrer l'essentialisme des Lumières»[17]. Il ne rejette pas pour autant la quête d'un universalisme, tant emprunté à Césaire qu'à Léopold Sédar Senghor ou à Cheikh Anta Diop qui se construirait dans «l'addition», à l'inverse de l'universalisme français, «imposé par la force ou par la réussite, qu'on le qualifie en termes moraux, religieux ou techniques»[18].

Nkolo Foé propose une lecture avisée des nouveaux rapports de domination produits par la mondialisation :

> *«Le désir d'en finir avec la raison et une éducation productrice de sujets conscients, critiques et éclairés, coïncide avec les objectifs d'une société libérale a-critique et a-philosophique, avec un nouveau type d'individus hédonistes, privatistes, irrationalistes, esthétisants»[19].*

Il met ainsi en garde une certaine jeunesse africaine, fascinée par la «civilisation du virtuel»[20]. Il situe alors ce comportement dans une époque caractérisée par une contradiction entre la «modernité économique» et la «modernité sociale»[21], qu'il estime refusée au nom d'une «doctrine conservatrice au service de la polarisation du monde»[22]. Afin de contrecarrer cette tendance, il se prononce en faveur d'un «universalisme démocratique»[23], fondé sur la «réhabilitation de la valeur d'usage»[24].

Pour sa part, Achille Mbembe considère qu'en Afrique la «postcolonie» est la base des concepts politiques africains contemporains. Il la définit comme les «sociétés récemment sorties de l'expérience que fut la colonisation, celle-ci devant être considérée comme une

---

16   Mamadou Diouf, *op. cit.*

17   Gayatri Chakravorty Spivak, 1988b, *op. cit.*

18   Mamadou Diouf, *op. cit.*

19   FOÉ Nkolo, *Le post-modernisme et le nouvel esprit du capitalisme sur une philosophie globale d'Empire*, Dakar, Codesria, 2008, 214 p., p. 143.

20   *Ibid.*, p. 153.

21   *Ibid.*, p. 198.

22   *Ibid.*, p. 200.

23   *Ibid.*, p. 192.

24   *Ibid.*, p. 203.

relation de violence par excellence»[25] et estime qu'elle est sans issue. Il insiste sur le résultat de la dérégulation du «despotisme postcolonial»[26] qui ne peut qu'engendrer la «miniaturisation de la violence […] devenue l'état naturel des choses»[27] et produit un assujettissement qu'il nomme «commandement».

Il se différencie en cela de ceux qui pensent que la colonisation ne représente qu'une parenthèse. En parallèle, il établit le lien entre le domaine politique et l'économie, les politiques d'ajustement structurel requérant des pays africains la course à la compétitivité. Il critique fermement à ce sujet le concept dit de «bonne gouvernance» des institutions financières internationales et le soutien que les universités occidentales lui accordent. À ce titre, il insiste sur les rapports de servitude et de domination imposés par le «Nord», sans toutefois mentionner les inégalités de genre ou la division sexuelle du travail, creuset du patriarcat. Cependant, il s'accorde avec la critique de Mamadou Diouf sur la perte de sens politique et épistémique quand il s'agit de l'Afrique.

Michel Cahen considère quant à lui que l'administration coloniale en Afrique, fondée «sur, par et pour l'exclusion»[28], n'a pas été «pensée pour être transmise»[29]. En cela, il différencie les situations africaines et latino-américaines contemporaines. Il étaie son comparatif sur le fait que le pouvoir d'État en Afrique est entre les mains d'élites, indigènes ou favorables à la localisation du capitalisme mondialisé dont elles dépendent et qu'à ce titre leur «imaginaire est modelé par cet espace de légitimité appelé "intangibilité des frontières", […] ce qui a] préservé leur occidentalisation subalterne»[30]. Les États africains auraient davantage connu un «héritage par pesanteur»[31] dans le prolongement de «l'occidentalisation subalterne»[32]. Les États africains ne seraient pas le résultat d'un «phénomène d'importation de

---

25   MBEMBE Achille, *De la postcolonie. Essai sur l'imagination politique dans l'Afrique contemporaine*, Paris, Karthala, 2000, p. 139-140.

26   *Ibid.*, p. 69.

27   *Ibid.*, p. 28.

28   Michel Cahen, 2008, *op. cit.*, p. 1.

29   *Ibidem.*

30   *Ibid.*, p. 12.

31   *Ibid.*, p. 13.

32   *Ibid.*, p. 15.

l'État»[33], comme le défend Jean-François Bayart[34] mais plutôt le résultat du «processus de production des États en contexte de mondialisation»[35]. Je déplore que Michel Cahen n'interroge pas pour autant les formes ni les rapports de domination, de dépendance et les situations de subordination des États entre eux, des États africains vis-à-vis de l'Europe ou plus généralement de l'Occident, ni des États et de leurs populations, ni des populations entre elles, et encore moins entre les genres.

En revanche, les conclusions de Gayatri Chakravorty Spivak qui critique les études post-coloniales notamment à travers l'analyse de la confrontation des voix des femmes avec la rhétorique occidentale me séduisent. La philosophe indo-américaine s'intéresse à la «représentation du sujet du Tiers-Monde dans le discours occidental» et fait la démonstration que la production intellectuelle occidentale – notamment Gilles Deleuze, Félix Guattari, Michel Foucault – était «complice des intérêts économiques internationaux de l'Occident»[36]. S'appuyant sur l'exemple indien de «l'abolition par les Britanniques du sacrifice des veuves»[37], elle met en balance la rhétorique occidentale et la possibilité pour des femmes de parler en leur nom, femmes pour lesquelles elle ajoute l'épithète «subalterne». De fait, elle oppose au discours sur l'aide, le soutien, l'appui, la libération, l'émancipation par les Occidentaux, des démunis, des marginalisés, des pauvres, des discriminés, des femmes…, une vision politique féministe qui privilégie la visibilité, l'expression, la mise en lumière desdits marginalisés et de leurs savoirs par eux-mêmes. Comment définir alors la nature du pouvoir et de la relation entre la caractérisation de ce pouvoir et des savoirs qu'il génère, les savoirs des subalternes étant rendus invisibles par la «capillarité»[38] des modes discursifs du pouvoir? De fait, ces savoirs de subalternes sont noyés dans une profusion d'expressions de pouvoirs ou de savoirs très fins, expressions qui peuvent être figu-

---

33   *Ibid.*, p. 14.

34   BAYART Jean-François, *L'historicité de l'État importé,* Paris, FNSP, CERI, 1996, p. 52 (Les Cahiers du CERI, XV).

35   *Ibid.*, p. 14.

36   Gayatri Chakravorty Spivak, 1988a, *op. cit.*

37   *Ibidem.*

38   FOUCAULT Michel, *Histoire de la sexualité, La Volonté de savoir, Tome 1,* Paris, Gallimard, 1994, 248 p.

rées par des fils qui s'entremêlent pour former une trame finement tissée de l'échelle sociale.

Afin de démêler l'écheveau, il nous faut privilégier quelques autres idées de la pensée post-coloniale. Eleni Varikas affirme qu'il est impératif de penser «l'héritage de la colonisation et de l'esclavage»[39] comme essentiel à la fondation de la «modernité politique»[40]. Ella Shohat considère quant à elle le terme «postcolonial» ambigu, car il occulte «ses modes de déploiement anhistoriques et universalisant, ainsi que ses implications potentiellement dépolitisante»[41]. Elle questionne la non «politique de localisation»[42] de ce terme. Elle interroge les relations de pouvoir au sein du «tiers-monde»[43], mais ne s'arrête pas aux frontières entre les nations et interroge ces relations hétérogènes et complexes en leur sein, entre groupes dominants et dominés, entre colons et populations indigènes, et après l'indépendance, entre immigrés issus des vagues migratoires vers l'Occident et vers les pays arabes prospères et pays d'accueil. Aussi elle adopte le terme «néocolonialisme» qui recouvre des rapports d'hégémonie géoéconomique.

Confrontée à ces différentes approches des rapports de domination en Afrique, je vous propose de suivre la piste de Michel Cahen

---

39   VARIKAS Eleni, «L'intérieur et l'extérieur de l'État-nation. Penser... outre, *Raisons politiques* n° 21, Paris, Presses de la Fondation nationale des sciences politiques, 2006, p. 19.

40   *Ibid.,* p. 11.

41   SHOHAT Ella, «Notes sur le "post-colonial"», *Mouvements* n° 51, sept.-oct. 2007 : «Qui a peur du postcolonial?».

42   LORENZ-MEYER Dagmar, «Addressing the politics of location: strategies in feminist epistemology and their relevance to research undertaken from a feminist perspective", *in* ŠTRBÁNOVÁ S., STAMHUIS I. H. & MOJSEJOVÁ K. (dir.), *Women scholars and institutions,* Vol. 13b, Prague, Research Centre for History of Sciences and Humanities, 2004, p. 783-805.

43   Le terme «tiers-monde» a été créé en France par Albert Sauvy en 1952 par analogie à la période révolutionnaire qui utilisait le terme «tiers-état» pour désigner le peuple, c'est-à-dire tous ceux qui n'étaient pas de la noblesse ni du clergé. Ce terme a vite été reconnu à l'échelle internationale et faisait référence aux mouvements anti-coloniaux et nationalistes des années 1950 aux années 1970 et à l'analyse politico-économique des théories de la dépendance et du système-monde capitaliste.

sur les processus globaux de mondialisation et leurs impacts sur la construction des États africains. J'élargis son hypothèse aux effets radiants et aux fondements occultes du pouvoir des institutions. Ceux-ci sont basés à la fois sur une militarisation des échanges et sur une épistémologie elle aussi mondialisée et occidentalisée, très largement par l'entremise de la société numérique colonialitaire. De plus, emprunter à Mamadou Diouf l'idée d'opérer une comparaison réciproque qui ne s'arrête pas aux frontières géographiques mais explore les frontières épistémiques s'impose à moi comme incontournable. L'idée que les États africains subissent les conséquences de cette colonialité du pouvoir générée et alimentée par les échanges électroniques et les politiques de TIC en contexte hypermoderne s'immisce peu à peu. J'interroge désormais la capacité des populations africaines et de leurs organisations à identifier la mondialisation des échanges et des savoirs autant que l'occidentalisation subalterne, notamment sous un prisme critique du patriarcat. Plus précisément, puisque les racines d'une transformation épistémique radicale sont plus criantes dans les États coloniaux (Amérique Latine) que dans les États mondialisés occidentalisés (Afrique), je tiens à déterminer si la mondialisation et l'occidentalisation, et leurs canaux dont la société numérique colonialitaire, déracinent, à savoir ôtent toute historicité aux savoirs indigènes dans leur multiplicité et notamment différenciés selon les genres.

Cette capture, ce *déracinement épistémique,* procéderaient alors du caractère intrinsèque de reproduction patriarcale de la mondialisation, du capitalisme et de l'occidentalisation, et antérieurement du colonialisme. Il ne peut à cet égard se concilier avec une aspiration universaliste abstraite, quelles qu'en soient ses options et telle qu'elle est globalement adoptée dans la pensée post-coloniale. L'universalisme, dit «abstrait», s'assimile en effet à une quête contre-productive de la lutte contre l'européocentrisme et l'occidentalisation. Il les renforce. Il sert à préserver un ordre dominant[44]. Opter pour un universalisme, y compris démocratique ou humaniste, c'est participer de l'universali-

---

44   STOLER Ann Laura, *Carnal Knowledge and Imperial Power. Race and the Intimate in Colonial Rule,* University of California Press, 2002, 341 p.; MCCLINTOCK Anne, *Imperial Leather: Race, Gender and Sexuality in the Colonial Contest,* New York, Routledge, 1995, 464 p.

sation des savoirs, de l'invisibilisation des savoirs indigènes, au mépris de leur historicisation, contextualisation, genrisation.

On assiste par ailleurs à une mise en scène implicite de la violence épistémique de l'Occident car la mondialisation, qui mixe accélération du commerce mondial et du capital financier, provoque «une empiricisation du virtuel»[45]. Gayatri Chakravorty Spivak suggère que dans le cyberespace, l'information vient remplacer l'argent en tant que monnaie d'échange, ce qui place «le sujet» à la fois en situation de contrôleur et de contrôlé[46]. Cette interprétation des usages des TIC vient consolider ma position selon laquelle les individus qui composent les sociétés peuvent tout autant et au même moment décider d'utiliser les TIC à des fins de transgression ou de soumission. Le cyberspace est un lieu de puissance/impuissance sociale. Ce paradoxe permanent requalifie les relations sociales au quotidien et dans l'immédiateté, en particulier pour les femmes de la «base» qui occupent une place spécifique de part le rôle social qui leur est alloué. Les rapports de domination dans leur ensemble ne peuvent plus s'analyser sans une grille critique féministe des politiques et usages des TIC.

TIC : LA COMMUNICATION ET L'INFORMATION ÉLOIGNÉES DE LA CONNAISSANCE

Une fois ce concept de colonialité du pouvoir en contextes africain et numérique posé, l'importance de la technicité des TIC et de la violence épistémique qu'elle entraîne peut être fouillée. Les TIC sont-elles de simples outils de communication? Des médias d'information? Des systèmes mondialisés de circulation d'informations? Tendent-elles à engloutir la multiplicité des systèmes de pensée? Des savoirs? Pour aller plus avant, nous avons besoin de produire une définition adaptée de ce qu'est un média d'information ou ce que sont des médias.

Les références aux sciences de la communication et de l'information mènent vers la définition qu'a retenue Thomas Guignard, pour

45 SPIVAK Gayatri Chakravorty, *D'autres pensées sur la traduction culturelle*, traduit par Pierre Rusch, Institut européen pour les politiques en devenir, 2008.
46 *Ibidem.*

identifier la place de l'Internet chez les Sénégalais (au Sénégal ou dans la diaspora). Il fait la proposition de positionner l'Internet comme un média[47]. À cet égard, il utilise une définition des médias empruntée à Rémy Rieffel : «Toutes les techniques et tous les supports permettant aux hommes de communiquer entre eux, de transmettre des messages aux contenus les plus variés»[48]. Cette citation permet d'interroger les points de vue et places différenciés des émetteurs des messages et de leurs récepteurs, rôles qui ne sont pas pris en compte dans cette définition. Avec l'Internet, les premiers peuvent mieux cibler qu'avec les médias traditionnels (presse écrite, radio, télévision) les publics qu'ils visent, en adaptant les outils de l'Internet à ce qu'ils attendent de ceux à qui ils s'adressent. Par exemple, *Facebook* a créé un système d'échanges d'informations de tout type et tout médium (texte, audio, vidéo, photo) qui s'adresse plus précisément à des jeunes et tient compte de leurs habitudes comportementales et attend en retour des résultats quantitatifs d'utilisation du réseau numérique qui lui permettent notamment de vendre à haut coût des services publicitaires ou de voir sa côte boursière fluctuer. Les récepteurs quant à eux, tout en ayant contribué à une phase récente de «dénonciation des journalistes aux ordres, [de] manipulations de l'information, [d']emprise de la "pensée unique"» demeurent des consommateurs[49]. S'immisce alors une interrogation sur l'interaction entre émetteur et récepteur que l'Internet privilégierait, et sur les prolongements de cette interaction sur les éventuels changements de comportements des usagers.

Ensuite, la définition retenue par Thomas Guignard impose de clarifier les termes messages, contenus et informations. L'Internet a pour objet de transmettre des informations. C'est une infrastructure physique qui transmet des données sous toutes leurs formes, grâce à des techniques appropriées, du moment qu'elles sont informatiques. Cela ne signifie pas pour autant que le réseau numérique a pour vocation première de diffuser des messages ayant sens, même si cela se

---

47   GUIGNARD Thomas, *Les Sud-Africains et internet : l'identité au défi des logiques de marchandisation et de segmentation*, intervention lors des rencontres Net-suds2009 à Bordeaux, France, 2009.

48   RÉMY Rieffel, *Sociologie des médias*, Paris, Ellipses, 2ᵉ édition, 2005, p. 4-5.

49   AUBENAS Florence & BENASAYAG Miguel, *La fabrication de l'information : les journalistes et l'idéologie de la communication*, Paris, La Découverte - Collection : Sur le vif, 1999, p. 14.

produit. En cela, ce n'est pas uniquement un média. Le seul terme «information» est impropre à l'Internet. Il convient de lui associer le terme informatisation[50], une technique. L'internet est «plus hétérogène»[51] et moins linéaire (multimédia et hypertexte) que les médias d'information traditionnels (télévision, radio, presse écrite). L'Internet ne se restreint pas au secteur médiatique, fait davantage partie du secteur de la communication, plus large, aux ramifications variées : journaux (presse écrite, radio, télévision) en ligne, marché pornographique, marché boursier, gestion de bases de données numériques en ligne sous forme d'albums photos, de morceaux de musique, de données personnelles…

L'information telle qu'elle est entendue dans la société numérique colonialitaire s'apparente ainsi davantage au terme générique de *donnée traitée automatiquement* qu'à celui de connaissance, ou de moyen de s'informer, de message ayant sens. Sa définition découle de la technique informatique voire de la théorie de l'information ou des sciences de l'information et de la communication[52]. Ce flou sémantique et scientifique continue à être entretenu tant par les organisations internationales ou les entreprises privées qui décident des politiques de TIC que par une partie des scientifiques et des organisations et mouvements sociaux, incluant ceux des femmes, et plus largement des populations, qui dans leur grande majorité, ignorent l'existence de ces politiques.

---

50   L'informatisation se caractérise par l'augmentation de l'utilisation des ordinateurs et des matériels informatiques à tous les niveaux, dans tous les secteurs, notamment militaires et économiques. Le terme «informatique» est le résultat de la compression des termes «information» et «automatique». Il désigne l'automatisation du traitement de l'information entendue comme donnée et non comme contenu. Les données sont binaires, 0 ou 1, comme résultat simple d'un état électronique – le courant électrique passe, 1, le courant ne passe pas, 0 – les ordinateurs ne fonctionnant que grâce à l'utilisation de l'électricité à travers des circuits électroniques. Cette information, c'est-à-dire des données quelconques, est dite «numérique», car codée en binaire et traitée par des ordinateurs. BRETON Philippe, *Histoire de l'informatique*, Paris, La Découverte, 1987, 261 p.

51   Thomas Guignard, *op. cit.*

52   Pour un aperçu de la définition des sciences de l'information et de la communication, voir FONDIN Hubert, *La science de l'information ou le poids de l'histoire*, 2006, <http://lesenjeux.u-grenoble3.fr/2005/Fondin/fondin.pdf>, consulté le 21 octobre 2015.

Un mythe du rattrapage imposé par l'Occident aux États africains

L'analyse des impacts de ces politiques illustre autant le caractère libéral du déploiement des TIC que les nouvelles orientations en matière de développement. Le développement de l'Internet en Afrique « cache une vision ethnocentrique, messianique et libérale »[53]. Il s'accompagne d'une dialectique binaire *connecté/non-connecté*, à l'image de l'ancien paradigme développement/sous-développement développé par les thèses développementalistes[54]. Anita Gurumurthy évoque la « construction sociale des technologies », analysant la mutation des valeurs d'« ouverture, égalitarisme et partage » des inventeurs du réseau numérique vers une « plateforme » au service d'un marché électronique, mis en place par les États-Unis à des fins hégémoniques et capitalistes[55]. L'idée d'un *mythe du rattrapage* imposé par l'Occident aux États dits du « Sud » par TIC interposées s'impose ainsi à moi comme une lueur. Ce mythe aurait pour vocation de placer les États et les populations dites du « Sud » en position de subordination, d'infériorité, de retard, par rapport à une norme, celle d'*être connecté* et bien connecté, selon des critères scientifiques et informationnels et des normes techniques et économiques occidentaux.

À ce titre, les relations sociales régies par les usages généralisés des TIC répondent aux caractéristiques d'une nouvelle colonialité du pouvoir, que je qualifie de *colonialité numérique*. Cette nouvelle colonialité du pouvoir s'articule dans le secteur de la communication selon plusieurs axes : la sous-représentation des femmes dans ce secteur, l'inégalité d'accès aux TIC entre les hommes et les femmes et les impacts différenciés des politiques mises en œuvre en termes de genre.

En tant que système plus large de renforcement, de reproduction et de production de rapports de domination de classe, de « race » et de genre, il modifie la perception du quotidien réel à tous les niveaux de l'échelle sociale et politique et par voie de conséquence, transforme

---

53 GUIGNARD Thomas, *Le Sénégal, les Sénégalais et Internet : Médias et identité*, Doctorat en Sciences de l'Information et de la Communication Université Charles de Gaulle Lille 3, 2007, p. 375.

54 *Ibidem.*

55 Anita Gurumurthy, 2004, *op. cit.*, p. 46.

le rapport au politique, à l'action politique, au discours politique, en réclamant davantage de *performance,* dans la surenchère. Sur le terrain du pouvoir institutionnalisé, on assiste à la surabondance des rhétoriques populistes, masculinistes, traditionalistes, reflets d'un *désarroi* politique à l'échelle internationale, désarroi lié au sentiment de perte de légitimité tant institutionnelle locale qu'internationale. La quête de légitimité, le rattrapage, s'opèrent alors sur le terrain de l'affirmation d'une forte identité sexuelle masculine (y compris chez les femmes en position de pouvoir), en tant que seule *force* possible, seule expression de puissance possible. Les TIC, notamment les réseaux sociaux numériques, représentent alors autant des instruments de pression politique entre dominants que de propagande auprès des dominés par les dominants.

Le genre facteur de subalternité

Au cœur du réel

Virtuel/réel : l'urgence réinterprétée et accélérée

L'obligation globale pour les femmes d'*être connectées* dans le but de participer du libre jeu de concurrence de la mondialisation libérale, sans pour autant être consultées, s'accompagne d'un nouvel ancrage du développement. La colonialité du pouvoir se lit désormais entre les lignes des politiques de TIC qui s'intéressent sérieusement à la «fracture numérique» en tant que vecteur de croissance économique. Aussi assiste-t-on à une dépolitisation du développement par la technicité qui inclut un détournement épistémique par universalisme abstrait interposé. Les TIC forment alors les marqueurs d'une philosophie des savoirs archaïque, occidentalisée, qui gagne chaque jour du terrain. Simultanément, elles imposent une dépendance bilatérale des organisations des femmes de la «base» aux bailleurs occidentaux et à leurs représentations des relations sociales. Ce lien imposé suit un rythme accéléré qui distord l'ordre du jour desdites organisations. La gestion immédiate de l'urgence, toujours au rendez-vous, ajoutée à la confusion organisée entre informatique et connaissance, rétrécie paradoxalement leurs espaces d'action, de plus en plus locaux, alors que la globalisation des espaces de pensée s'organise. Le carrefour de ces paradoxes alimente à lui seul la complexité de la colonialité numérique.

LES FEMMES GLOBALEMENT SOUS-INFLUENTES DANS LE SECTEUR

Dans le cyberespace, se trouvent en toute première couche, à l'*apex,* et comme dans les médias traditionnels, les banals stéréotypes sexistes, comme Margaret Gallagher l'avait observé il y a une vingtaine d'années à propos des médias traditionnels[1] : les discriminations à l'embauche et à la progression professionnelle, les inégalités de salaire dans le secteur, le traitement de l'information globalement aveugle au genre, c'est-à-dire traitant majoritairement de ce qui a trait au masculin… tant au niveau de la quantité des personnalités masculines rendues visibles par lesdits médias, qu'au niveau de la qualité du

---

1   GALLAGHER Margaret, *An Unfinished Story: Gender Patterns in Media Employment,* Paris, Unesco, 1995, 120 p.

traitement réservé à la faible proportion que constituent les femmes dans l'information... Au-delà de cette première couche, facilement qualifiable de « classique », les stéréotypes de genre s'avèrent plus profonds. Leslie Reagan Shade affirme que ce cyberespace incarne une parfaite réplique du modèle de division entre sphère privée et publique, comme une conséquence du patriarcat[2]. En cela, il constitue la base de toute division sexuelle, économique, sociale, politique et culturelle.

Les attributs de cette réplique se constatent par la cartographie genrée du secteur. Dans un article sur « Genre, justice et technologies de l'information », présenté en mars 2000 à la Commission sur le statut des femmes à l'ONU, Gillian Marcelle révèle que les femmes sont sous-représentées dans toutes les structures de décision du secteur des TIC. Entre 1997 et 2000, seuls 8% des délégués, 7% des rapporteurs et 4% des présidents aux réunions de l'UIT étaient des femmes[3]. Elle ajoute : « Il y a très peu de femmes à la direction des principales entreprises du secteur »[4]. La consultante inclut dans les lieux de décision aussi bien les directions des entreprises de TIC – les entreprises de télécommunication sont privées et leurs propriétaires sont majoritairement des hommes – que les organismes de régulation et de définition des politiques de l'UIT ou de l'Organisation mondiale du commerce, les sociétés professionnelles de l'Internet, les institutions nationales de régulation et de politique, les ministères responsables des politiques de TIC et les agences de développement internationales.

Ensuite, les marchés financiers, leur accélération et la spéculation qu'ils engendrent, organisés au « Nord », engendrent une dérégulation, face émergée de la crise mondiale que les populations traversent[5]. Les femmes sont assez absentes de ce milieu, plutôt fermé. À ce propos, Anita Gurumurthy confirme que les femmes sont globalement sous-représentées dans ce secteur économique et financier et ont donc relativement peu de contrôle et d'influence sur les processus de prise de décision[6].

---

2   SHADE Leslie Reagan, *Gender & Community in the Social Construction of the Internet*, New York, Peter Lang, 2002, 152 p, p. 8.

3   Gillian Marcelle, *op. cit.*, p. 231-252.

4   *Ibidem.*

5   MONTEL-DUMONT Olivia & COUDERC Nicolas, *Des subprimes à la récession - Comprendre la crise*, Paris, La Documentation française, 2009, 104 p.

6   GURUMURTHY Anita (dir.), *Gender in the Information Society: Emerging*

Par ailleurs, une majorité des femmes dans le monde, et en particulier en Afrique, assume chaque jour la responsabilité du rôle de re-production des «forces de travail de la nation» au même titre que leur rôle de production, en travaillant dans les centres d'appel, en télétravail, voire en nourrissant les marchés virtuels de la pornographie[7] et de la prostitution. En effet, l'Internet incarne de façon latente, c'est-à-dire non concertée par les opérateurs de télécommunication, un des principaux espaces où s'organisent l'industrie de la pornographie[8], le commerce des corps de femmes à haute plus-value financière, et ce de manière incontrôlée, non légiférée, impuni et sous l'autorité d'un pouvoir masculin.

Force est de constater que les impacts des usages et politiques de TIC se mesurent davantage à l'augmentation globale du nombre de femmes qui utilisent l'Internet pour travailler, faire des affaires, éventuellement trouver un mari[9], que comme éventuel moyen de faire entendre leurs voix et de rompre avec leur isolement. Parmi mes interlocuteurs, plusieurs homologuent cette tendance. Au Sénégal, Fatimata Seye Sylla est convaincue que «l'Internet peut créer des opportunités de travail pour des gens qui peuvent travailler en ligne, en particulier les jeunes». Son sentiment est partagé par Marème Cisse Thiam, de l'ASDFUS: «il faut faire la démonstration de ce qu'on sait faire dans l'Internet, en particulier les femmes au fin fond des villages doivent montrer leurs produits».

Ainsi, les politiques de TIC des États et organisations internationales comme l'ONU se concentrent sur les performances économiques. La très grande majorité des politiques d'accès aux TIC pour les femmes sont focalisées sur l'emploi. Comme le souligne Lize de Clercq de l'association *ada* en Belgique, «ce qui frappe, c'est l'attention accordée au genre dans le Plan d'action du SMSI dans les para-

---

Issues, New York, UNDP, 2006, 155 p.

7   Selon *Good Magazine,* 89% des sites X sont créés aux États-Unis – dont 260 par jour – et génèrent plus de trois milliards de dollars de recettes annuelles. *AgoraVox,* <http://www.agoravox.fr/culture-loisirs/culture/article/porno-moteur-les-chiffres-25290>, consulté le 10 mars 2010.

8   POULIN Richard, «Le marché mondial du sexe au temps de la vénalité triomphante - L'essor du système proxénète dû à la mondialisation», *Revue Tiers Monde,* Paris, PUF, XLIV (176), 2004, p. 735-769.

9   Anita Gurumurthy, 2006, *op. cit.*

graphes consacrés à l'*e-employment* (emploi dans le secteur des TIC) et au télétravail (emploi à travers les TIC)»[10]. Il est effectivement demandé aux gouvernements d'avoir une «politique en matière de TIC qui encourage l'entreprise, l'innovation et l'investissement, et qui accorde une attention particulière à la participation et la promotion des femmes». Sous couvert de politiques d'égalité de genre, l'e-emploi est incité, et le télétravail promu «afin d'augmenter les opportunités d'emploi pour les femmes». Les TIC doivent principalement servir aux femmes à intégrer le marché du travail. Elles nourrissent flexibilité et disponibilité d'une main d'œuvre dont les employeurs vont pouvoir disposer pour faire fructifier leur outil de production, quel que soit le secteur économique où ils sont implantés.

En Afrique du Sud, l'industrie des TIC est vue comme un fil conducteur de l'économie et le secteur des TIC a été identifié comme un secteur-clé par le gouvernement dans ses multiples actions nationales[11]. Sans les femmes, le gouvernement se trouverait dépourvu d'une force de travail nécessaire à la formulation de ses politiques de recherche et développement en matière de technologies au profit de l'ensemble des communautés. Il serait également privé d'un ensemble plus large de perspectives dans la conception de systèmes d'information. La *Charter for the ICT Sector* (Charte pour l'autonomisation économique dans le secteur des TIC)[12] régit ce secteur, et le réseau *Women in IT*[13] lancé en septembre 2005 à l'initiative conjointe d'étudiantes en technologies de l'information, d'institutions, de professionnelles et d'entreprises du secteur, sous la direction de *Microsoft*, entend fournir bourse et tutorat aux femmes «financièrement défavorisées» qui souhaitent poursuivre des études dans le domaine. *Microsoft* gère égale-

---

10   DE CLERCQ Lize, «Les mouvements de femmes placent le "genre" à l'agenda de la société de l'information», *ada online*, 2004, <http://www.ada-online.org/frada/spipd387.html?article106>, consulté le 26 octobre 2015.

11   JAMES Tina & alii (dir.), *Women in the Information and Communication, Technology Sector in South Africa, Women in ICT project*, Pretoria, Institut Meraka, 2006, 73 p.

12   *The Draft Black Economic Empowerment (BEE), Charter for the ICT Sector*, <http://www.ictregulationtoolkit.org/en/toolkit/docs/Document/1614>, consulté le 21 octobre 2015.

13   *Women in IT*, <http://www.womeninit.co.za>, consulté le 2 mars 2010, plus disponible aujourd'hui.

ment un Forum électronique sur «Femmes et TIC», actif dans quatre domaines: la parentalité, la formation au développement pour les femmes employées dans les TIC, des ateliers sur l'affirmation de soi et la résolution de conflits pour les femmes salariées, le soutien de l'action nationale *Bring a Girl Child to Work* (Amenez une petite fille au travail), et un réseau au sein de l'entreprise pour la sensibilisation des communautés non connectées.

Plus généralement en Afrique, la Commission économique pour l'Afrique (CEA) considère que «les TIC sont centrales à la réduction de la pauvreté qui à son tour est centrale pour l'autonomisation des femmes»[14]. Une conférence intitulée *Global Connectivity for Africa, Issues and Options* (Connectivité globale pour l'Afrique, questions et réponses) et organisée par la CEA en 1998 a identifié un éventail d'applications pour les technologies en Afrique. Il s'agit notamment du commerce électronique (passer commande, effectuer des paiements en ligne, etc.), de la gouvernance (prestations de service électroniques, services d'information directs, stockage des dossiers, etc.), de la promotion du tourisme, des transports (coordination de la circulation des biens et des personnes), de l'éducation (par exemple l'enseignement à distance), de la santé (comme la télémédecine et le suivi des maladies), du social (par exemple, assurer le lien avec la famille dans la diaspora), de l'agriculture (services d'agrandissement, prix du fret, etc.) et de l'environnement et de la gestion des ressources naturelles (par exemple la surveillance des changements environnementaux et la promotion du tourisme écologique). Ce que ne précisent pas les actes de cette rencontre, c'est l'identité des organisations en charge de la mise en œuvre de ces actions. Par l'analyse des fondements de la société numérique colonialitaire, nous savons qu'il s'agit presque exclusivement du secteur privé.

Tous ces mécanismes, initiatives et déclarations ont pour objectif la croissance économique des pays. Ils visent à accroître l'efficacité des services sociaux (éducation, santé…), le télétravail et l'«e-business», en plaçant les femmes au centre du processus. À cet égard, le discours vise certes l'autonomisation et le renforcement des capacités des femmes (*empowerment*), mais ces nouveaux organismes sous forte dominance privée réservent une nouvelle fois aux femmes le rôle de

---

14   Colleen Morna Lowe & Zorha Khan, *op. cit.*, p. 3.

garantes de la paix sociale, responsables de l'éducation des enfants et de force de travail bon marché. En plus d'être confortées dans ce rôle, elles ne sont pas consultées concernant les méthodologies d'apprentissage ou de mise en œuvre et leur consentement n'est pas requis.

Les évaluations de ces politiques sont d'ailleurs mitigées. Swasti Mitter note à propos du télétravail que «même si quelques femmes apprécient les opportunités que le télétravail apporte, la majorité craint que le travail à domicile ne les prive du statut de travailleur et de la dignité du travail»[15]. Plus généralement, dans un rapport de mars 2001, Nancy Hafkin et Nancy Taggart observent que les effets attendus sur la grosse vague d'emplois des femmes via les TIC n'ont pas eu lieu[16]. Seules quelques femmes ont pu faire leur entrée dans des emplois hautement qualifiés des TIC, dans les pays développés[17] ou au Brésil, en Inde et en Malaisie.

Anita Gurumurthy affirme que les TIC ont permis la création d'emplois, y compris pour les femmes, mais dans les secteurs non qualifiés, à faible valeur ajoutée[18]. Elle cite l'exemple de l'Inde et considère que le travail massif des femmes dans les centres d'appels perpétue l'image d'un travail féminin dévalorisé. De fait, l'économie de l'information reproduit les formes de ségrégation de genre, les hommes détenant la majorité des emplois hautement qualifiés, mieux rémunérés, plus reconnus. Ce constat est d'autant plus avéré en Afrique, où les écarts de richesse, les rôles sociaux et culturels restent très marqués.

LE DÉVELOPPEMENT DÉPOLITISÉ

Les raisons principalement évoquées par les organisations internationales et les pouvoirs publics afin d'expliquer ces inégalités de

---

15   NG Cecilia & MITTER Swasti, *Gender and the Digital Economy - Perspectives from the Developing World,* Saga Publications, 2005, 264 p., p. 48.

16   Nancy Hafkin, & Nancy Taggart, *op. cit.*

17   GAIO Fatima J., «Women in software programming: the experience of Brazil», *in* MITTER Swasti & ROWBOTHAM Sheila (dir.), *Women Encounter Technology, Changing Patterns of Employment in the Third World,* Londres, Routledge, 1995, 378 p., p. 214-218.

18   Anita Gurumurthy, 2006, *op. cit.*

TIC convergent explicitement, au moins dans les pays d'Afrique, vers le constat de l'aggravation de la pauvreté, alors que les raisons implicites relèvent davantage d'une rhétorique conformiste simpliste[19]. Les organisations internationales et la majorité des organisations de la société civile s'intéressant au sujet continuent à aborder ce problème par l'angle de l'accès aux infrastructures ou à des lieux, à coût réduit, dans l'espoir que les personnes ciblées mettent en application les connaissances transmises. Ce parti pris dénote une représentation du développement réduite à la quête de la croissance économique, qui passe par la consommation technique et est uniquement mesurée par le Produit national brut. Or l'indicateur du PNB ne comptabilise que les biens et les services ayant des valeurs d'échange monétaire et engendrant du profit. Ces valeurs d'échange sont majoritairement produites par des hommes tandis que des femmes se trouvent implicitement en charge de la production de valeurs d'usage (productions domestiques, artisanat, horticulture, etc.), valeurs non quantifiées, ignorées et invisibilisées[20].

Par ailleurs, les politiques publiques des États d'Amérique du Nord et d'Europe de l'Ouest et les actions politiques des organisations internationales vont à contre-courant d'un contexte globalisé, en particulier en Afrique. Ces institutions dites communément du «Nord» raisonnent en termes de relations «Nord/Sud», alors que les États et leurs populations dits du «Sud» ne raisonnement plus ainsi car leurs perspectives de développement sont depuis plus d'une décennie changées par les investissements des pays arabes et d'Asie de l'Est (Moyen et Extrême-Orient).

---

19   Mettre en avant la pauvreté comme cause devient une banalité dans une rhétorique politique internationale qui classe les problèmes quels qu'ils soient, y compris la crise économique mondiale par exemple, selon des acronymes basés sur des notions très géographiques : pays développés – ceux-là ne méritent pas d'acronymes car non ciblés de fait –, pays en voie de développement (PED), pays les moins avancés (PMA), pays pauvres très endettés (PPTE). La pauvreté symbolise l'entrée de base de tout ce qui concerne les PED, les PMA et les PPTE, sans plus de nuance, et surtout sans plus d'acuité.

20   Andrée Michel, 1991, *op. cit.*, p. 19-38 ; TALAHITE Fatiha, «Genre, marché du travail et mondialisation», *in* FALQUET Jules & *alii*, *Le sexe de la mondialisation. Genre, classe, race et nouvelle division du travail*, Paris, Presses de Sciences Po «Académique», 2010, 344 p., p. 43-56.

Sur le terrain, les exemples de ces biais épistémiques – mesures des richesses à l'ère numérique par le PNB et vision du développement «Nord/«Sud»– sont nombreux. Je vais me limiter à l'exemple de la relation des organisations de femmes ou féministes avec leurs bailleurs – des organismes financiers au «Nord»–, dans le domaine des TIC. Mes interlocuteurs au Sénégal et en Afrique du Sud admettent volontiers et rapidement que le site Web de leur organisation répond aux stratégies de leurs bailleurs, majoritairement occidentaux, alors que tel n'est pas uniquement le cas en dehors de leur partenariat financier (partenariat politique, de plaidoyer, de luttes). Leurs financements proviennent principalement des agences de l'ONU, des organisations internationales ou des organismes de coopération nationaux ou multilatéraux, des Fondations privées ou de grosses ONG internationales. Les bailleurs nationaux sont presque inexistants. Dans la foulée de cette précipitation, et en premier lieu, ils confondent largement le financement de leur site Web avec celui de leur organisation. Dans les deux pays, la majorité d'entre eux estiment la question «très difficile», car il est en général ardu de trouver des financements. Globalement, la très grande majorité des organismes de coopération et des bailleurs de fonds mettent désormais en avant les effets de la crise mondiale pour baisser leur niveau de soutien financier[21]. Ils se retrouvent en situation de faire des choix plus resserrés concernant les programmes qu'ils souhaitent soutenir. La priorité est donnée aux thèmes récurrents comme les crises énergétique ou sanitaire, la lutte contre la pauvreté… autant de sujets liés à la priorité accordée par ces mêmes organismes à la situation d'aggravation de l'urgence, et plus seulement de l'urgence, au détriment de sujets qui commençaient à émerger, comme par exemple la pertinence des budgets genre au niveau national ou encore, dans le domaine de la recherche, les études de genre[22].

---

21   CHAFIKI Mohamed, *Financing Gender Equality and Women's Empowerment,* intervention lors de la 56ᵉ session de la Commission du statut des femmes, New York, ONU, 2008.

22   BUDLENDER Debbie, *Financing for Development: Aid Effectiveness and Gender-responsive Budgets,* document de travail établi pour la huitième réunion des ministres de la Condition des femmes du Commonwealth à Kampala en Ouganda du 11 au 14 juin 2007, 2007, p. 5.

En second lieu, ces bailleurs de fonds sont perçus très différemment selon les interlocuteurs : « bon teint » (Bernedette Muthien), qui soutiennent le genre (Aminata Kébé), qui ne le soutiennent pas (Rita Edwards), qui ont besoin de « faire circuler l'argent » (Sylviane Diop) et « révolutionnaires » (Bernedette Muthien). Quelle que soit la représentation qu'ils en ont, la majorité de mes interlocuteurs considèrent que leurs financeurs se sentent concernés par l'objet des activités de l'organisation. Ils interviennent en « soutien » (Fatou Ndiaye Turpin), ils « veulent que la vie des femmes et des filles [soient] améliorée » (Sally Jean-Shackleton) ou défendre une « alternative de gauche » (Helga Jansen), soutenir les droits des LGBT (Liesl Theron), ou le montage d'un laboratoire de recherche ou de formations sur le genre (Fatou Sarr Sow). Très peu d'organisations souhaitent établir la différence entre bailleurs institutionnels, comme les États ou les agences des grandes organisations internationales, et les bailleurs privés, comme les fondations des entreprises, les mécènes ou les organisations spécialisées/thématiques qui rassemblent de multiples sources de fonds. La recherche de soutien financier s'en trouve plus difficile à mener car peu diversifiée. Concernant les TIC, quand les lignes de budget existent, les financements vont prioritairement à des ONG considérées comme spécialisées, notamment les ONG en charge du domaine « Genre et TIC », ce qui n'est pas sans poser problème, notamment celles de la division entre organisations et des positions hégémoniques que ces ONG occupent.

Dans tous les cas, les termes utilisés pour qualifier les bailleurs concernent l'organisation dans son ensemble et peu le site Web. Un flou opère qui lie implicitement le financement du site Web à la gestion de la relation aux bailleurs, sans pour autant que la réalité de la budgétisation de ce support numérique ne soit formulée. De fait, le support Internet n'est globalement pas financé en tant que tel, pour la bonne raison qu'une demande spécifique de fonds pour cette activité n'a pas été faite. Et ce vide existe car les bailleurs de fonds ne financent pas la création de site Web en tant que « projet » tout en réclamant son existence. Il existe également car l'organisation considère que cette activité ne nécessite pas de budget spécifique. Estimée comme peu coûteuse, elle bénéficie « naturellement » du soutien de bénévoles (Synnøv Skorge, Madjiguéne Cissé, Binta Sarr). De fait, mes interlocuteurs valorisent peu l'investissement humain des bénévoles qui maintiennent le site Web. Cet investissement donne sans doute lieu à gratification personnelle mais sûrement pas à plus-value sociale, de surcroît visible dans les bilans ou rapports financiers des organisations. La majorité de mes interlocuteurs ne considère pas l'alimentation et l'activité du site Web comme ayant de la valeur, à l'image de l'invisibilité des richesses créées par les femmes au quotidien dans le PIB. Des pratiques, qui sont susceptibles d'être critiquées au niveau global par ces organisations, comme la non-prise en compte du travail domestique des femmes, se mènent alors au niveau interne. Un autre biais s'installe. L'idée de créer une économie spécifique pour le site Web de l'organisation, c'est-à-dire les moyens de son indépendance en créant d'autres sources de revenus, est également rarement à l'ordre du jour.

Ensuite, le site Web, quand il est financé, l'est à partir des budgets des projets existants (sanitaires, environnementaux, éducatifs…), «sur fonds propres» (Aminata Kébé), «totalement dans l'autofinancement» (Sylviane Diop), comme un «investissement» (Myriam). La non-budgétisation du site Web reflète à la fois le positionnement des bailleurs et celui des organisations qui ne veulent pas ou ne savent pas défendre le site Web en tant que projet à part entière, au même titre que la mise en place d'abris pour les femmes violentées ou la construction d'un immeuble pour héberger une activité économique de femmes. Les sites Web de ces organisations se trouvent alors aujourd'hui en danger.

Enfin, Fatimata Seye Sylla est formelle : «Les bailleurs de fonds ne financent pas l'idée de quelqu'un. Pour être financé, il faut voir ce qu'ils veulent! Faire et créer un projet en fonction de ça». Aussi a-t-elle obtenu des financements parce qu'elle a répondu à un programme d'un de ses bailleurs sur la «lutte contre la fracture numérique, qui appuie des télécentres, qui fait de la formation, etc.». Anne-Marie Cote est engagée sur les TIC comme «outils pour un autre développement». Elle me reçoit chez elle. Je la connais de longue date pour avoir travaillé avec elle sur l'intégration du genre dans la «société de l'information». Un peu moins de 60 ans, originaire de France, résidente au Sénégal depuis plus de trente ans, elle dirige l'unité genre d'une ONG à rayonnement international. Anne-Marie précise qu'à l'aube de l'Internet les bailleurs étaient intéressés à investir pour voir apparaître l'Afrique francophone sur la cartographie mondiale de l'Internet. Elle ajoute que dans «leur conception du développement, ils doivent prendre en compte les considérations de genre». Le financement du site Web par les bailleurs correspond à un affichage de soutien de l'égalité entre les genres. Il coïncide avec celui de développer les usages des TIC en tant qu'outils et infrastructures. Les deux témoignages convergent vers la compréhension d'une politique des bailleurs à deux faces non dissociables : soutenir l'égalité de genre par l'accès aux TIC.

Ces deux avis et leur confrontation à l'inaction budgétaire de mes autres interlocuteurs en matière de TIC permettent de comprendre que ces organisations se plient aux injonctions des bailleurs car telles sont les conditions qui leur sont imposées pour bénéficier de fonds sur projet de leurs autres activités. Ensuite, les bailleurs les utilisent afin de faire valoir tant leurs politiques de TIC que leurs politiques de genre, sans pour autant investir financièrement dans les moyens directs de ce faire-valoir. Ce mécanisme, à savoir l'instrumentalisation à titre gratuit de ces organisations pour mettre en exergue les bonnes intentions publiques des bailleurs occidentaux relatives au genre et aux TIC, s'apparente aisément à de la *propagande institutionnelle gratuite*. Les sites Web sont autant de véhicules de communication non budgétisés et non pensés d'utilité générale pour les bénéficiaires des projets des organisations. Ils homologuent une vision institutionnelle de la communication des organisations et endiguent la perspective d'autres modalités d'usages des TIC. Le coût est double : en ne valorisant pas financièrement l'activité de communication par le site Web, ces organisations perdent en efficacité politique et en autonomie économique. À l'inverse, l'opération pour les bailleurs compte double : ils alimentent des rapports de dépendance d'ordre nouveau sur le terrain du virtuel, tout en inscrivant le genre à leur ordre du jour institutionnel.

Il existe ainsi un lien permanent entre d'une part les luttes pour plus de droits des femmes, pour l'abandon du patriarcat, etc., et d'autre part la volonté chez les bailleurs de valoriser leurs politiques conjointes genre et TIC. Ce lien entretient en Afrique une logique de politiques d'assistanat, d'aide, de soutien à apporter aux femmes pour qu'elles aient accès aux TIC, qu'elles aient les capacités pour les utiliser, le tout pour intégrer les politiques d'égalité entre hommes et femmes dans le développement telles qu'elles sont décidées au plus haut niveau. Cette association fixe et systématique entre genre et TIC montre que les deux items ne peuvent plus opérer séparément. Ils structurent désormais conjointement les relations sociales dans le réel comme dans le virtuel. Ils cimentent tant les politiques de développement, les rapports de domination que la production des savoirs. Ils sont concomitants et coextensifs[23], c'est-à-dire qu'ils se reproduisent mutuellement.

Ces quatre volets financiers du paradoxe de la communication sur le genre – des sites Web pour la visibilité des politiques (genre et TIC) des bailleurs, la non-budgétisation de l'action de communication, l'inhibition d'une économie autonome et l'opposition/attachement luttes et institutionnalisation du genre et des TIC – permettent d'établir les premiers indicateurs du nouveau rapport de domination organisation/bailleur. Le site Web est le plus souvent peu facteur d'autonomisation des organisations vis-à-vis des institutions. Cette relation de *dépendance* des organisations envers les bailleurs sur le terrain des TIC oriente peu à peu à interpréter la *dualité genre/TIC* dans les politiques institutionnelles comme un *rapport d'impuissance* plutôt que de puissance.

Dans ce contexte, les politiques de développement représentent un *lieu commun* où les modes de communication se négocient (entre financement et intervention locale) et où les actions politiques des organisations oscillent entre marchandisation (pour répondre à l'action politique des organisations internationales, de l'Amérique du Nord et de l'Europe de l'Ouest) et mobilisation politique (par rapport à leur État). Ces négociations s'installent dans un environnement mondialisé, qui utilise largement les TIC pour accélérer ses mutations comme ses échanges. Il alimente les relations de colonia-

---

23   Je reprends à mon compte les termes utilisés par Danièle Kergoat à propos des rapports sociaux dans lesquels division de classe et de sexe se complètent pour former un «système intégré» de domination [KERGOAT Danièle, «Ouvriers = ouvrières? Propositions pour une articulation théorique de deux variables: sexe et classe sociale», *Critiques de l'économie politique,* nouvelle série, 5, 1978, p. 65-97; également *Les ouvrières,* Paris, Le Sycomore, 1982; «Division sexuelle du travail et rapports sociaux de sexe», *in* Helena Hirata, Françoise Laborie, Hélène Le Doaré, Danièle Senotier, 2000, *op. cit.,* p. 35-44, dont p. 42.]. Elle se distingue en cela du concept d'intersectionnalité, jugé trop «géométrique» [Kergoat, 2010, 117 - Elsa Dorlin, *op. cit.*].

lité et de subalternité. Cette vision du développement peut d'ailleurs s'analyser à partir des discours tenus dans le cadre des Forums sur la gouvernance de l'Internet (FGI)[24]. Pierre Dandjinou et Gaston Zongo prédisaient dès 2006 que :

> *« Les activités du FGI* devraient être *orientées vers le développement, le* renforcement de capacités *pour permettre une participation pertinente dans le développement des politiques de l'Internet au niveau mondial devrait être une grande priorité ; de plus, la* participation *efficiente devrait inclure aussi bien* l'assistance *pour participer aux rencontres que la formation sur la Gouvernance de l'Internet. »*[25]

Je souligne volontairement en romain le vocabulaire utilisé qui ressort davantage de la logique de l'aide que de celle de la promotion de l'action des populations concernées. Annie Chéneau-Loquay se demandait en 2002 si les TIC allaient devenir des «vecteurs d'un développement des activités de production de base qui peuvent amener plus de bien être à l'ensemble des populations pauvres» ou «accentuer encore les inégalités sociales et spatiales». Afin d'apporter des éléments de réponse, elle se référait au Sommet du G7 qui avait eu lieu à Midrand en Afrique du Sud en 1996. Elle précisait : «Cette réunion au sommet, qui outre les Sept a réuni sur le thème "société de l'information et développement", une trentaine de pays du "Sud" et les principales organisations internationales, avait fait naître l'espoir de voir les "pays les plus riches du Monde" s'engager sur de grands

---

24   Cette instance s'est créée après le SMSI de Tunis et se veut «un espace de dialogue multipartite sur les politiques publiques concernant les questions liées à la gouvernance de l'Internet, comme la viabilité, la solidité, la sécurité, la stabilité et le développement de l'Internet.» Après Athènes en 2006, le second FGI s'est ouvert à Rio de Janeiro, du 12 novembre au 15 novembre 2007, le troisième à Hyderabad, en Inde, du 3 au 6 décembre 2008, le quatrième à Sharm el-Cheikh, en Égypte, du 15 au 18 novembre 2009, le cinquième à Vilnius, en Lituanie, du 14 au 17 septembre 2010, le sixième à Nairobi, au Kenya, du 27 au 30 septembre 2011, le septième à Baku, en Azerbaïdjan, du 6 au 9 novembre 2012, le huitième à Bali du 22 au 25 octobre 2013, le neuvième à Istanbul, en Turquie, du 1er au 5 septembre 2014. Le dernier a eu lieu à João Pessoa, au Brésil, du 10 au 13 novembre 2015.

25   DANDJINOU Pierre, «Plus de 90% des problèmes sont liés à l'Afrique elle-même», *in* DANDJINOU Pierre & ZONGO Gaston & *alii, Ouvrir le débat sur le Forum sur la Gouvernance de l'Internet en Afrique,* IPAO, 2008, 114 p., p. 19.

travaux d'infrastructures»[26]. Elle constatera trois ans plus tard que les pays riches du G7 ne se sont pas tant engagés à collaborer sur des travaux d'infrastructure, mais ont davantage encouragé «les pays en développement à s'ouvrir au marché mondial des télécommunications»[27]. Elle prend pour exemple le Sénégal, qu'elle qualifie de «théâtre d'expérimentations multiples». Le résultat de son étude est rude : il n'existe pas de concertation et de coordination entre les programmes, et l'approche du développement est conçu à l'extérieur vers des publics auxquels il est demandé de «participer» selon des besoins qui leur sont projetés[28]. Elle confirme ainsi la vision verticale et subalterniste du développement.

Afin de mieux comprendre cette vision colonialitaire, il est nécessaire d'opposer quelques définitions du concept à l'origine de ces politiques. Selon Jean-Pierre Olivier de Sardan, le développement est «l'ensemble des processus sociaux induits par des opérations volontaristes de transformation d'un milieu social, entreprises par le biais d'institutions ou d'acteurs extérieurs à ce milieu mais cherchant à mobiliser ce milieu, et reposant sur une tentative de greffe de ressources et/ou de techniques et/ou de savoirs»[29]. Les «opérations volontaristes de transformation d'un milieu social» auxquelles l'anthropologue français fait référence reposent sur «toute greffe de techniques, de savoirs ou de modes d'organisation inédits (en général sous formes d'adaptations locales, à partir d'emprunt ou d'importation) sur des technologies, savoirs et modes d'organisation en place»[30]. Cette vision idéale est modulée par Catherine Coquery-Vidrovitch qui définit le développement comme à la fois un processus historique, un projet idéologique et une stratégie globale, qui abou-

---

26   CHÉNEAU-LOQUAY Annie, «Défis liés à l'insertion des technologies de l'information et de la communication dans les économies africaines. L'exemple d'Internet au Sénégal», *in* DJEFLAT Abdelkader & BOINDIN Bruno, *Ajustement et technologie en Afrique*, Paris, Publisud, 2002, 190 p., p. 103.

27   RENAUD Pascal, «Vers la désertification technologique du Sud?», *in* CHÉNEAU-LOQUAY Annie (dir.), *Enjeux des technologies de la communication en Afrique*, Paris, Karthala, 1999, 402 p., p. 181.

28   Chéneau-Loquay, Annie 2002, *op. cit.*, p. 103-117.

29   OLIVIER DE SARDAN Jean-Pierre, *Anthropologie et développement*, Paris, Karthala, 1995, 299 p., p. 7.

30   *Ibid.*, p. 78.

tissent à un modèle de développement plus souvent subi que créé[31]. Anita Gurumurthy va plus loin et critique les politiques et discours sur le développement basés sur les TIC. Elle souligne que «la pratique des technologies de l'information et de la communication pour le développement (TICD) a dépolitisé le développement, en redistribuant les rôles des notions de "public" et d'"inclusion"» au sein de rhétoriques entrepreneuriales [*corporate*][32]. L'experte indienne en TIC met ici l'accent sur la hiérarchisation des consommateurs de TIC établie par le secteur privé et les organisations en charge des politiques de TIC. Cette vision économique du développement exagère la mise en concurrence des acteurs comme par exemple la concurrence entre «les jeunes» et «les femmes», termes génériques utilisés par les organisations internationales pour qualifier des segments de bénéficiaires de leurs politiques. Ces organisations internationales et les décideurs des politiques de TIC en cherchant des consommateurs tous azimuts font des projections statistiques utilisant les modèles du libéralisme sur lequel leurs politiques économiques sont basées. En pratiquant ces grands écarts de façon permanente, elles produisent des échelles de classification entre les acteurs qui se retrouvent en position de rivalité. Les répercussions de ces politiques se retrouvent dans les contenus où par exemple les jeunes ne cherchent pas à travailler sur le genre et les organisations de femmes reproduisent la hiérarchie sociale existante entre aînés et jeunes générations en ne prenant pas en compte leur point de vue. Ce constat est d'autant plus avéré quand il s'agit d'acteurs qui ont la connaissance technologique. Tous ces échelons produisent finalement des hiérarchies de savoirs et de connaissances entre acteurs et renforce des hiérarchies existantes entre ceux qui savent, ceux qui ont une solution et les autres.

Par exemple, Anita Gurumurthy, souhaitant tirer les leçons des politiques du microcrédit, à but consumériste, emboîte le pas de Vandana Shiva et de ceux qui luttent contre la privatisation du vivant, et les interroge avec une perspective de développement:

---

31   COQUERY-VIDROVITCH Catherine, *Pour une «histoire du développement»*, Paris, L'Harmattan, 1998, 285 p.

32   GURUMURTHY Anita, *Social Enterprise to Mobiles: Depoliticizing Development and Information Technologies*, intervention dans le cadre d'un séminaire sur «South Asia and Social Change», organisé par le Programme d'études sur le développement, l'Institut Watson et le Bureau des Affaires internationales indien, 2009.

«La recherche montre comment, dans certaines régions de l'Inde, il existe
une augmentation de la dot due à la mobilité accrue des professionnels des TIC,
avec des conséquences inquiétantes pour les marginalisés et les populations qui
ne semblent pas concernées par l'industrie des TIC».[33]

Là où les professionnels des TIC affluent, principalement des hommes, la demande en femmes augmente arithmétiquement. D'où une variation à la hausse du marché de la dot, sur les lieux de leur travail, et à la baisse là où ils ne circulent pas. L'experte indienne alimente l'analyse de Donna Vaughan qui considère que les politiques nationales relatives aux TIC et les stratégies de la plupart des pays en développement suivant les formules prescrites par les agences multilatérales, en particulier celles de la Banque mondiale et répondant aux ordres du jour marchands des entreprises, nuisent davantage aux femmes et délégitiment le concept sardanien de développement. L'experte précise que ces politiques ont pour la plupart «exclu les marginalisés – sur la base de la "théorie" des trop-pauvres-pour-être-pilotes – et accentué les écarts socio-économiques plutôt que de les mettre en relation»[34]. À ce titre, elle considère que l'équipement des femmes est le produit d'une «interprétation de l'opportunité numérique qui repose sur un paradigme apolitique, techno-déterministe, orienté marché»[35].

Bien que son analyse des tendances marchandes et des politiques de développement par les TIC soit offensive et lucide, je conteste sa proposition de rester tout comme Anita Gurumurthy sur le terrain de ce à quoi s'adresse sa critique, à savoir sur le nécessaire développement des infrastructures pour les pays et l'augmentation des opportunités de leurs accès en particulier en direction des femmes. À l'issue de son réquisitoire, elle recommande des politiques publiques offensives vers plus d'accès des femmes aux TIC et des politiques de financement adaptées. L'experte indienne renchérit en revendiquant des politiques qui fassent le lien entre notions de biens publics et aide financière internationale[36].

---

33   GURUMURTHY Anita (dir.), *Access To Productive Resources, Such As Land, Property, Credit, Technology And ICTs,* Information Society Watch, 2008.

34   VAUGHAN Donna, *ICT4D - Linking Policy to Community Outcomes,* Partners in Micro-development Inc., 2006.

35   *Ibidem.*

36   Anita Gurumurthy, 2008, *op. cit.*

De fait, les deux expertes développent un amalgame entre lutte des femmes pour plus de droits, de politiques égalitaires de genre – approche politique classique – et développement des infrastructures numériques – approche technique – au détriment d'une approche explicite de diffusion et de production de contenus, connaissance et savoirs de femmes. À ce titre, elles participent du maintien, de la justification scientifique de la situation et contribuent elles aussi de la *dépolitisation* du développement en s'interdisant de penser la dimension politique de chacun des phénomènes[37] : la mission économique de la «société de l'information», le détournement du développement, les inégalités de genre, les rapports de domination, la victimisation des discriminés, la tolérance de leur invisibilité, l'impérialisme épistémique et l'universalisme.

Donna Haraway, propose en revanche, en tant que «féministe-socialiste», une interprétation plus sémantique et politique de cette dépolitisation du développement qui se concrétise par un «glissement autant technologique que rhétorique». À propos de la société numérique, elle observe : «Au niveau idéologique, nous constatons que le racisme et le colonialisme se traduisent dans le langage en termes de développement et sous-développement, pourcentages et contraintes de la modernisation». Concrètement, la philosophe insiste sur la mise en exergue d'un système qui renforce et nourrit des rapports de domination entre ceux qui sont dits être dans le besoin ou qui se disent dans le besoin, et ceux qui donnent, savent, possèdent, décident[38]. On pourrait dire qu'elle entérine le lien entre dépolitisation du développement et renforcement de la subalternité dans la périphérie.

LES TIC : ESPACE D'IMPOSITION UNIVERSALISTE

Cette dépolitisation demande à être circonscrite plus sérieusement. La définition des TIC ne s'arrête pas à celle d'un «simple»

---

37   DARBON Dominique, *La politique des modèles en Afrique, Simulation, dépolitisation et appropriation*, Paris, Karthala, 2009, 288 p., p. 6.

38   HARAWAY Donna, «Situated knowledges: the science question in feminism and the privilege of partal perspective», *Simians, cyborgs, and women; the Reinvention of Knowledge*, Londres, Routledge, 1991, 312 p., p.183-201.

média d'information, dont les impacts se limitent à son format (nombre de pages pour la presse papier, voire électronique, durée des émissions pour la radio et la télévision…). Elle s'intègre dans un contexte mondialisé, hiérarchisé, où les surenchère, surabondance et excès sont devenus des axes prioritaires. Différents scientifiques ont développé une critique de cette globalisation. Arjun Appadurai indique que «les *primordia* (de langage, de couleur de peau, de quartier ou de parenté) sont désormais globalisés», mais, de façon contradictoire, en généralisant ces *primordia,* en les mettant au même niveau, il universalise les rapports de domination. Selon l'anthropologue indien, en laissant interagir le commerce, les médias, les politiques nationales, et en fantasmant les besoins de consommation, la mondialisation a placé l'«ethnicité, […] autrefois localisée», dans une «force globale qui se glisse sans arrêt dans et à travers les fissures entre États et frontières»[39]. Tout en critiquant sans pour autant la nommer la violence épistémique de la société numérique colonialitaire, il admet que l'ethnicité ne serait plus localisée, ce qui fragilise sa démonstration. En effet, l'ethnicité, en étant un ensemble nomade et multiple d'identités, certes définies selon les origines géographiques, mais aussi de genre, de classe et de «race», en étant déplacée, crée une nouvelle identité. Le nier, c'est faire le jeu d'une vision universaliste abstraite, globalisante. Dans son élan, Appadurai considère que les singularités liées à l'existence des États existent de moins en moins et surtout sont de moins en moins identifiées comme nécessaires par les dirigeants comme par les populations.

Il ajoute que la tendance est davantage au mimétisme qu'à l'excentricité. Pourtant, la mondialisation creuse les inégalités et les spécificités, car les réalités sur lesquelles s'opère la dérégulation uniforme sont singulières. Aussi, abdiquer sur l'existence des singularités des populations, c'est participer d'une vision «par le haut» et uniforme, voire déterministe, tant les perceptions que les actions des individus qui composent cette société sont complexes. Les enjeux d'appartenance selon la classe, de «race», le genre, différent. Par exemple, l'assimilation demeure le mode d'appartenance majoritairement partagé notamment pour les classes moyennes au Sénégal et

---

39   APPADURAI Arjun, *Après le colonialisme. Les conséquences culturelles de la globalisation*, Paris, Payot, 2001, 322 p., p. 78.

en Afrique du Sud, c'est-à-dire celles qui ont plus largement accès à l'Internet, et ce, de façon comparable à la période coloniale. Ce mode reste un gage de partage des idéologies injectées par l'Occident qui incite à rejoindre l'ère de l'hypermodernité. Il permet à celui qui l'emprunte de se montrer plus citoyen, plus responsable, moins victime. Mercia Andrews insiste à ce sujet sur l'interpénétration des sphères économiques et politiques et du point d'honneur porté par les dirigeants de son pays à se fondre, y compris de façon vestimentaire, avec les autres dirigeants du «Nord», poussant le mimétisme à fond, pour se montrer «civilisés» et démontrer les efforts déployés pour «moderniser» l'État sud-africain et ses mécanismes politiques. Cette attitude est largement encouragée par les États du «Nord» – et en particulier les États-Unis d'Amérique – qui mettent l'Afrique du Sud aux avant-postes de l'Afrique et qui souhaitent faire de ce pays et de ses dirigeants les «médiateurs des problèmes en Afrique», en tant que porteurs de démocratie, d'exemple de bonne gouvernance, de non-corruption, etc. Mercia ajoute «nous sommes les tremplins (*spring balls*/ballons sauteurs) du capitalisme en Afrique». Buru Sisulu renchérit en affirmant «nous sommes les amis du capitalisme dans ce pays».

Cette assimilation a un coût, celui d'ignorer, voire d'enterrer, ses propres épistèmes. Ramón Grosfoguel avance l'idée d'une «philosophie occidentale» et d'un «mythe universaliste», sans plus de nuance, qui certes relie épistémologie et inégalités des rapports de domination mais, en ne les caractérisant pas en termes de genre, de classe, de «race», sa proposition le rapproche de ce qu'il critique, le différentialisme et le primordialisme. Il propose l'énoncé suivant:

> *«Par l'effacement de la localisation du sujet dans les relations de pouvoir et dans son rapport à l'épistémologie, la philosophie occidentale et ses sciences réussissent à produire un mythe universaliste qui recouvre, ou plutôt qui cache, les localisations épistémiques dans les relations de pouvoir à partir desquelles le sujet parle.»*[40]

Il fait référence à l'épistémologie du «point zéro», nommée par Santiago Castro-Gómez, caractérisant un point de vue eurocentrique

---

40   GROSFOGUEL Ramón, «Quel rôle pour les diasporas caribéennes?», *Les indigènes de la République*, 2008, <http://indigenes-republique.fr/quel-role-pour-les-diasporas-caribeennes/>, consulté le 21 octobre 2015.

et universaliste, et étant celui qui cache les points de vue particuliers[41]. Cet universalisme a permis à l'homme blanc occidental d'imposer son savoir à l'échelle mondiale, écartant les connaissances «non-occidentales comme particularistes et, donc, incapables d'accéder à l'universalité». En simplifiant la démonstration par l'opposition entre l'Occident et les «Autres», Castro-Gómez adhère à la primauté de la philosophie de l'expansion capitaliste et, de ce fait, infléchit sa critique. En effet, des influences colonialitaires non occidentales cachent des points de vue particuliers, notamment en termes de genre, ce qui complexifie l'analyse de la société dans laquelle cette épistémologie du «point zéro» opère.

L'universalisme auquel je fais ici référence et que je critique dépasse alors les notions défendues par Appadurai, Grosfoguel et Castro-Gómez pour atteindre celles d'un universalisme abstrait, alignant par le bas et selon des prismes de concurrence économique et épistémique, les différents épistèmes existants au point d'entretenir des arguments et de renforcer les moyens de la production inégalitaire des savoirs. Il s'appuie notamment sur la négation des spécificités de genre, de classe, de «race» et néglige les représentations des sujets non occidentaux dans la rhétorique occidentale[42]. En ne confrontant pas ces représentations, il oblitère des savoirs, dits subalternes, et perturbe l'analyse critique de la société numérique colonialitaire en tant que système qui met en jeu de multiples sujets dans de multiples spatialités et temporalités.

Ce système entérine des frontières existantes (notamment de classe, de «race», de genre) et en crée de nouvelles, moins visibles, à la fois plus sophistiquées, plus éphémères et plus nomades. Les savoirs afférant aux singularités, géographiques, culturelles, sociales, ethniques, de genre, ne sont plus généralement désirés, ni considérés comme pertinents par les populations non occidentales et de nouveaux savoirs importés globaux et occidentaux sont tolérés, voire recherchés. À un autre échelle, la construction de l'État africain contemporain est le résultat d'une recherche hégémonique de la part

---

41   CASTRO-GÓMEZ Santiago, «Le Chapitre manquant d'Empire. La réorganisation postmoderne de la colonisation dans le capitalisme postfordiste», *Multitudes*, III (26), 2005, p. 27-49.

42   Gayatri Chakravorty Spivak, 1988b, *op. cit.*

des groupes sociaux dominants et le produit de l'action des groupes sociaux dominés[43]. On assiste, comme le souligne Christine Rosen, à une «"bureaucratisation" des relations, et à une paupérisation de l'intelligence émotionnelle». L'historienne américaine critique à ce titre les usages des réseaux sociaux qui créent de nouveaux «comportements» et engendrent un «désinvestissement dans la sphère réelle voire le désintérêt progressif pour les affaires de la "vie réelle"»[44]. Les jeunes générations, nées avec la révolution numérique des années 1990, qui n'ont, dans leur grande majorité, déjà plus le recul nécessaire à l'identification de ces savoirs induits, cherchent ainsi à rapprocher ou à briser les frontières dans l'illusion de fuir les difficultés économiques locales mais aussi l'image de retardataires, de pauvres, de différents, de mineurs civiques.

Caroline Galactéros-Luchtenberg constate à ce propos que «l'accélération des mutations technologiques, le processus de mondialisation des échanges de toute nature, l'explosion des nouvelles technologies de l'information et de la communication servent tout de même le dessein d'une occidentalisation accélérée de la planète représentée comme bénéfique pour chacun»[45]. Cette occidentalisation universalisante bouleverse la *connaissance des savoirs*. Les TIC génèrent un *précipité* épistémique: si on garde la métaphore chimique, cette formation [d'un nouvel élément] fait transformation, car elle évoque le passage d'une *phase dispersée* hétérogène à une phase majoritaire. Elle transforme la multitude des savoirs et des modes de pensées en un ensemble plus *compact et majoritaire*. Elle incarne un universalisme abstrait dont la critique, notamment en Afrique, est multiple et converge vers l'identification d'une force agressive insidieuse et permanente, impérialiste, volontaire ou implicite. Cet universalisme crée de la confusion chez les dominants comme chez leurs détracteurs.

---

43   BAYART Jean-François, *L'État en Afrique. La politique du ventre*, Paris, Fayard, 1989, 439 p., p. 146.

44   ROSEN Christine, «Amitiés virtuelles et nouveau narcissisme», *nonfiction. fr*, 2007, <http://www.nonfiction.fr/article-360-amities_virtuelles_et_nouveau_narcissisme_1.htm>, consulté le 26 octobre 2015.

45   GALACTÉROS-LUCHTENBERG Caroline, «Les enfants honteux de la modernité stratégique», *Agir* n° 18, «Crises et modernité», juin 2004, p. 154-165, Société de stratégie.

La société numérique colonialitaire se nourrit ainsi de ce dont elle est le produit et nourrit ce qui la nuit. Comme des corps atteints d'une maladie auto-immune, son cerveau envoie à son système immunitaire, ou système de défense, des informations ou messages inadaptés, via des messagers, qui les mettent en situation d'hyperactivité ce qui fait croire à son organisme qu'elle est attaquée, mise en danger par des virus, bactéries ou parasites, qu'elle interprète comme étrangers. Les anticorps créés et envoyés dans ce qui lui est vital sont alors la source de la maladie puisqu'ils attaquent les cellules saines. En temps normal, le système de défense est en mesure de distinguer les cellules de l'organisme («le soi») des corps étrangers («le non-soi»). En cas d'hyperactivité, cette distinction n'est plus opérée. Le traitement des maladies auto-immunes fait appel à différentes stratégies. Une d'elle consiste à reformuler les informations envoyées par le cerveau pour que le corps ne se sente plus agressé, le risque étant que le système immunitaire ne remplisse plus son rôle de défense de l'organisme, ou alors de diminuer leur production, de les neutraliser après leur production et de bloquer leurs cibles.

L'analogie qui peut être opérée entre les maladies auto-immunes et la société numérique colonialitaire m'est inspirée par la *cacophonie* qui règne en son sein. Celle-ci serait à la fois une source de dérèglement, de perte de distance tout autant que de décadence de la socialisation/harmonisation comme un signe d'ouverture, de dynamisme, d'épanouissement. Une boucle. Là se situent peut-être les failles à explorer en termes d'usages politiques pour contrer les rapports de domination instaurés en son sein comme ceux dont elle est le produit.

VERS UNE CARTOGRAPHIE SEXUÉE DU MONDE

Alors que les TIC recouvrent essentiellement une technicité et une économie de ces technicités et technologies, les protagonistes des politiques de TIC proposent une rhétorique de l'information ou de la connaissance. Cet écart entre réalité et discours entretient un flou, qui en termes de genre, génère une confusion elle-même alimentée notamment par les organisations de femmes ou féministes. Ces organisations rejettent dans leur ensemble les politiques de TIC et leurs mises en pratique, à savoir les outils développés, car «trop techniques», sous-entendu réservés aux hommes qui savent, tout en vantant leurs mérites en termes de potentielle visibilité de leurs actions publiques. Ce flou sémantique génère une première contradiction entre gestion des problèmes techniques et compétences requises afin de les résoudre et besoin de diffuser des informations sur les actions ou les prises de position de ces organisations.

Par ailleurs, par son mode excessif, immédiat, la société numérique colonialitaire provoque des crises, autant financières, qu'économiques, démographiques, politiques et sociales. Elle aiguise les terrains où peut s'installer l'insécurité, les conflits, comme seuls moyens de résolution des problèmes rencontrés par les populations. Cette accélération et cet excès aggravent les écarts de richesse, renforcent les situations de pauvreté, rétrécissent le marché du travail, créent de nouveaux facteurs de violence ou de conflit. De surcroît, elle précipite la gestion de l'ensemble de ces questions tant au niveau temporel que géographique. Les problèmes se résolvent au coup par coup là où ils se présentent. Cette accélération installe un recentrage des actions politiques pour le changement social, qu'elles soient gouvernementales ou de la société civile, vers le niveau local plutôt qu'international, alors que les TIC qui portent cette société permettent par définition des échanges internationaux. Il existe donc ici une seconde contradiction créée par cette société : le rapport entre le local et le global.

L'ensemble des conséquences évoquées de l'accélération générée par la société numérique colonialitaire repousse également davantage les limites des actions des organisations et mouvements de femmes, formels et informels. Compte-tenu du rôle social qui est implicitement alloué aux femmes, à savoir le maintien de la paix sociale (qui inclut la gestion des violences exacerbées par ce système accéléré), les soins, l'éducation, la nutrition des ménages, l'ordre du jour des organisations se gère à la volée, selon la quantité et la fréquence des problèmes des femmes auxquelles ces organisations s'adressent. L'heure est à la défensive immédiate plutôt qu'à l'offensive. En particulier en Afrique, cette société accule les femmes et leurs organisations à la gestion immédiate de l'urgence, de la survie quotidienne, à un rythme plus accéléré qu'auparavant.

« Nous avons des difficultés d'accès aux ordinateurs, aux compétences, à l'électricité, au réseau sans fil, toutes ces choses techniques que le gouvernement a essayé d'implanter sous forme de centres de télécommunication en zones rurales, mais qui n'ont pas marché. Concernant les femmes, c'est bien pire car, dans les

zones rurales, dans la plupart de nos townships, ce sont les jeunes femmes qui rentrent à la maison après l'école et qui doivent s'occuper de leurs frères et sœurs, nettoyer la maison, faire la cuisine, faire attention aux enfants, au point qu'elles n'ont pas de temps supplémentaire pour apprendre à utiliser un ordinateur ».

(Mercia Andrews, TCOE, Afrique du Sud)

Aussi, n'ayant plus le temps de se consacrer à l'analyse des inégalités sociales et de genre qu'elles rencontrent tous les jours, les organisations de femmes ou féministes sont amenées à gérer ces inégalités au plus vite, dans l'immédiateté plutôt qu'à pouvoir y réfléchir à long terme. Du point de vue idéologique et épistémique, cette société tend à éloigner contre ou de leur gré ces organisations du donner à penser, de la critique, de la déconstruction de la société dans laquelle elles agissent. Cette situation crée une troisième contradiction qui consiste à plaquer la situation d'immédiateté/urgence politique dans laquelle ces organisations sont poussées sur les revendications ou objets de mobilisation qui, dans le cas de l'Afrique, s'orientent principalement vers la critique du libéralisme : lutte contre la pauvreté, demande d'annulation de la dette, lutte contre la privatisation des services publics…

Ajoutées à la première contradiction endogène de la société numérique colonialitaire qui consiste à faire cohabiter technique, information/communication et connaissance, ces deux autres contradictions (local/international et libéralisme/immédiateté) forment un triangle. Ce triangle apporte un décryptage précis qui analyse tant les rapports de domination dans les politiques de TIC que les effets politiques des usages des TIC par les organisations de femmes ou féministes sur ces rapports de domination. Ce décryptage éclaire alors une nouvelle conception des rapports de domination, incluant une analyse de genre tant des actions politiques liées aux politiques de TIC que de leurs impacts sur les populations. Les similitudes et spécificités révélées permettent d'élaborer une cartographie sexuée de cette société.

Toujours victimes ?

Production de rapports de domination dans les usages des TIC

Il est temps de creuser les rapports de domination que l'analyse des usages des TIC produit en son sein, parce qu'ils amplifient les effets de ceux produits par les institutions nationales et internationales et les États, dans le réel et dans le virtuel. L'objectif se resserre sur les entreprises privées à l'origine du Web2.0 mais aussi sur les mouvements sociaux et la recherche sur «l'innovation par les usages», afin de comprendre en quoi ils participent concomitamment au maintien de la colonialité du pouvoir et du patriarcat. Ces organismes confortent la situation des femmes de la «base» en tant que subalternes. En particulier, les corporations économiques et les mouvements qui sont notamment au cœur de ces recherches sont ostensiblement masculins. À leur image, de nombreuses théories sur la potentialité «révolutionnaire» des usages des TIC par les internautes, ont pour caractéristique principale d'être très globalement aveugles au genre. Cette absence de caractérisation genrée des réseaux sociaux, du mouvement des logiciels «libre[s]», etc., a un impact direct sur leur appropriation par des femmes et par leurs organisations, en particulier en Afrique du Sud et au Sénégal. Elle reflète un cloisonnement existant des mouvements. Ce *monopole masculin* continue d'alimenter une vision «par le haut» de l'exercice démocratique (puisque sans les femmes) et des relations entre l'Occident et les autres pays (puisque principalement promue en dehors de l'Afrique). Il participe de la colonialité numérique et nourrit les bases inégalitaires de la société numérique colonialitaire.

DES ENTREPRISES DE TIC PATERNALISTES

La société numérique colonialitaire présente le plus souvent les femmes africaines de la «base» comme des victimes à aider, soutenir, protéger. Loin de moi l'idée d'aller dans le sens de cette victimisation. Ma démarche serait contre-productive. L'identification de paradoxes liés aux usages des TIC par ces femmes semble plus propice à une critique innovante. Pour aller plus avant, repartons de la réalité virtuelle et du cas particulier des réseaux sociaux numériques. Basés sur le concept d'«ami» et de la recherche de sa prolifération, ces réseaux entretiennent une relation bilatérale individuelle permanente entre privé et public. Cette relation est devenue banale. Cette banalité n'interroge pourtant pas ses fondements : existe-t-il une définition universelle de l'ami ? Selon les langues, les ethnies, les cultures, les âges, l'ami ne traduit-il pas des modes relationnels spécifiques voire des non-modes ? Cet ami existe-t-il ? À quoi fait-il référence ? Choi-sit-on ses amis ? Est-ce important de les compter ? De les qualifier ? Selon leur classe, leur «race», leur genre, leur situation socioprofes-sionnelle, leur âge, leur contexte géopolitique... ? Comment l'est-ce par les créateurs desdits réseaux sociaux ?

Où et qui sont les utilisateurs de ces réseaux ? En 2008, selon une étude intitulée *Social Networking Survey* de l'Institut d'études *Synovate*, 58% des personnes interrogées sur dix-sept marchés dans le monde[1] ne savaient pas ce qu'étaient les «réseaux sociaux»[2]. En octobre 2011, selon une étude menée par *Comscore*[3], les utilisateurs de ces réseaux sont majoritairement des hommes et se situent partout dans le monde, plus particulièrement en Amérique du Nord et en Europe, et beaucoup moins en Afrique (à l'exception de l'Afrique du Sud)[4]. Comme la carte mondiale des réseaux sociaux numériques

---

1   Brésil, Bulgarie, Canada, France, Allemagne, Inde, Indonésie, Japon, Pays-Bas, Pologne, Russie, Serbie, Slovaquie, Afrique du Sud, Taiwan, États-Unis d'Amériques, Émirats arabes.

2   Synovate 2008, Global survey shows 58% of people don't know what social networking is, plus over one third of social networkers are losing interest, <http://www.webwire.com/ViewPressRel.asp?aId=73794>, consulté le 21 octobre 2015.

3   ComsCore 2007, *It's a Social World: Top 10 Need-to-Knows About Social Networking and Where It's Headed*, p. 5 et 12-13, <http://www.comscore.com/Insights/Presentations_and_Whitepapers/2011/it_is_a_social_world_top_10_need-to-knows_about_social_networking>, consultée le 21 octobre 2015.

4   Il existe peu d'information qualitative substantielle sur les usages trans-gressifs des réseaux sociaux numériques, y compris par les femmes prises indivi-duellement, au niveau national, ou transnational, sur le continent africain. Ce déficit est majoritairement substitué par un apport de données quantitatives ou qualita-tives sur l'accès aux infrastructures, aux formations, aux postes de décision, parfois sur les usages des réseaux sociaux numériques. Voir notamment AME Naude, JD Froneman, RA Atwood, «The use of the internet by ten South African non-go-vernmental organizations—a public relations perspective», *Public Relations Review*, 2004, XXX (1), mars 2004, p. 87-94, Elsevier ; OPOKU-MENSAH Aida, «ICTs as tools of democratization: African women speak out», RATHGEBER Eva-Maria,

en atteste, l'utilisation des outils proposés par les entreprises privées qui régissent ces réseaux continue à caractériser, vingt ans après la généralisation de l'Internet et de la téléphonie mobile, une géographie des réseaux numériques où les zones grises – les territoires où les données sur les usages des réseaux ne sont pas connues, donc jugées inintéressantes ou non mesurables – restent largement situées en Afrique (en dehors du Maghreb, de l'Afrique de l'Est, du Sénégal, du Nigéria, du Cameroun, de la Côte d'Ivoire, du Ghana et de l'Afrique du Sud). Certes, l'appropriation de *Twitter* en Afrique du Sud est impressionnante. Selon les deux études récentes de l'agence *Portland* à Nairobi, publiées successivement en 2012[5] et 2014[6], la ville de Johannesburg est la plus active d'Afrique devant Ekurhuleni, toujours en Afrique du Sud, et Le Caire, Durban, Alexandrie. Le Sénégal ne figure pas dans les statistiques. Les utilisateurs sont majoritairement des individus jeunes entre 20 et 29 ans (et non des collectifs) – la différenciation par sexe n'est pas mentionnée – qui twittent depuis leurs téléphones mobiles. L'activité se focalise majoritairement sur les marques comme *Samsung, Adidas* et *Magnum* (les crèmes glacées). Le football est le sujet le plus discuté, avant la mort de Nelson Mandela (5 décembre 2013), les *hashtags* politiques étant encore moins courus.

ADERA Edith Ofwona, *Gender and the Information Revolution in Africa*, CRDI, 2000, p. 187-213.

5   L'étude a porté sur un échantillon de 11,5 millions de Tweets géolocalisés sur le continent africain pendant le dernier trimestre 2011. Portland, 2012, *How Africa Tweets,* Nairobi: Portland, <http://www.portland-communications.com/wp-content/uploads/2013/10/How-Africa-Tweets.pdf>, consulté le 21 octobre 2015.

6   Voir <http://www.portland-communications.com/publications/how-africa-tweets-2014/>, consulté le 21 octobre 2015.

Carte 2 : Carte mondiale des principaux
réseaux sociaux numériques

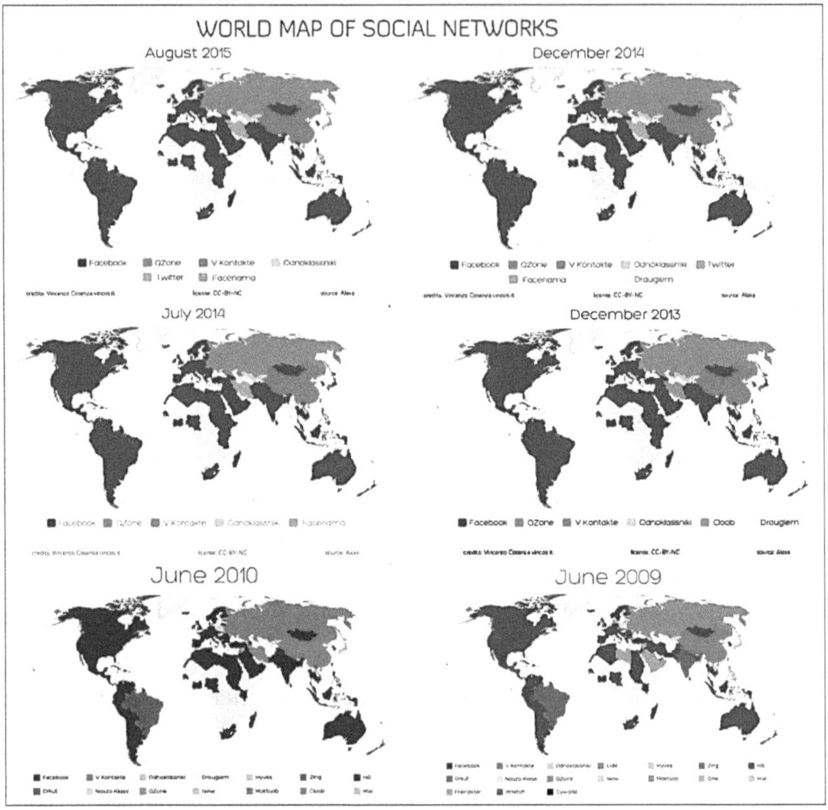

Sur cette carte, les couleurs indiquent les marques des réseaux sociaux utilisés. Ce qui est en gris représente les zones où les usages de ces réseaux ne sont pas connus[7].

À l'autre bout de la chaîne des utilisateurs, se trouvent uniquement des entreprises privées, des opérateurs informatiques, *Microsoft, Google, Yahoo!,* ou de réseautage numérique, *Facebook, MySpace, LinkedIn, Twitter,* qui sont toutes nées aux États-Unis. Les produits développés, logiciels, plateformes Internet qui forment aujourd'hui le Web 2.0 et qui ont vocation à ce que l'internaute soit «plus actif» qu'avec le Web, ont pour leur très grande majorité été créés aux États-Unis, par des individus, socialement caractérisés par le fait qu'ils sont tous

---

7   Vincos Blog, décembre 2012, *World Map of Social Networks,* <http://vincos.it/world-map-of-social-networks/>, consulté le 5 décembre 2015.

jeunes, masculins, blancs, de classe moyenne, diplômés, et originaires des États-Unis. Tous en sont restés propriétaires.

Ces entreprises privées nourrissent une industrie, celle des télé-communications et des logiciels, qui n'est pas épargnée par les jeux de concurrence économique, de recherche de profits financiers et de concentration/monopolisation[8]. Elles peuvent pour certaines afficher un but philanthropique ou social mais ce qui m'apparaît le plus intéressant à relever est que celui-ci est spécifiquement universaliste et paternaliste. Les missions des entreprises créatrices de ces réseaux sociaux sont à ce propos éloquentes : *Facebook* : "Giving people the power to share and make the world more open and connected."[9] ; *LinkedIn* : "Our mission is to connect the world's professionals to accelerate their success. We believe that in a global connected economy, your success as a professional and your competitiveness as a company depends upon faster access to insight and resources you can trust."[10] ; *Twitter* : "We want to instantly connect people everywhere to what's most important to them."[11] Par ces missions, les créateurs et dirigeants de ces entreprises s'arrogent la mission d'« ouvrir » le

---

8   Pour ne citer que quelques exemples, *Microsoft* connaît un revenu annuel estimé à 60,42 milliards de dollars pour l'exercice 2007-2008. L'entreprise emploie 94 286 personnes dans 107 pays différents. Début 2008, *Google* valait 210 milliards de dollars à la Bourse de Wall Street à New York. Depuis 2009, l'entreprise possède 1,8 million de serveurs (parc le plus important à l'échelle internationale) répartis sur 32 sites. Entre 2005 et 2009, *MySpace* a récolté 1,6 milliard de dollars de chiffre d'affaires. Pour la seule année 2008, il est estimé à 900 millions de dollars, chiffre qui inclut l'accord publicitaire noué avec *Google* pour trois ans et 900 millions de dollars jusqu'en 2010. *Facebook* connaît une croissance géométrique du nombre de ses usagers qui est passé de 1 million en 2004 (essentiellement des étudiants américains) à 200 millions en 2009. En 2007, *Microsoft* y prend 240 millions de dollars de parts de capital, alors valorisée à 15 milliards de dollars. Le 17 mai 2012, l'entreprise lance la plus grosse introduction en Bourse de l'histoire des valeurs technologiques, tant en levée de fonds qu'en capitalisation boursière, et au second rang historique pour l'ensemble des États-Unis derrière *Visa* et devant celle de *General Motors*, avec 421 millions d'actions au prix de 38 dollars chacune, qui lui donne une valorisation de 104 milliards de dollars.

9   <http://www.facebook.com/facebook?v=info>, consulté le 20 janvier 2011.

10   <http://press.linkedin.com/about/>, consulté le 20 janvier 2011.

11   <http://twitter.com/roncasalotti/statuses/24874092607832065>, consulté le 20 janvier 2011.

monde, de favoriser l'échange entre les individus du monde entier, d'où qu'ils soient, de comprendre ce qui est «le plus important» pour ces individus.

Sans que je remette en cause la vocation à vouloir bien faire de ces entreprises, je lis distinctement dans ces objectifs une intention bienveillante de la part de leurs dirigeants à apporter appui, soutien, depuis des personnes qui «savent»[12] les TIC – eux-mêmes – à celles qui ne savent pas les TIC. Ils ne cherchent pas à identifier les individus à qui les plateformes collaboratives s'adressent. Ils les assimilent. Mus par un idéal technologique, leurs auteurs ignorent la diversité tout autant que les inégalités sociales, qu'elles soient de genre, de classe, de «race» ou d'âge. Ils s'abstraient de l'histoire autant que de la sociopolitique. En négligeant le goût de l'altérité – l'envie d'apprendre de l'Autre ce qui n'est pas semblable à soi – tout autant que les inégalités et les rapports de domination qui régissent les relations sociales, ils distillent une vision du monde qui aplanit les différences et inégalités, voire les occulte. Leur croyance en leur rôle messianique trahit, sans pour autant que leurs auteurs s'en prévalent, une vision occidentalocentrée et masculine des rapports de domination et des règles qui les gouvernent. Cette vision exprime une forme de colonialité du pouvoir, appuyée d'un universalisme abstrait, empreint de paternalisme missionnaire.

UNE VISION UNIVERSALISTE ABSTRAITE DE L'INNOVATION PAR LES USAGES DES TIC

L'investigation des recherches sur l'innovation par les TIC va nous permettre de rencontrer des communs avec le secteur privé. Pour commencer, il nous faut revenir aux bases de cette théorie. La notion d'usage dans le secteur des TIC traverse au moins trois approches : la diffusion, l'appropriation et l'innovation[13]. La première s'intéresse à

---

12   Le verbe «savoir» est ici utilisé pour qualifier une connaissance étendue du domaine que recouvrent les TIC. Il ne se restreint pas à la connaissance technique des outils et usages.

13   RAKOTOMALALA HARISOA Ny Aina, *Pour une analyse des usages de l'ordinateur et de l'internet dans les cybercafés d'Antananarivo*, contribution au Symposium Netsuds 2009 : Politiques et modes d'appropriation des TIC dans les Suds. Sciences Po Bordeaux, 13-16 octobre 2009, p. 4.

la prise de décision des usagers, entre adoption et rejet[14], suivie par la deuxième qui étudie le processus d'intégration de la troisième, l'innovation technique dans la vie quotidienne des usagers[15]. Le concept d'appropriation, hérité du concept marxiste de «l'appropriation des moyens de production»[16], fait référence à un processus de construction individuelle ou sociale: «l'appropriation est un procès: elle est l'acte de se constituer un soi»[17]. Selon Serge Proulx, «les usages sociaux sont définis comme des *patterns* d'usages d'individus ou de collectifs d'individus (strates, catégories, classes) qui s'avèrent relativement stabilisés sur une période historique plus ou moins longue, à l'échelle d'ensembles sociaux plus larges (groupes, communautés, sociétés, civilisations)»[18]. L'appropriation de ces usages sociaux passe alors par la maîtrise technique et cognitive de l'objet, son intégration dans la pratique quotidienne, son usage répété et des répercussions en termes de créativité sociale, et surtout l'infléchissement des politiques publiques tout autant que des processus d'innovation par ces usages.

Selon Madeleine Akrich, les usagers, qu'elle choisit de nommer «utilisateurs», interviennent selon quatre axes: le déplacement, l'adaptation, l'extension et le détournement[19]. Dominique Cardon de son côté explique la position de l'«usager», différent du lecteur, de l'auditeur et du téléspectateur, parce qu'actif et participatif, non passif: «La possibilité de communiquer, de produire et d'échanger avec les TIC invite à définir ceux qui les utilisent en soulignant la dimension active, symétrique et participative de leur engagement

---

14   ROGERS Everett, *Diffusion of innovations, 5ᵉ édition,* New York, Free Press, 2003, 512 p., p. 38.

15   PROULX Serge, «Trajectoires d'usages des technologies de communication: les formes d'appropriation d'une culture numérique comme enjeu d'une société du savoir», *Annales des télécommunications,* tome 57, n° 3-4, 2002, p. 5.

16   CARDON Dominique, «Innovation par l'usage», *Enjeux de mots: regards multiculturels sur les sociétés de l'information,* C & F, 2006.

17   JOUËT Josiane, «Retour critique sur la sociologie des usages», *Réseaux,* n° 100, Paris, Hermès Science Publications, 2000, p. 487-521.

18   PROULX Serge, «Penser les usages des technologies de l'information et de la communication aujourd'hui: enjeux – modèles – tendances», *in* VIEIRA Lise & PINÈDE Nathalie, *Enjeux et usages des TIC: aspects sociaux et culturels, Tome 1,* Presses universitaires de Bordeaux, 2005, p. 11.

19   AKRICH Madeleine, «Les utilisateurs, acteurs de l'innovation», *Revue Éducation permanente,* N°134, 1998, p. 79-89.

avec les technologies »[20]. Au titre de cette définition de « nouveaux » usagers, conçus comme actifs, volontairement comparés à ceux des médias classiques, estimés plus passifs, le sociologue explique les « innovations » propres à la « société de l'information » que ces usagers génèrent notamment par leur appropriation des logiciels libres, des outils coopératif de publication, du wifi, du P2P *(peer to peer)*, des blogs, etc. Ces innovations seraient caractérisées par le fait qu'elles ne sont pas initiées « par le haut » : « On définira les innovations par l'usage (aussi appelé "innovations ascendantes" [*bottom-up innovations*] ou "innovations horizontales") comme des innovations technologiques ou de services qui naissent des pratiques des usagers et se diffusent à travers des réseaux d'échanges entre usagers »[21] .

Olivier Blondeau s'intéresse de son côté à l'Internet, emprunte à Arjun Appadurai le terme « mediascape »[22], afin de définir un espace dans lequel il considère que se construit un nouvel imaginaire politique qui « fait sens » à l'échelon mondial. Il qualifie cet espace de « laboratoire d'expérimentation politique » qui permet de « renouveler les causes, de reconfigurer les répertoires d'action de l'action politique, leurs intrigues narratives et leurs dramaturgies esthétiques »[23]. Partant d'hypothèses similaires, Dominique Cardon insiste sur les « vertus politiques » des réseaux sociaux en cela qu'ils ne se contentent pas d'ouvrir un espace public, qualifié d'« oligarchique », à de nouveaux interlocuteurs mais « pluralisent et distribuent autrement les formes de la parole politique, en empruntant des langages et en habitant des espaces que la politique conventionnelle, bien souvent, ne sait pas reconnaître »[24]. Dans le prolongement de cet enthousiasme, Luciano Floridi considère dans « *The Digital Revolution as a Fourth Revolution* » que « nous assis-

---

20   Dominique Cardon, 2006, *op. cit.*

21   *Ibidem.*

22   APPADURAI Arjun, « Disjuncture and Difference in the Global Cultural Economy », *in* M. FEATHERSTONE (dir.), *Global Culture*, Londres, Sage, 1990, p. 295-310.

23   BLONDEAU Olivier & ALLARD Laurence, *Devenir média - L'Activisme sur Internet, entre défection et expérimentation*, Paris, Amsterdam, 2007, 389 p., p. 233-241.

24   CARDON Dominique, « Vertus démocratiques de l'Internet », *laviedesidees.fr*, 2009, <http://www.laviedesidees.fr/Vertus-democratiques-de-l-Internet.html>, consulté le 30 janvier 2010.

tons à une quatrième révolution», celle de la révolution numérique, où des «inforgs», «des organismes qui sont sémantiquement omnivores, capables de traitement sémantique et d'interactions intelligentes», sont les internautes dans leur ensemble, qui «colonisent» eux-mêmes et à leur profit l'Internet[25]. Le philosophe enrobe dans un «nous» théorique une communauté qui aurait tout à gagner des TIC, en se référant à la capacité de l'espèce humaine à penser, ce qui la distingue de toutes les autres espèces vivantes: «Les technologies de l'information et de la communication ont atteint un stade où elles pourraient assurer la présence stable, l'accumulation, la croissance et la disponibilité de plus en plus grande de notre humus sémantique»[26].

Francis Pisani, habité par le même engouement que Luciano Floridi, partant de la définition du Web qui repose sur une structure hypertexte, affirme que «ce sont les liens qui font le réseau (et non pas l'enveloppe), les relations (et non pas l'appartenance). Et les relations nous sont devenues essentielles pour comprendre le monde»[27]. Tout en s'appropriant le même «nous» théorique, le journaliste adhère à la théorie de l'hypermodernité, en adoptant sans la discuter la nécessité d'être connecté au réseau pour transformer le monde.

Tim O'Reilly affirme que ce «nous», modulé par l'expression «un plus grand nombre», considère le Web 2.0 comme une «plateforme» productrice de richesses, «créant des effets de réseau par le biais d'une "architecture de participation"»[28]. Luciano Floridi propose une autre définition tenant pour acquis la forme «participative», sans intermédiaires et ouverte de la plateforme introduite par Tim O'Reilly:

> *«Le Web 2.0, c'est-à-dire le Web participatif, efface les barrières entre la production et la consommation de l'information en introduisant moins de friction au sein d'une ou de plusieurs phases du cycle de vie de l'information (depuis sa production jusqu'à son utilisation en passant par son traitement et sa gestion), ou efface les barrières entre les producteurs et les consommateurs de l'information.»[29]*

---

25   FLORIDI Luciano, «Web 2.0 vs. the Semantic Web: A Philosophical Assessment», *Episteme*, VI (1), 2009, p. 25-37.

26   *Ibidem.*

27   PISANI Francis & PIOTET Dominique, *Comment le web change le monde. L'alchimie des multitudes*, Pearson, 2008, 260 p., p. 35-51.

28   Tim O'Reilly, *op. cit.*

29   Luciano Floridi, *op. cit.*, p. 9.

Afin d'appuyer leur thèse, ces différents théoriciens analysent l'émergence récente des réseaux sociaux comme de «nouveaux cadres favorables à l'émergence de véritables innovations par l'usage» de l'Internet[30]. Francis Pisani considère que:

> «*De nouvelles dynamiques relationnelles privilégient l'approche bottom-up et placent la participation comme la clé de réussite de tout processus d'innovation ascendante basée sur la coopération. [...]* Notre *hypothèse, ici est que, depuis 2004, le Web a donné lieu à l'émergence d'une nouvelle "dynamique relationnelle". Rendue visible par le succès d'entreprises comme* Google, YouTube, MySpace *ou* Facebook, *elle est animée par la participation de millions d'individus et de petits groupes largement informels. La technologie était là. Les webacteurs ont commencé à s'en servir de façon plus massive*»[31].

Il ne précise pas qui sont ces «webacteurs» et quelle est la nature de leurs relations avec les entreprises citées.

Peut-on considérer ces affirmations comme des vœux pieux? Si elles recouvrent des réalités, pour qui le sont-elles? Qui est ce «nous»? L'ensemble des habitants de la planète, hommes et femmes? Riches et pauvres? Racisés, non racisés[32]? L'ensemble des internautes? Dominique Cardon propose quelques pistes de réponse en précisant que ce «nous» recouvre plutôt des «étudiants bricoleurs et passionnés de musique», des «militants associatifs américains», des «informaticiens férus de culture générale»[33]. La caractérisation masculine et occidentale de ces usagers porteurs d'innovation est plus ou moins implicite. Toutefois, le sociologue tient à souligner que cette communauté est hiérarchisée et très individualisée[34].

---

30   TCHEHOUALI Destiny, *Logiques d'usages et jeux d'acteurs sur les réseaux sociaux: Quels modèles d'innovation sur la plateforme collaborative Web2solidarité.org?,* intervention lors du Séminaire e-atlas sur la *«localisation de l'internet»*, à Bamako du 6 au 10 décembre 2009, p. 31.

31   Francis Pisani, *op. cit.*

32   DE RUDDER Véronique, «"Exclusion", "Racisation", "Racisme institutionnel", "Racisme systémique", "Racisme symbolique", "Racisme voilé"», *Pluriel-Recherches: Vocabulaire historique et critique des relations interethniques,* VI-VII, Paris, L'Harmattan, 1999-2000, 150 p.

33   Dominique Cardon, 2006, *op. cit.*

34   *Ibidem.*

Plus intéressée par l'approche par le territoire, Gulum Sener fait remarquer, dans le cadre de son étude des usages des réseaux sociaux par les jeunes Turcs, que ces réseaux sont à l'origine de nouvelles formes de socialisation pour les usagers, médiatisant leur privé sur un espace public et que «les frontières entre le public et le privé deviennent de plus en plus floues dans la vie sociale»[35]. Elle rejoint les analyses de Dominique Cardon sur l'existence d'un «clair obscur» entre «canal privé et canal public»[36]. Elle différencie les usages des réseaux sociaux selon les environnements culturels :

> «*Les étudiants français utilisent Facebook pour rester en contact avec leurs amis ou bien rénover les anciennes relations et ils ne veulent pas s'engager dans les groupes ni utiliser les applications pour le divertissement. Au Japon, Facebook n'est pas parmi les réseaux électroniques préférés, parce qu'il n'est pas considéré comme "fiable" par les jeunes tandis qu'au Mexique, le réseautage social permet de rester en contact avec les amis, rencontrer de nouveaux amis et trouver des copains.*»[37]

En fait, ce Web2.0 ne serait pas fait pour les femmes et leurs organisations, «trop informatique», «trop cher» – disent quelques-uns de mes interlocuteurs – idée qui alimente l'argumentation essentialiste selon laquelle la seule différence biologique entre féminin et masculin explique que les femmes ne seraient pas très portées sur les sciences et techniques mais plutôt sur la gestion de la vie quotidienne, les relations sociales… Cette idée entérine également la pauvreté des femmes dans leur globalité, comme intrinsèque à leur situation générale.

Mon dépit est grand. Les conceptions plutôt positives de l'innovation par les usages, de l'appropriation par des usagers du «bas», de rupture, d'imaginaire, de participation, développées par les chercheurs du domaine sont plutôt déconnectées d'une analyse critique des politiques publiques et des modes et lieux de prise de décision.

---

35   SENER Gulum, *La communauté et l'individu dans les réseaux sociaux sur l'Internet : L'usage de Facebook par les jeunes en Turquie*, contribution présentée lors du Symposium Netsuds2009, 2009, p. 1.

36   CARDON Dominique, entrevue accordée au journal *Le Monde*, le 14 octobre 2010, sous le titre «Les réseaux sociaux créent des relations en pointillé», <http://www.lemonde.fr/technologies/article/2009/10/15/les-reseaux-sociaux-creent-relations-en-pointille_1253954_651865.html>, consulté le 21 octobre 2015.

37   Gulum Sener, *op. cit.*, p. 2.

Elles ne donnent pas à penser qu'elles sont reproductibles ni comment, comme si ces usages incarnaient des générations spontanées de pratiques, militantes collectives ou individuelles. Elles ne proposent pas de caractérisation de genre, de classe, de «race». Aussi ces conceptions participent de la dépolitisation du débat qu'elles portent fondamentalement. Elles révèlent une forme d'infantilisme politique[38] : l'analyse critique de l'appropriation par les usages des TIC n'a pas atteint la maturité nécessaire à une déconstruction des systèmes de relations de pouvoir et de subalternité en jeu, elle-même indispensable à une projection politique individuelle et collective. Cet infantilisme est induit par une croyance dans une «révolution numérique» qui serait une conséquence de l'*habitus* masculin. Les sociologues de l'innovation par les TIC sont eux-mêmes *victimes* de leur rôle social de sexe. Ces conceptions aveugles aux rapports de domination participent à la construction d'une a-sexuation d'une société numérique qui ne sait pas gérer ses dérèglements et contradictions multiples (politiques, économiques, sociaux, épistémiques). Ces conceptions sont en train d'organiser un comportement de fuite qui fait à la fois la force de ses instigateurs mais pourrait nuire à la formulation d'alternatives existantes mais non visibles ou rendues visibles. Elles sont réductrices, aveugles au genre et occidentalocentrées d'autant qu'elles ont été émises bien avant la progression massive de l'usage de ces réseaux par les technologies mobiles.

Judy Wajcman situe cette absence de questionnements sur les rapports de domination au sein de la communauté des chercheurs de la sociologie par l'innovation et des usages sociaux des TIC en amont des études postulant l'interpénétration de la technique et de la société[39]. Josette Jouët évoque quant à elle une sexualisation des machines : le téléphone portable par exemple serait féminin et l'informatique masculine[40]. Donna Haraway pense à propos des TIC, qu'elle qualifie d'outils, et des relations qu'ils instaurent, qu'ils peuvent égale-

---

38   BENASAYAG Miguel & AUBENAS Florence, *Résister, c'est créer*, Paris, La Découverte, coll. Sur le vif, 2008, 126 p.

39   WAJCMAN Judy, «La construction mutuelle des techniques et du genre : l'état des recherches en sociologie», *in* CHABAUD-RYCHTER D. & GARDEY D. (dir.), *L'engendrement des choses. Des hommes, des femmes et des techniques*, Paris, Archives contemporaines, 2002, p. 51-70.

40   Josiane Jouët, *op. cit.*

ment créer des mythes. Les frontières entre outils des TIC et mythes s'estompent :

> *« Ces outils incarnent et mettent en vigueur de nouvelles relations sociales pour les femmes dans le monde. On peut en partie comprendre les technologies et les discours scientifiques comme des formalisations, c'est-à-dire comme des moments gelés, des interactions sociales fluides les constituant, mais on pourrait aussi les voir comme des instruments pour mettre en vigueur les sens. La frontière qui sépare l'outil du mythe, l'instrument du concept, les systèmes historiques des relations sociales des anatomies historiques de corps possibles, les objets du savoir inclus, est perméable. En effet, le mythe et l'outil se désignent mutuellement. »*[41]

Interroger cette hypothèse sur la perméabilité entre outils et mythes s'avère particulièrement pertinent à l'échelle de l'Afrique. En effet, comment s'adapter, déplacer, détourner, étendre des usages dits sociaux, quand le sujet, l'usager, est socialement, politiquement, économiquement, culturellement éloigné, de son plein gré ou involontairement, de l'apprentissage ou de l'approche technique, de leur intégration dans la vie quotidienne et des processus de discussions des politiques publiques ? Ou encore, peut-on créer et développer des usages sociaux des TIC quand on vit une exacerbation des rapports de domination ? Si oui, lesquels ? Comment sont-ils caractérisés ? En quoi existe-t-il des similitudes et des singularités avec les usagers ne vivant pas dans le même environnement ? Comment la majorité des femmes d'Afrique peuvent-elles être ou devenir des usagères sociales des TIC et comment sont-elles à même de créer des usages innovants ? Comment et quand peuvent-elles se créer un « soi » ? Quelles sont les formes sous lesquelles il s'exprime ? Les réponses à l'ensemble de ces questions sont peu documentées[42].

---

41   HARAWAY Donna, « Le manifeste cyborg : la science, la technologie et le féminisme-socialiste vers la fin du XXe siècle », *Multitudes* Futur Antérieur, XII-XIII (4-5), 1992, p. 12-13.

42   Il y a peu d'études comparatives des usages des TIC par les femmes dans les deux pays, voire entre pays francophones et anglophones. Il existe davantage des études sur les uns et sur les autres. Concernant les usages des organisations, les études ne visent pas principalement les impacts en termes de transformation sociale ou politique des usages des TIC et sont davantage ciblées rapports aux médias, relations des médias aux questions de violence, méthodologie de projet par les usages des TIC, aptitudes à réseautage à travers les TIC, etc. (Genderlinks 2014,

Cette faiblesse confirme l'écart de perception des objets, le «Web», la «révolution numérique», les «réseaux sociaux», la «société de l'information», entre les chercheurs et les organisations de femmes ou féministes. Il est grand. D'un côté, en quoi et pourquoi ces objets de recherche ne sortent-ils pas du monde de la recherche? Et de l'autre côté, pourquoi ne sont-ils pas appropriés par les acteurs que leurs concepteurs disent décrire ou viser? Comment, après dix ans, se justifie cet écart? Apparaît un *vacuum* entre projection masculine occidentale – qui se donne l'universalité pour vocation et réalité – et matérialité féminine subalterne ou périphérique. La colonialité du pouvoir, qu'alimente la société numérique colonialitaire, se révèle alors au niveau théorique.

L'analyse de cette société, du système qui la meut, telle qu'elle est proposée par la majorité des sociologues de l'innovation par les usages sociaux des TIC, alimente elle-même les facteurs de cette colonialité. En ne s'intéressant qu'à des usages qui sont davantage prescrits ou fantasmés que reflétant une réalité ethnologique ou sociologique, cette analyse reproduit des schèmes de classe, de «race» et de genre. Elle assimile les rapports de domination desquels la «société de l'information», son objet, n'est pas neutre et épargnée. Un tel aveuglement mérite qu'on s'interroge sur ce que pourraient révéler des usages innovants des TIC émanant de populations invisibilisées ou marginalisées, intégrant une *analyse située*, c'est-à-dire prenant en compte le genre, la classe, la «race», l'âge, l'environnement, l'histoire... de chacun des individus[43].

LE MOUVEMENT DU LIBRE : UNE FAILLE DANS L'INNOVATION PAR LES TIC

L'aveuglement de genre des sociologues de l'innovation par les TIC est à mettre en relation avec l'*absence technologique* des organisations de femmes ou féministes. Beaucoup de féministes ont su utiliser les TIC dans l'expression d'alternatives et de résistances, mais les femmes et leurs organisations sont généralement absentes des débats

Isis Wicce 2010, APC 2014).

43   HARDING Sandra, *Whose Science? Whose Knowledge? Thinking from Women's Lives,* New York, Cornell University Press, Ithaca, 1991, 319 p.

et actions qui traversent la question de l'appropriation citoyenne des TIC. La majorité des femmes ne participent pas de l'élaboration «des règles, des structures, des standards et des outils de nouvelles technologies»[44]. La cartographie des femmes dans le seul mouvement des logiciels libres, aussi appelé «mouvement du libre», en atteste. Sur cent développeurs informatiques de logiciels libres, seuls deux sont des femmes[45]. Aurélie Chaumat ne dément pas ce constat en affirmant que ce mouvement est masculin[46]. Laurence Rassel indique que seuls 1,1% des développeurs du libre sont des femmes – alors qu'elles sont 28% dans le développement du logiciel propriétaire – et mentionne à cet effet l'enquête européenne FLOSS[47], menée conjointement en 2002 par l'*International Institute of Infonomics* de l'université de Maastricht aux Pays-Bas et la société d'analyse allemande *Berlecon Research*. Dans le mouvement du libre, seuls 30% des hommes sont conscients de discriminations en leur sein à l'égard des femmes, alors que 80% des femmes disent les ressentir. La cyberféministe belge confirme que cet environnement se traduit «sous forme de blagues sexistes sur l'incompétence des femmes face aux ordinateurs, de drague répétée, d'approche stéréotypée de leurs compétences»[48] et cite le témoignage d'une femme enquêtée: «en tant que femme, tu dois pouvoir régler les conflits, prendre soin des autres ou pouvoir choisir ton nouveau t-shirt»[49].

Le monde du «libre» connaît des comportements très peu distincts de ceux du monde du «non libre» et des représentations identiques. Dans une enquête menée en 2005 à l'Université de Lyon-I auprès de

---

44   RAMILO Chat Garcia, «Beyond tools: Technology as a feminist agenda, in Women's Rights and Development Magazine», *The Association for Women's Rights in Development*, 2006.

45   aKa, *Les femmes et le logiciel libre*, Framablog, 2008, <http://www.framablog.org/index.php/post/2008/10/21/femmes-et-logiciels-libres>, consulté le 21 octobre 2015.

46   CHAUMAT Aurélie, *Les femmes et les logiciels libres. Situation, Analyse, Propositions*, Roumics, Lille, 2007, <http://www.roumics.com/IMG/pdf/Roumics-femmes-LL.pdf>, consulté le 21 octobre 2015.

47   Rishab A. Ghosh & alii, *op. cit.*

48   RASSEL Laurence, «Femmes et logiciels libres: un enjeu de société», *ada*, 2006, <http://www.ada-online.org/frada/spipd54e.html?article300>, consulté le 26 octobre 2015.

49   *Ibidem.*

360 étudiants de première année de licence de sciences interrogés sur leur représentation des métiers des TIC, Isabelle Collet révèle que l'informatique, et particulièrement la programmation, est considérée comme étant un métier masculin. Les informaticiens sont d'ailleurs décrits comme des «hommes, peu sportifs et peu attentifs à leur apparence, plus à l'aise avec des machines qu'avec des êtres humains»[50].

Laurence Rassel insiste sur le fait que, implicitement, ce monde informatique est toléré comme masculin. Les promoteurs idéologiques des logiciels libres parlent pourtant sans équivoque de «réel impact libérateur pour toute la société»[51], sous-entendu tous genres confondus. Les militants de ce mouvement pensent que «tout ce qui limite l'accès au code source des programmes va limiter la diffusion de la connaissance, privatiser les contenus (avec les dangers que cela peut représenter pour les individus, mais aussi les structures publiques, des universités aux États), brider la créativité»[52]. Hervé Le Crosnier précise que le mouvement des logiciels libres représente une «révolution sociale» au sein d'un environnement hostile, «balisé par les entreprises». Il parle de «basculement des pouvoirs» qui ouvre un «espoir». Il admet toutefois que cette révolution est «fragile» et peut être l'objet de récupération. Il ajoute: «Cet *empowerment* doit beaucoup au mouvement féministe (même si paradoxalement il y a peu de femmes et qu'elles sont souvent traitées avec dédain parmi les activistes du logiciel libre)»[53].

Pour y avoir participé, je peux témoigner que cette absence des femmes ou le mépris qui leur est réservé au sein du mouvement du libre est liée à une forme de tolérance et de reproduction implicites des rapports de domination existants par ses promoteurs: majoritairement des jeunes hommes blancs occidentaux de classe moyenne[54].

---

50   COLLET Isabelle, «L'informatique a-t-elle un sexe? Hackers, mythes et réalités», *Le Monde diplomatique*, juin 2007, (édition initiale 2006, Paris, L'Harmattan), <http://www.monde-diplomatique.fr/2007/06/COLLET/14834>, consulté le 26 octobre 2015.

51   LE CROSNIER Hervé, *Leçons d'émancipation: l'exemple du mouvement des logiciels libres*, Paris, Attac, 2009, <http://www.france.attac.org/spip.php?article9864>, consulté le 26 octobre 2015.

52   *Ibidem.*

53   *Ibidem.*

54   Rishab A. Ghosh, *op. cit.*, p. 9-19.

Aussi, compte-tenu de l'analyse faite à propos de la captation épistémique qu'opère la société numérique colonialitaire, il me parait davantage pertinent de choisir dans la théorie féministe ce qui fait référence à la subversion des modèles dominants et à la subjectivation des acteurs des mouvements plutôt qu'à l'*empowerment* des femmes en tant qu'«objets»[55], terme qui leur «interdit de revendiquer le statut de "sujet de droit" autonome»[56]. D'ailleurs, certaines développeuses informatiques des logiciels libres s'emploient à réfléchir à la socialisation de l'informatique, en créant notamment des lieux d'apprentissage collectif, s'adressant uniquement à des femmes, à des échelles locale ou internationale. Laurence Rassel indique des groupes tels que les *Linuxchix*, les *Gender Changer* ou le *Debian Women project*[57]. Toutes ces initiatives sont localisées en Amérique du Nord ou en Europe de l'Ouest[58].

Ce qu'on pourrait qualifier d'alternatives reste néanmoins épars. On remarque des quiproquos ou des zones d'étanchéité, qui montrent à quel point les mouvements sont compartimentés. L'interpénétration entre les mouvements est rare et peu productive pour ne pas dire antagonique. Les mouvements sociaux[59], qui incluent les mouvements de femmes ou féministes[60], le mouvement altermondialiste[61] et

---

55   Je ne développerai pas ici la différenciation faite entre subjectivation et «*empowerment*», deux concepts qui font débat au sein de la théorie féministe. Je m'attache davantage à soutenir l'idée selon laquelle des objets dominés peuvent être – et non devenir – des sujets, auteurs, porteurs de subversion, entendue comme renversement des valeurs et principes d'un système en place.

56   LOUIS Marie-Victoire, «Pékin plus 5. Des régressions, encore des régressions… », *Politis* n° 623, 2000, p. 34-35.

57   *Linuxchix*, <http://www.linuxchix.org>, *Gender Changers*, <http://www.genderchangers.org>, *Debian Women Project*, <http://women.alioth.debian.org/>, consulté le 21 octobre 2015.

58   Ces études ne couvrent pas l'Afrique, où ce monde du libre est encore plus réduit et continent pour lequel ces informations ne soient pas produites.

59   NEVEU Éric, *Sociologie des mouvements sociaux*, Paris, La Découverte, 1996, 126 p.

60   HIRATA Helena & alii (dir.), *Dictionnaire critique du féminisme*, Paris, PUF, 2000 (2e édition augmentée 2004), 315 p.

61   SOMMIER Isabelle, FILLIEULE Olivier & AGRIKOLIANSKY Éric, *Généalogie des mouvements altermondialistes en Europe : une perspective comparée*, Paris, Karthala, 2008, 300 p.

plus encore les mouvements du libre et de l'appropriation citoyenne des TIC[62] sont cloisonnés. Depuis sa création, le mouvement du libre s'inscrit dans le combat contre la brevétisation du vivant, contre la privatisation du commun, pour la collectivisation des savoirs et la promotion de l'intérêt collectif, et s'articule souvent avec les luttes des mouvements ouvriers, des sans terre, altermondialistes… au détriment de celles des mouvements de femmes ou féministes[63]. Ce cloisonnement entre mouvements remonte aux histoires respectives desdits mouvements, confrontés à leur institutionnalisation[64], et en particulier à celle de l'écologie politique, de la théorie du bien commun, des TIC, du genre, ou aux guerres de libération nationale.

Ce constat est d'ailleurs étayé par la relation de mes interlocuteurs, tant sud-africains que sénégalais, au mouvement du libre et à son outillage, c'est-à-dire tous les outils logiciels que ce mouvement revendique de mettre à disposition du plus grand nombre. Très rares sont ceux qui utilisent les logiciels libres. Dans leur grande majorité, ils ne connaissent pas l'existence d'un «mouvement du libre», de surcroît international. Ils en maîtrisent encore moins les objectifs et les résultats obtenus en termes de mobilisation sociale. D'ailleurs, lors de notre entretien et pour chacun des interlocuteurs qui a dit ne pas connaître ce qu'étaient ces logiciels libres, j'ai été amenée à expliquer ce que ces logiciels représentent moins au niveau technique qu'aux niveaux éthique, social, économique et politique. Cette explication a montré que mes interlocuteurs souhaitent en savoir plus. Rejoignant mes conclusions, Fatimata Sy associe spontanément méconnais-

---

62   PROULX Serge, *Qu'est-ce que le Web 2.0? Comment on fait la différence avec le Web 1.0?* Entrevue avec Corinne Fréchette-Lessard, Montréal, 29 octobre 2006, <http://www.a-brest.net/article2883.html>, consulté le 26 octobre 2015; Dominique Cardon, 2006, *op. cit.*; CARDON Dominique, «Le design de la visibilité: un essai de typologie du web 2.0», *internet Actu.net*, 2008, <http://www.internetactu.net/2008/02/01/le-design-de-la-visibilite-un-essai-de-typologie-du-web-20/>, consulté le 21 février 2011; Dominique Cardon, 2009, *op. cit.*; Dominique Cardon, 2010, *op. cit.*

63   PALMIERI Joelle, «Écrire pour vivre», Les Pénélopes, 2002, <http://veill.es/www.penelopes.org/article-2206.html>, consulté le 5 octobre 2015.

64   GUAY Louis & *alii* (dir.), *Mouvements sociaux et changements institutionnels. L'action collective à l'ère de la mondialisation*, Sainte-Foy, Presses de l'Université du Québec, 2005, 420 p.

sance des logiciels libres et existence des élites. Les autres admettent volontiers leur ignorance. Madjiguéne Cissé comme Binta Sarr disent qu'elles en ont «entendu parler» mais la première ne sait pas «où aller» pour se les procurer et la deuxième explique que dans son organisation «des gens plus avancés que moi les utilisent». Elle ne s'estime «pas très compétente dans le domaine du Net» mais exprime son envie d'utiliser ces logiciels. De fait, elle fait le lien entre les logiciels libres et l'Internet, ce qui mérite d'être souligné. D'autres interlocuteurs ne font pas la distinction entre logiciels libres et *«shareware»*, à cause de la notion de gratuité[65]. Fatou Sarr Sow préfère s'inscrire dans la légalité et explique que son organisation a un budget pour acheter les licences des logiciels propriétaires. Elle oppose donc logiciels libres et légalité.

Globalement, parmi mes interlocuteurs, ceux qui connaissent les logiciels libres sont des professionnels des TIC au sens large (incluant le milieu de la recherche). Pour autant, les avis sont partagés. Fatimata Seye Sylla dit utiliser les logiciels libres parce que pendant ce temps-là elle n'a pas «l'impression d'être espionnée», ni de «faire quelque chose d'illégal» tout en «faisant profiter beaucoup d'autres» de leurs vertus. Implicitement, elle associe le partage des moyens qu'elle possède à des risques pour elle-même. Olivier Sagna dit «être un fervent partisan des logiciels libres» mais qu'en termes d'utilisation, il n'est «pas forcément un modèle». Bien qu'ayant installé *Linux*[66] sur ses ordinateurs, parce qu'il «en a marre de *Windows* et des problèmes de virus, de mises à jour des vieilles versions», il doit se «battre pour que ce soit un peu opérationnel». Il constate que «c'est quand-même plus compliqué, encore moins convivial que *Windows* qui n'est pas un exemple en la matière». Par ailleurs, il témoigne des limites du système car «on ne peut pas utiliser *Linux* à l'université, dans l'administration». D'ailleurs beaucoup évoquent *Microsoft*, comme incontournable, car «plus facile» ou «plus compatible avec l'ensemble des

---

65   La notion de gratuité est équivoque en anglais, *«free»* (libre) voulant également dire gratuit.

66   Système d'exploitation des ordinateurs qui n'est pas sous licence (à distinguer de *Windows* de *Microsoft* ou de *Mac Os* de *Apple* par exemple qui sont propriétaires, c'est-à-dire qui sont vendus avec les ordinateurs et dont les codes sources restent la propriété d'*Apple* et de *Microsoft*). Ce système a été inventé en 1991 dans la foulée du projet GNU.

autres organisations», voire «ayant imprimé [sa] philosophie dans la tête des gens», insiste Rowayda Halim. Certains témoignent également un a priori négatif concernant ce qui est gratuit qui consisterait à penser que gratuité rime avec mauvaise qualité.

Olivier Sagna ajoute que l'utilisation des logiciels libres demande «une certaine éducation, de l'auto-apprentissage, ce qui n'est pas forcément facile». Anne-Marie Cote se lance dans un long argumentaire en défaveur des logiciels libres, qui la rendent trop dépendante, notamment des développeurs de sites Web qui lui imposent des rapports de force qu'elle ne souhaite pas, et dont l'utilisation est trop compliquée – «on n'y comprend rien» – ou contraignante, «très lourde», parce qu'elle ne sait pas «comment les utiliser». Elle s'appuie pour cela sur la description dans le détail de plusieurs expériences professionnelles. Elle conclut qu'elle préfère «faire à l'ancienne», utiliser le HTML, «parce qu'au moins je ne me prendrai pas la tête». En effet, ces logiciels demandent à leurs potentiels utilisateurs un *effort* supplémentaire, en termes d'acquis de connaissances, qu'ils ne sont pas prêts à fournir, principalement faute de temps et sinon de soutien technique adapté. Les formations proposées en la matière sont présentées comme toutes payantes et cher. D'autres interlocuteurs ne se soucient pas d'installer ces logiciels. D'autres encore savent que «c'est mieux» mais ignorent pourquoi. Certains les utilisent, voire «encouragent d'autres organisations à prendre en compte ces alternatives», majoritairement parce qu'ils sont gratuits. Au Sénégal, Fatimata Seye Sylla, Olivier Sagna et Sylviane Diop, se considèrent comme faisant partie du mouvement du libre. Sylviane Diop, un peu plus de 50 ans, autodidacte, se définit comme chercheuse dans le domaine des usages et comportements liés aux outils numériques. Elle dirige le *Dak'art Lab*, une association sénégalaise dédiée à la création numérique et à la pratique artistique par les TIC et milite dans une association de réinsertion des enfants de la rue. Elle n'est pas particulièrement engagée sur les questions d'égalité de genre tout en en étant sensible. Dans les locaux du *Lab* à Dakar où elle me reçoit, elle est accompagnée de deux femmes, d'origine étrangère, qui travaillent avec elle. Toutes trois sont des âpres défenseuses du libre.

En Afrique du Sud, seule Sally Jean-Shackleton participe à la «journée du libre»[67], ce qu'elle considère comme une action mili-

---

67   La journée du libre est dédiée à la promotion des logiciels libres partout

tante. Fatimata Seye Sylla précise qu'elle est membre-fondatrice d'une organisation qui essaie de «promouvoir le développement du génie logiciel en Afrique». Elle critique les «logiciels propriétaires» pour lesquels «si on n'est pas vraiment professionnel, on ne sait pas réellement ce qui se passe derrière». Et elle met cette situation en perspective avec le continent africain qui devient dépendant des créateurs des logiciels, qui «les corrigent, reviennent et vous le revendent», ce dont l'Afrique n'a pas les moyens. Elle souhaite que l'Afrique se munisse «de l'expertise en matière de logiciels, des gens qui puissent créer, des gens qui puissent adapter ce qui existe déjà». Olivier Sagna promeut, au sein du mouvement, «l'accès libre à l'information à travers les licences alternatives, comme les *Creative Commons*[68], l'information comme bien commun universel». Il évoque également la formation dans ce mouvement «qui facilite le développement de l'épanouissement, de la recherche, de la société, dans tous les pays du Tiers-Monde qui aujourd'hui font des miracles en termes de recherche scientifique, ce qui permet également de développer du travail de traduction dans des langues maternelles, et facilite la structuration de la culture scientifique dans les sociétés». D'ailleurs, il insiste sur ce dernier point, la langue structurant la pensée : «tout ce qui est scientifique peut apparaître comme étranger à sa société» tant qu'il n'est pas dans la langue maternelle.

Sylviane Diop fait partie du mouvement du libre «parce que c'est bien» :

> *«Il y a la réponse économique, qui est qu'un outil libre, on y a effectivement accès. Ensuite si on est simple utilisateur, on n'est pas en défaut, en volant une licence, ou quand on commence à être utilisateur moins basique, ce sont des outils extrêmement performants, ce sont aussi des outils qu'on peut développer pour soi, individuellement, pour aller plus loin».*

Elle se lance dans une critique virulente des accords passés entre les États du «Sud» et *Microsoft*, qui font que «en fournissant des écoles avec des outils, des machines, [*Microsoft*] fabrique très jeunes,

---

dans le monde. Elle a lieu un ou deux jours en octobre de chaque année.

68   Association à but non lucratif proposant gratuitement des contrats flexibles de droit d'auteur qui permettent de diffuser ses créations et permettre à d'autres de les utiliser selon les conditions de l'association.

des consommateurs passifs qui ne vont jamais savoir comment ça fonctionne, qu'est-ce que ça apporte» et qui vont les utiliser «pour être rentables, pour délivrer un travail, juste pour s'abrutir». Elle rejoint le point de vue de Fatimata Seye Sylla sur la nécessité de créer ses propres outils, ce qui est «d'un grand apport dans un développement personnel».

Dans les deux pays, le mouvement du libre et ses outils divisent et créent quatre communautés d'acteurs : ceux qui savent utiliser les logiciels libres, s'identifient et revendiquent leur appartenance au mouvement dont ils sont issus – à noter que peu disent représenter des organisations de femmes ou féministes –, ceux qui les connaissent mais récusent l'arbitraire ou l'arrogance de leurs créateurs, ceux qui en ont entendu parler mais se sentent impuissants et ceux qui ne les connaissent pas. La «révolution» dont il est souvent fait mention dans la théorie et dans la pratique des usages sociaux des TIC n'est donc pas au rendez-vous pour tout le monde et en particulier pour les organisations de femmes ou féministes.

Plus globalement, en n'opérant pas de différenciation de genre, de classe, de «race», d'identité sexuelle, d'âge, quand il évoque notamment les «cybercitoyens», en intégrant en son sein des discriminations de genre, en ne pensant pas l'intérêt d'une alliance stratégique avec les mouvements féministes, le mouvement des logiciels libres démontre une faiblesse stratégique globale vis-à-vis des tenants de la «société de l'information» qu'il critique. En passant à côté d'une approche sociologique des concepts qu'il défend et en échouant à produire une analyse genrée du système qu'il dénonce (propriétaire), il s'aligne avec la vision des promoteurs de ce système. Par son obstination à ne pas prendre en compte les rapports de domination dans leur globalité, il rivalise à égalité, mais sans avoir les mêmes moyens économiques, sociaux et culturels, avec les sociétés privées qui développent des logiciels propriétaires ou autres techniques qui répondent de façon ciblée aux besoins des populations. Les administrateurs de ces entreprises ont en effet adopté une *stratégie pragmatique :* mise à disposition d'outils simples dans un environnement marchand fortement lucratif à l'échelle mondiale. Ils s'en trouvent populaires, ce qui n'est pas le cas des militants du mouvement du libre. En fait, cet exemple du mouvement du libre permet de mesurer tant le cloisonnement des mouvements que l'échec essuyé par ces promoteurs d'usages citoyens des TIC vis-à-vis des dominants dans le secteur. Cet échec et ses raisons (notamment l'aveuglement de genre) révèlent leur incapacité non pas à développer des technologies innovantes mais à contrecarrer une hégémonie épistémique portée par la société numérique colonialitaire. Cette incapacité se mesure à l'aune de leur faible pénétration auprès des populations de la «base». Les militants de l'appropriation citoyenne des usages des TIC pèchent par leur rhétorique notamment développée à propos de la privatisation des biens communs ou du déficit de démocratie, car leurs produits s'adressent de fait à une élite. La démocratisation souhaitée de l'informatique n'est pas au rendez-vous, ce qui fait contradiction.

Ce biais politique confirme la nécessité de déconstruire les liens entre :

- les contextes économiques global et local et les fondements économiques et financiers des sociétés contemporaines, leurs communs inégalitaires en termes de genre,
- les influences épistémiques des données véhiculées par les TIC sur les formes de résistance déployées par les équipes dirigeantes des États et leurs impacts différenciés de genre,
- la mystification des outils des TIC comme lieu d'émancipation versus espace de dépolitisation du développement, renforçant de surcroît la division sexuelle du travail,
- les discriminations de genre au sein du secteur des TIC, les institutionnalisations conjointes des politiques des TIC et du genre et les nouvelles violences de genre résultant de l'enchevêtrement de l'ensemble de ces phénomènes.

La mise en exergue de ces liens et de leurs interactions permanentes permet de les révéler comme constitutifs et consubstantiels de l'équilibre précaire de la société numérique colonialitaire. Elle permet également de mieux appréhender la distorsion entre réel et virtuel, au quotidien, voire d'identifier des paradoxes liés à cette précarité.

LA SURENCHÈRE INSTITUTIONNELLE DE GENRE DE LA SOCIÉTÉ NUMÉRIQUE COLONIALITAIRE

Afin de gérer ses déséquilibres et dysfonctionnements, la société numérique colonialitaire réserve aux femmes de la «base» en Afrique un rôle de subalternes. La subalterne est exclue du cyberespace, alors qu'elle le vertèbre, en assure ses fondations. Elle n'a toujours pas, ou encore moins, la parole. Son invisibilité sociale est renforcée. Mon intention est désormais d'établir à quel point les institutionnalisations croisées du genre et des TIC accroissent cette subalternité.

D'une part, l'analyse de l'institutionnalisation du genre, qui impose une dialectique des droits (des femmes), inhibant une dialectique de leurs modes de mobilisation[69], nous conduit à la conclusion que le recadrage permanent et concerté qu'imposent ses opérateurs nationaux et internationaux induit un séparatisme hommes/femmes. Ce séparatisme est d'autant plus accentué dans la société numérique colonialitaire que toutes les attentions, qu'elles soient institutionnelles avec la lutte contre la «fracture numérique de genre», ou de la part d'ONG avec le plaidoyer politique contre les discriminations de genre dans les TIC, convergent vers la diffusion et la tolérance, voire l'adoption, d'une identité de femmes qui seraient acculées à la gestion immédiate de l'urgence, à l'organisation de la survie, à la seule gestion de la vie quotidienne, le tout à un niveau de proximité plutôt que global.

D'autre part, l'institutionnalisation des TIC installe la société numérique colonialitaire dans une période après les indépendances, au cœur de la signature de la Plateforme de Pékin et se dénoue dans un environnement de mondialisation contemporaine, qui se caractérise par une surenchère, une accélération, un excès d'échanges qui sont économiques, financiers, humains ou informationnels[70]. Aussi, les usages des TIC, hiérarchisés, verticaux, subordonnants, créent des rapports de dépendance et de domination. Nouveaux. On distingue clairement le lien entre l'institutionnalisation des TIC, le rôle des politiques de TIC et plus généralement l'occidentalisation des usages des TIC. En participant du système croissant de vision par le haut de la participation politique, notamment des femmes, de plus prises comme un tout homogène, dans un contexte d'accélération des échanges et de prolifération d'informations sous toutes leurs

---

69   OBERSHALL Anthony, *Social Conflict and Social Movements*, Englewood *Cliffs*, New Jersey, Prentice-Hall, 1973, 371 p., p. 118-124.

70   BESSIS Raphaël, *Dialogue avec Marc Augé. Autour d'une anthropologie de la mondialisation*, Paris, L'Harmattan, 2004, 150 p.

formes, la mondialisation occidentalisée et numérique entraine les organisations de femmes ou féministes à encore davantage prioriser leurs choix d'action politique selon des critères financiers, institution-nels mais aussi étatiques.

Plus précisément, les politiques de TIC différencient les relations sociales selon les genres et creusent les identités sexuelles. La mise en exergue des inégalités et identités de genre est désormais liée aux TIC. Ignorer ce lien structurel entre genre et TIC c'est participer à la dépolitisation des luttes féministes. En *dégroupant* virtuel et réel, genre et TIC, les organisations de femmes ou féministes alimentent de fait le système de hiérarchisation de l'action politique et de subalternité des femmes de la périphérie.

Éloge de l'instant

La libération des savoirs des subalternes : vers un modèle transgressif ?

Les concepts de communication, information, média, usages des TIC, « société de l'information » sont globalement mal maîtrisés par les organisations de femmes ou féministes. Il existe de plus un cloisonnement des mouvements qui organise le repli sur la gestion immédiate et nationale de l'urgence pour ces organisations. Paradoxalement, l'ensemble de ces divisions du travail et espaces de connaissance sur le terrain du réel génère sur le terrain du virtuel des initiatives éparses, en contradiction avec la logique hégémonique voulue par la société numérique colonialitaire. Ces alternatives créent un nouveau paradigme des usages des TIC. En privilégiant la prise de parole et la visibilité de la pensée des subalternes, ces actions se soustraient à un contexte mondialisé qui réclame réactivité, surenchère, immédiateté. Ce qui compte est ce qui est peut changer socialement, avec ou sans les usages *directs* des TIC. Ce mode de communication ouvre des espaces de différence, libère des savoirs invisibles, et, dans le contexte africain dit « en crise », produit un anachronisme, sinon de la transgression.

COMMUNIQUER : DE L'INDIFFÉRENCE À LA CRÉATIVITÉ

En Afrique du Sud et au Sénégal, la séparation généralement observée entre activités politiques des organisations de femmes ou féministes et activités de communication sur ces activités rejoint le fait que la majorité de mes interlocuteurs sont bien en mal de définir la différence entre communication, information et média. Les trois concepts apparaissent synonymes ou leur distinction importe peu. La grande majorité d'entre eux ne s'intéresse pas à faire la distinction entre le domaine de l'information et la « société de l'information ». Ces organisations ont une vision plus globale qu'analytique du sujet abordé. Elles parlent volontiers des structures, des messages véhiculés au détriment du système que les techniques (audiovisuel, presse écrite…) et les TIC ont contribué à développer.

Des interrogations continuent pourtant à être exprimées par mes interlocuteurs concernant la situation politique, économique, informationnelle et sociale des sociétés sud-africaine et sénégalaise. Les conclusions qui en sont le plus souvent tirées ne sont pas prolongées selon la même perspective en matière de pratiques et usages des TIC. Par exemple, le développement des infrastructures de TIC n'aurait pas d'incidence sur l'augmentation de la pauvreté et des violences sexuelles, et inversement l'aggravation de la pauvreté et la prolifération de ces violences n'influeraient pas l'appropriation citoyenne des TIC. Il y a bien transfert virtuel de richesses, accéléré de surcroît, mais son incidence sur la vie réelle n'est vue qu'à sens unique et qu'en termes d'outillage, accessible ou non. La représentation d'une stratégie concertée des organisations internationales avec l'assentiment des États et du secteur privé de développement des TIC qui interférerait sur la liberté, notamment épistémique – hiérarchisée de savoirs –, des organisations de femmes ou féministes, est inexistante.

Par ailleurs, les notions d'accès, de capacité, de contenu, de contrôle, de diffusion de l'information, sont interrogées par mes interlocuteurs, mais leurs représentations restent confuses. Ces notions sont le plus souvent abordées selon un angle opportun, ces cinq angles (accès, capacité, contenu, contrôle, diffusion) étant tour à tour employés selon la situation et l'engagement de l'organisation sur la scène politique à un moment «t». Cette approche des différents angles dénote une méconnaissance, voire une ignorance confirmée des travaux menés dans le domaine ne serait-ce qu'au niveau continental. Pourtant, par exemple, l'étude relative à l'indicateur des 4C[1], qui permet de mesurer les incidences différenciées de quatre de ces cinq angles sur la «fracture numérique de genre» et met l'accent sur les impacts particuliers du manque de contrôle et de la faiblesse de production de contenus par les femmes africaines, est disponible gratuitement en ligne, en français et en anglais. Ce vide informationnel traduit un déficit de communication au niveau continental, mais aussi national, entre organisations, puisque l'étude a été produite par une organisation spécialiste en «Genre et TIC» au Sénégal et qu'elle a été traduite en anglais par son homologue en Afrique du Sud. Ce déficit est d'autant plus frappant dans le circuit fermé des organisations qui travaillent sur le genre parce qu'il révèle tant des divisions que des divergences d'intérêt et d'objets de lutte.

---

1   ENDA, «Fracture numérique de genre en Afrique francophone: une inquiétante réalité», *op. cit.*, p. 36.

Cette situation, sans doute liée à la faiblesse de la communication de l'organisation qui a créé l'indicateur, met en exergue le fait que les organisations sont peu connectées entre elles et en particulier qu'elles n'ont pas nécessairement pour objectif de connaître les actions publiques des autres. La volonté d'interaction entre les organisations est peu présente et cet état de fait se perçoit aisément sur le terrain des TIC. Se distingue une position de *monopole épistémique* installé par les organisations spécialistes en «Genre et TIC», situation souvent dénoncée, parfois de façon aiguë, par certains de mes interlocuteurs qui ne travaillent pas dans le domaine. Paradoxalement l'existence des outils des TIC n'a pas changé la donne, tout en ayant parfois créé des opportunités d'échange, de mutualisation de moyens, d'auto-formation…

Aussi, quelques-uns de mes interlocuteurs pensent que les TIC représentent des solutions pour partager des pratiques ou points de vue, mais ils s'arrêtent immédiatement aux frontières, essentiellement financières, de l'accès et des moyens à surmonter. Ils s'ancrent également très clairement aux frontières nationales. La communication avec l'extérieur est mentionnée, surtout en ce qui concerne les bailleurs, ce qui corrobore un sentiment d'isolement vis-à-vis d'autres mouvements ou organisations du même type. Peu imaginent des modes de reconditionnement multiples de l'information, depuis sa source jusqu'à ses cibles, dans un sens comme dans un autre, où qu'elles soient. Par exemple, un texto émis par une femme rurale parlant *Xhosa* sur son expulsion, pourrait être diffusé oralement, de bouche à oreille ou par la radio, dite communautaire, voire par la télé communautaire ; un article écrit en anglais par une Ougandaise sur la création de coopératives agricoles, pourrait être lu, traduit, enregistré, reformaté ; un récit de femme noire urbaine des *townships* sur son épuisement à prendre en charge la violence quotidienne, pourrait être enregistré, pris en note, puis mis en ligne…

De fait, la différence de perception entre les spécialistes des TIC et les organisations de femmes ou féministes se fait nette. Les secondes ne voient pas les impacts de l'activité de rédaction, de collecte d'informations et de publication sur leurs pratiques quotidiennes, incluant l'action politique. Les premières ont globalement une vision par le haut qui consiste à «donner la parole» à celles qui ne l'ont pas, sans pour autant s'interroger sur leurs propres pratiques et actions. Il existe une zone d'étanchéité entre les deux types d'utilisateurs (spécialistes des TIC et les autres). Les compétences acquises en termes éditoriaux et techniques chez les uns ne sont pas transférés, capitalisés, partagés chez les autres. Cette situation aiguise le constat plus général sur l'étanchéité des mouvements. D'ailleurs, quand je l'interroge sur le choix de l'information à diffuser ou de sa production (qui écrit ?) selon différents canaux, la représentante de l'organisation spécialiste de « Genre et TIC » en Afrique du Sud assume pleinement sa position hégémonique, considérant que c'est son rôle d'assumer seule ce type de tâche à l'échelle nationale, sans plus de nuance.

On pourrait considérer que ces divisions s'étendent au sein d'autres mouvements sociaux, tels que les syndicats, les mouvements des « Sans » (papier, logement, terre…), le mouvement altermondialiste. Mais, l'accélération que les usages de TIC requièrent provoque un double impact auprès des organisations de femmes ou féministes : elle les confine davantage à la gestion de l'urgence dans l'immédiateté et les éloigne concomitamment des objectifs initiaux de l'organisation et, de plus, leur enjoint de rejoindre une forme superficielle ou institutionnelle de la communication. De plus, le fait d'être davantage confronté à la gestion de l'urgence ne coïncide pas avec le besoin de communiquer davantage, notamment en transformant les modèles de communication classique. Les usages et politiques de TIC finalisent alors un *enfermement* ou un choix stratégique de gestion rapide de questions qui sont considérées comme secondaires. Cet enfermement a tendance à transformer les actrices des organisations de femmes ou féministes africaines elles-mêmes en subalternes. En tant que telles, elles sont amenées à créer leurs espaces politiques, selon des formats non normés, répondant à des codes parfois éphémères, dont la durée de vie dépend de l'accélération dans laquelle elles sont désormais installées.

Ainsi, à la différence de leurs camarades des autres mouvements sociaux, elles sont politiquement et culturellement sollicitées, car socialement dédiées à la gestion de l'urgence au quotidien : éducation, santé, nutrition… Les dirigeants et promoteurs de ces mouvements, le plus souvent masculins, se trouvent davantage en position de choisir, collectivement et individuellement, leurs objets de lutte et d'intervention, comme par exemple l'humanitaire ou la revendication des droits économiques sociaux et culturels ou encore la demande de l'annulation de la dette. À ce titre, ils se trouvent en situation de recul ou *de distance* de l'urgence, ce qui n'est pas permis aux organisations de femmes ou féministes. Aussi, en matière de communication, ces dernières connaissent une confrontation entre virtuel et réel à la fois plus épineuse et créatrice de transformations politiques. Quoi qu'elles en disent ces organisations sont sollicitées en permanence de par leur fonction politique (d'accompagnement ou de radicalité). Si bien que, paradoxalement, les moyens à mettre en œuvre pour dépasser ce *conflit communicationnel* permanent appellent une réactivité et une créativité que n'ont pas nécessairement à assumer les mouvements sociaux classiques.

PRENDRE LA PAROLE

À défaut de déconstruire le système à l'œuvre au jour le jour dans les sociétés contemporaines mondialisées, des femmes africaines occupent facilement le terrain de la contestation. À elle seule, l'utilisation des réseaux dits sociaux, comme *Facebook, Twitter, MySpace, LinkedIn…*, crée un engouement, à mesurer finement. Cet élan renvoie à la fois à l'individualisation des perceptions et à la diffusion gratuite et sans limites à l'échelle internationale de données personnelles, à des fins purement commerciales ou sécuritaires. Cet enthousiasme moderne peut alors être interprété comme le résultat de la violence générée par les sociétés contemporaines, qui inclut structurellement une obligation de consommation rapide et une suprématie de savoirs occidentaux. Cette violence peut alors révéler en Afrique une contamination universaliste, à la fois aveugle au genre et à la prégnance de rapports de domination, et informer sur les représentations sociopolitiques produites simultanément et de façon différenciée par l'Occident et par l'Extrême et le Moyen-Orient.

À l'inverse, des usages visant, de façon latente, implicite, non seulement le rejet de cet universalisme, mais aussi sa subversion/transformation, se développent surtout au niveau des jeunes générations de féministes. Par exemple, le groupe de rap féministe sénégalais *Alif* (Attaque Libératoire de l'Infanterie Féministe) se bat pour l'égalité des droits hommes/femmes, la démocratie et la liberté dans leur pays, contre les «carcans» et «dénoncent les injustices». Plus largement, ces rappeuses ambitionnent de construire un réseau de «rap féministe africain», notamment par le biais de l'utilisation des réseaux sociaux, dont *MySpace*. Les paroles de leurs chansons abordent des sujets totalement tabous comme le viol par son père d'une jeune fille, qui, enceinte, pense au suicide, ou encore les disputes jalouses de co-épouses, ou encore la mort vue de près par une excisée. Ce qui ne se discute pas aux tribunes ou dans les foyers s'écoute désormais à la radio ou sur l'Internet.

À l'autre bout du continent, en Afrique du Sud, les jeunes femmes du *New Women's Movement* utilisent *Facebook* comme stratégie de communication concertée, au niveau national, facile et gratuite, qui permet d'échanger sur les pratiques de lutte personnelles et collectives contre les féminicides par exemple et de créer une dynamique inter-régionale. Les pages du réseau social numérique leur servent de plateformes de récit de vie de jeunes femmes où l'intime[2] s'écrit, se dit, alors que l'environnement social se veut antiraciste, marxiste, anti-occidental et donc universaliste, peu enclin à faire le lien entre violences quotidiennes et réalités socioéconomiques par exemple. Aussi, l'effet réseau des récits individuels vient contredire une logique nationale qui s'avère masculiniste, traditionaliste, paternaliste.

Dans les deux pays, l'innovation s'exprime également par le besoin de diffuser des contenus qui peuvent engendrer des pistes de réflexion sinon d'action visant l'exercice d'une «citoyenneté active», voire servent à le faire. L'exemple du projet de recherche mené entre 2007 et 2009 par l'unité genre de l'ONG enda Tiers-Monde avait pour ambition de mettre en exergue l'efficacité et la pertinence de l'approche citoyenne de l'utilisation des TIC par les jeunes (garçons et filles confondus) pour promouvoir l'abandon de la pratique des MGF.

Ce projet s'est déroulé au Mali, au Burkina Faso et au Sénégal. L'échantillon de recherche était composé de 90 jeunes âgés de 15 à 25 ans, à parité filles et garçons, membres d'associations de jeunes au sein de communautés où l'excision est une pratique répandue et où

---

2   Je choisis le terme «intime» au détriment du terme «intimité» pour définir tout ce qui relève des rapports du «plus intérieur», des relations intimes, de la sexualité, et des savoirs liés au pouvoir et à la gestion dans l'invisibilité de la sphère privée par le sujet-femme. Je préfère utiliser l'adjectif plutôt que le substantif car il clarifie l'aspect «essentiel», prenant son étymologie du mot «essence», de l'intimité dans la sphère privée.

les TIC sont accessibles. Trois villes de province ont été retenues : Bobo-Dioulasso au Burkina-Faso (où habitent environ 450 000 personnes), Ségou au Mali (environ 100 000 personnes) et Tambacounda au Sénégal (environ 80 000 personnes). La plupart de ces jeunes étaient scolarisés, parlaient français, disposaient d'un numéro de téléphone mobile et, pour un tiers environ, d'une adresse électronique.

Les résultats de recherche montrent que la recherche en elle-même a renforcé l'appréhension des concepts de citoyenneté et de genre par des jeunes au Mali, au Burkina Faso et au Sénégal, pays où les hiérarchies sociales, notamment révélées par le droit d'aînesse et le devoir d'allégeance, tout autant que la hiérarchie de genre, sont particulièrement prégnantes. Elle a également mis en exergue la nécessité de reconnaitre la créativité comme source de résistance sociale et politique. En tablant sur l'opportunité de l'utilisation citoyenne des TIC par les jeunes pour abandonner la pratique de l'excision, cette recherche a fait la démonstration, que malgré les frontières de genre de la «société de l'information», le débat émerge et les relations de pouvoir peuvent se transformer, jusqu'à développer une approche innovante de la gestion de la cité et du développement, ce qui a largement dépassé les objectifs initiaux de ladite recherche.

En matière de méthodologie, parti a été pris d'une démarche qui crée les moyens d'une expression directe et de production de contenus des jeunes générations, «comme source d'enrichissement de la recherche en développement humain durable au stade de la société numérique globale»[3]. Cet exercice a été amplement facilité par les TIC qui ont permis de lier de façon horizontale les concepts tout autant que les pratiques. Les jeunes qui ont participé à ce projet ont en effet abordé les concepts introduits dans la recherche – genre, citoyenneté, TIC, jeunesse, MGF –, selon différents formats, parmi lesquels l'expression théâtrale, l'écriture (sketchs, chansons), les usages multimédias (prise de vue fixe et animée, prise de son, écriture et mise en ligne), l'interactivité – plusieurs listes de discussion électroniques ont été ouvertes pour que chacun et chacune puisse s'exprimer librement tout au cours des différentes phases de la recherche –, des jeux de rôles, la création de blogs, etc. Une partie des jeunes, au même titre que les membres de l'équipe de recherche, ont participé

---

3   Marie-Hélène Mottin-Sylla & Joelle Palmieri, *op. cit.*, p. 97.

en tant qu'«observés» à l'évaluation de la recherche. Cette innovation en termes de méthodologie de recherche a amené l'équipe à mettre en œuvre des modalités d'auto-apprentissage et d'auto-évaluation et à mettre en place des formations de formateurs.

Cette production et cette mise en débat permanente ont été rendues possibles par un processus spécifique. La recherche a été organisée en sept phases, les résultats de chacune orientant l'exécution de la suivante. Ces phases ont comporté des réunions régionales et locales, une enquête de terrain et une recherche documentaire, une revue par les jeunes, une analyse critique de recherche, un forum électronique pour l'évaluation de recherche réunissant l'équipe de recherche et les jeunes, ce qui a permis une analyse réflexive de la part de l'équipe. L'ensemble a nécessité des adaptations méthodologiques au fur et à mesure de l'avancée du projet de recherche. La création a également été au cœur du travail de l'équipe de chercheurs qui a été amenée à réfléchir sur ses pratiques, les jeunes dépassant les attentes du projet. Cette analyse réflexive de la part des chercheurs a enrichi les résultats des usages des TIC par les jeunes. Selon l'ouvrage consacré à cette recherche, «la production endogène des contenus, par les filles et par les garçons, séparément, collectivement, virtuellement et en face à face, a ouvert sur l'apprentissage du débat, des processus, de la réflexion, de l'analyse critique et réflexive, de la transversalité – nécessitant le renouvellement, la ré-interrogation, la mise en perspectives, indispensables à l'évolution des approches de l'humain, des pensées et des constructions sociales»[4].

Ces approches ont depuis généré à leur tour d'autres initiatives, puisqu'une fois le projet de recherche clos, les jeunes, dans les différentes communautés, ont continué à intervenir dans leur cité, soit en participant par exemple à la Journée Internet au Burkina Faso, avec au cœur des débats les inégalités de genre, soit en créant un blog sur la transversalité au Mali[5]. Enfin, des dynamiques locales ont été lancées, dont la création d'une organisation de femmes ouest-africaines sur la créativité[6].

---

4   *Ibidem.*
5   Transversalité, <http://transversalite.fr.gd/>, consulté le 18 juin 2010, plus disponible aujourd'hui.
6   <http://www.afriquescreatives.org>, consulté le 18 juin 2010, plus dis-

Dans le cadre de cette recherche, les jeunes, initialement objets de recherche, ont fait valoir leurs propres savoirs à égalité avec des chercheurs, encadreurs, intellectuels, autant de détenteurs reconnus de savoirs académiques ou pédagogiques. La volonté de faire converger les approches théoriques et empiriques, de transversaliser les concepts, d'observer une attention soutenue à la réflexivité de recherche, de partir du principe de l'égalité des savoirs, a ainsi permis l'émergence de débats au moins intergénérationnels et inter-genre, sinon de classe et inter-ethniques, qui n'auraient pas été possibles autrement. Aussi, le défi des méthodologies décrites ici a-t-il consisté à confier aux jeunes générations les rênes d'un débat sur des concepts savants, concepts qu'ils ont eux-mêmes élaborés. Forte d'un succès en matière de résultats de recherche, cette approche a ainsi été recommandée en matière de recherche en sciences humaines, surtout dans un contexte global de mondialisation, afin d'appréhender une nouvelle analyse contextualisée et historicisée du développement, inclusive, croisant plusieurs portes d'entrée dont le genre, la citoyenneté, la jeunesse et la «société de l'information».

L'ouvrage consacré à cette recherche conclut: «Il s'agit moins de voir "à quoi les TIC pourraient servir" que de voir "ce que les TIC apportent de nouveau, changent, et politisent"»[7], en particulier quand les problématiques de recherche touchent le genre. L'accent est mis sur l'urgence de ne plus compartimenter les concepts – genre, citoyenneté, jeunesse, TIC, violences, etc. – et de cesser de travailler sur les zones d'intersection (par exemple, jeunesse et TIC, développement et TIC, genre et développement) au risque de maintenir dans l'invisible des pans entiers de la construction sociale dont les rapports de domination sont partie intégrante. Elle engage à «politiser» les concepts de citoyenneté et de développement[8], en considérant les TIC comme moteur de changement social, à condition que les acteurs institutionnels ou de la société civile ne les isolent pas par essence, en tant qu'outils au simple service de stratégies de renforcement d'un système économique, social ou politique existant, inégalitaire.

---

ponible aujourd'hui.

7   Marie-Hélène Mottin-Sylla et Joelle Palmieri, *op. cit.,* p. 101.

8   Marie-Hélène Mottin-Sylla et Joelle Palmieri, *op. cit.,* p. 100.

Pour finir, cette recherche s'est inscrite dans une logique incontournable de bascule entre les nécessaires besoins de genrer les TIC (identifier les inégalités de genre générées par les TIC) mais aussi d'utiliser les TIC pour le genre, c'est-à-dire viser au contrôle des TIC en tant que créateurs/diffuseurs potentiels de contenus au service de l'analyse différenciée de genre de la société afin d'assurer le plein exercice de la démocratie.

LIBÉRER L'INTIME

Dans la continuité de ces recommandations de recherche à propos des usages des TIC pour le genre et à contre-courant d'une évidence qui prend pour acquis que le savoir est un avoir/actif d'une élite éduquée, formée, identifier des savoirs qui appartiennent à des femmes considérées comme dominées, aux niveaux social, économique, politique, culturel et qui n'utilisent pas nécessairement les TIC m'est apparu comme une piste indispensable à suivre. Mon parti pris de localiser ces savoirs, de les circonscrire, ambitionne d'examiner en quoi ils interrogent les rapports de domination et sont susceptibles de contrecarrer une hégémonie patriarcale mondialisée, aujourd'hui accélérée par les usages des TIC. Une précision s'impose : qu'est-ce qui dans la masse des contenus véhiculés par les TIC fait réellement savoirs ?

Loin des intrusions publicitaires électroniques, des velléités démocratiques par l'e-gouvernance, de la marchandisation du corps des femmes sur les marchés en ligne du sexe ou du travail, ou encore des opérations de communication institutionnelle des organisations de femmes, les savoirs que j'évoque viennent qualifier et valoriser des contenus dont la vocation vise la légitimation des différence, multiplicité et altérité, et parfois l'abolition des inégalités de genre. Ils transgressent les habitudes communicationnelles et épistémiques, notamment en évoquant l'intime des femmes et en interrogeant la sphère privée au sein de la sphère publique. Ils les remettent en cause et questionnent, par la dynamique de génération de savoirs que l'émergence de ces contenus crée, les politiques publiques.

Il est alors important d'examiner si des circuits de transmission de ces savoirs par les TIC existent et pour quelles raisons, quelles difficultés cette démarche de diffusion par les TIC rencontre, incluant les risques d'institutionnalisation, et à quelles perspectives elle peut donner lieu.

Deux exemples en Afrique du Sud vont nous servir de pistes de réflexion. Depuis une dizaine d'années, des récits individuels ou collectifs de femmes sont collectés par des organisations de femmes, selon une démarche initiale de revalorisation de mémoire. Les modes de diffusion de ces savoirs sont multiples et leur visibilité sur la toile n'en est qu'à ses débuts. Cette ébauche permet néanmoins d'observer que dire en public sa vie quotidienne de femme, intime, ou quelques-uns de ses éléments, en repoussant les limites de ce qui est invisible, enfoui, latent, peut alors proposer une autre grille de lecture épistémique, étape prioritaire et indispensable afin de rompre avec un certain nombre de codes qui régissent la société sud-africaine et plus globalement les sociétés contemporaines mondialisées.

Dans ce pays, j'ai choisi deux organisations de femmes ou féministes qui mettent au cœur de leurs actions le récit oral personnel des femmes de la « base ». L'organisation *Southern Cape Land Committee* (SCLC) est basée au Cap et intervient dans toute la région du Cap Occidental, au sud du pays. Elle facilite, en dehors de ses domaines d'intervention classiques largement liés aux questions de réforme agraire et de propriété foncière, l'écriture et la publication d'histoires de Sud-Africaines, sous le vocable *« women's stories »*[9]. Ces histoires ne sont pas nécessairement en ligne, car tel n'est pas l'objectif de l'organisation qui privilégie l'émergence de récits, en tant qu'action politique féministe et choisit la publication imprimée pour les diffuser à l'échelle nationale, l'Internet étant jugé peu accessible pour la majorité de la population locale. Les organisatrices donnent la priorité à l'activité de narration parce qu'elle « a révélé une dynamique de changement et d'"*empowerment*" à la fois pour les participantes et pour les animatrices elles-mêmes »[10]. Elles témoignent du fait que les femmes rurales qui se sont racontées aient ainsi au moins gagné le temps et l'espace pour réfléchir à leurs vies et pour partager leurs expériences avec d'autres, par le biais de l'écriture et de la diffusion de leur production, ce qui n'avait jusqu'alors pas été réalisé. Par ailleurs, cette opération de narration a recentré les femmes sur le chômage

---

9   Joelle Palmieri, 2002, *op. cit.*
10   *Ibidem.*

qui les a frappées, et par voie de conséquence, sur des revendications comme le droit à la terre communale dans le but de la cultiver, portées jusqu'au ministère de l'Agriculture, et sur de nouvelles priorités comme celles d'assurer les conditions de subsistance, lutter contre le sida, mettre en avant l'égalité de genre…

À l'hôpital *Chris Hani Baragwanath Hospital* à Soweto, quartier de Johannesburg, l'ONG ACCT (*Aids Counseling Care and Training*), créée en 1992, offre soutiens psychologiques et soins aux séropositifs et aux communautés affectées par le virus du sida. Les patients sont essentiellement des femmes et selon, les organisateurs de ACCT «doivent se réapproprier leur identité […] et sortir de la domination masculine»[11]. Des séances de soutien psychologique accueillent des femmes pendant une heure, ou plus, et ont vocation à les faire parler de leur maladie, à identifier les responsabilités et à découvrir l'intime, voire le tabou, la sexualité. L'organisation propose d'autres activités parmi lesquelles un atelier de fabrication de nappes et serviettes de table, un autre de production de bols en pâte à papier, et le travail des perles : bracelets, rubans, pin's. Le centre reçoit également une fois par semaine des femmes enceintes, atteintes ou non par le virus, et leur offre un repas. Ces activités, qui renvoient les femmes à leur rôle traditionnel (de ménagère, de responsables du bien-être du foyer), engendrent une dynamique contraire, les malades se sentant «personnalisées», «existantes», deux états dont il est difficile en Occident d'imaginer l'importance car, dans ce pays, les séropositifs ont été ignorés, se sont sentis traités comme des «animaux» par leur gouvernement «révolutionnaire», pendant de nombreuses années[12].

Ces femmes participent à des ateliers d'écriture, où elles couchent sur papier ou racontent leur vie quotidienne, leurs relations sexuelles, évoquent leur grossesse, leurs relations avec leurs nouveau-nés, dans la perspective que l'enfant qui va grandir ait accès à l'histoire de sa mère et à la sienne. Chaque histoire personnelle est ensuite mise en commun, discutée, archivée et devient alors un bien collectif. Toutes les participantes peuvent consulter ces archives, au rythme où elles

---

11   *Ibidem.*

12   Rappelons que Thabo Mbeki, président en exercice de 1999 à 2008, a longtemps nié le lien entre VIH et sida et a refusé la prise en charge de traitements antirétroviraux.

le souhaitent. Elles gèrent elles-mêmes la pièce, le lieu, où ces récits sont entreposés. Cette activité prend alors toute sa valeur politique et féministe, valorisant la démarche de visibilisation et remettant en cause l'individuation – au sens existentialiste – des cas, leur non-prise en compte à l'échelle nationale.

Celles qui se racontent sont majoritairement noires, pauvres, vivant dans les *townships*. Elles ne cherchent pas à réaliser leur auto-biographie. Elles ne suivent pas systématiquement une ligne histo-rique partant de leur naissance pour dérouler leur vie pas à pas. Les récits peuvent se révéler beaucoup plus anarchiques dans le sens où ils peuvent être fragmentés, partiels, décousus. Une femme, séro-positive, s'aventurerait à ne raconter qu'une expérience de relation sexuelle ponctuelle dans les moindres détails, avec ses moments pré-cis de tension et d'extase. Une autre va se focaliser sur le traumatisme du déplacement systématique imposé par l'apartheid qui lui donnait le sentiment de n'habiter nulle part, de ne pas avoir de chez soi : « On étaient déplacés tous les jours. Je ne savais pas où je serai demain avec mes enfants. Mon mari était déjà loin. Alors j'avais toujours un paquet prêt. Maintenant c'est pareil ». Une troisième se risque-rait encore à parler de la misère et de l'épreuve des « toilettes » de la famille, pour le moins publics, puisque extérieurs au foyer, voire en plein air, épisodes totalement privés d'intimité. Une quatrième témoi-gnerait simplement de son envie de transmettre : « Je suis vieille main-tenant. Je parle pour que mes enfants se souviennent. J'ai envie qu'ils racontent à leur tour ». Dans leur grande majorité, ces récits ne sont pas structurés et holistiques.

Dans les deux lieux, SCLC ou ACCT, ces séances de paroles de femmes[13] sont organisées en plein air ou en salle, en plus des activi-tés propres des associations, réunissant chaque fois une dizaine de femmes, fidèles ou nouvelles, s'exprimant dans leur langue et parfois partageant l'anglais. La durée de ces séances est variable ainsi que leur fréquence, adaptée à la disponibilité des femmes qui parlent. Ces

---

13 À ce jour, il n'existe pas d'étude précise sur l'émergence récente de ce phénomène de valorisation de mémoires de femmes sud-africaines. Les qualifica-tions ici relatées sont extraites d'entretiens que j'ai réalisés avec des associations de femmes locales qui travaillent principalement sur le genre ou luttent sur le terrain pour les droits des femmes.

femmes, de milieu rural ou urbain, expriment parfois une certaine violence, à l'image de leur environnement : « Je viens ici pour exprimer toute ma colère contre le gouvernement, qui nous traite comme des chiens, des animaux. J'ai 26 ans et je veux avoir des enfants. Au moins trois. Je veux guérir. Je viens ici pour être soignée et remercier les compagnies privées qui me permettent d'avoir accès aux médicaments. Je les bénis ! Et que Mbeki et sa bande aillent au diable ! Qu'ils crèvent ! ». Dans chaque cas, des représentantes des organisations, une ou deux, bénévoles ou non, accompagnent la prise de parole, enregistrent quelquefois, traduisent souvent, intensifient le débit parfois, en interrogeant, en poussant la récitante à s'exprimer davantage et plus en profondeur. Les entretiens sont le plus souvent libres, rarement encadrés et individuels, sans questionnaire préétabli, semi-directifs ou non directifs. Des silences comme des haussements de ton s'entendent, qui jalonnent la séance, comme partie intégrante de l'ouvrage en train de s'écrire. Tout n'est pas notifié, retranscrit, mais les instantanés se multiplient et finalement, façonnent un ensemble cohérent, qui prend forme, s'alimente pour construire un tout. Ce tout témoigne de savoirs. Les savoirs propres de celles qui parlent. Les savoirs de celles qui gèrent une réalité quotidienne dans l'urgence et en révèlent la connaissance. Il prend parfois, à l'initiative des organisations, la forme de publications, collectives ou personnelles, tout média confondu (écrit, audio, vidéo, multimédia).

Le premier livre publié, intitulé *Women's memory*, a été lancé en novembre 1999 et révèle les histoires personnelles de six femmes de différentes communautés de la région du Cap Occidental. En 2002, SCLC a réitéré la démarche en lançant *Nelspoort Ons Lief en Leed*, un deuxième livre écrit par seize femmes dans leur propre langue[14], toutes de la même communauté, celle de Nelspoort[15]. D'autres

---

14   Il existe en Afrique du Sud treize langues officielles et onze ethnies (Blancs (qui utilisent l'anglais et l'afrikaans pour s'exprimer), *Bochimans, Hottentots, Ndebele, Sothos, Swazis, Tsongas, Tswanas, Vendas, Xhosa* et *Zoulous*). Source : *Languages of South Africa*, Ethnologue, <http://www.ethnologue.com/show_country.asp?-name=za>, consulté le 21 octobre 2015.

15   Depuis 1924, Nelspoort était conçue comme un hôpital et géré par le département de santé du gouvernement. Elle a obtenu son statut de ville en 1999. Elle est située dans le Karoo, entre le Beaufort occidental et la région des Trois sœurs. SCHUSTER Anne, *Nelspoort Ons Lief en Leed*, Le Cap, Maskew Miller Long-

ouvrages ont été publiés qui informent des différents supports de recueil des histoires personnelles[16] : photographiques, écrites (thématique ou chronologique ou selon l'appartenance politique du témoin ou encore géographique – le pays est grand et les cultures régionales différentes), audiovisuelles ou numériques. Ensuite, un *Women's Space*, regroupant un grand nombre d'ouvrages de recueil de mémoires, sous tous les formats, incluant l'Internet, a été inauguré au Cap le 27 novembre 2008. Les livres sont disponibles dans les écoles et les bibliothèques nationales, et le modèle de narration/diffusion est reproduit dans d'autres langues dans tout le pays.

Ces livres peuvent facilement être numérisés et diffusés via les TIC par l'intermédiaire de techniciens informatiques au fait des nouvelles performances technologiques et commerciales en la matière et localisés un peu partout dans le monde. De la même manière, ils peuvent inspirer des commentaires et encourager des volontés de réplication sous forme de blog, de réseau social numérique ou de forum électronique. Reste à identifier quelles sont les organisations ou personnes relais qui pourraient s'engager dans une telle démarche selon une échéance qui n'est pas fixée. D'ores et déjà des blogs voient le jour et font référence à ces ouvrages et aux processus de leur création[17]. Ces ébauches ouvrent des pistes virtuelles qui demandent désormais à être suivies de près et analysées. Par ailleurs, les impacts sur les populations, locales, régionales ou internationales, le nombre et la typologie des personnes qui reçoivent ces histoires demeurent peu étudiés et demanderaient également enquête de lectorat et d'auditorat.

On sait toutefois que ces récits provoquent l'émergence de groupes d'hommes qui analysent par exemple la montée généralisée de violences, le rôle de leur masculinité[18], et cherchent à les décoder dans le but de mieux atteindre une égalité de genre. Ces récits sont

---

man, 2001, p. 1-25.

16   GASA Nomboniso (dir.), *Women's in South Africa History - Basus'iimbokodo, Bawel'imilambo/They remove boulders and cross rivers*, Le Cap, HSRC Press, 2007, 536 p.

17   Voir notamment The Monthlies' Blog, <http://monthliesblog.wordpress.com/>, consulté le 21 octobre 2015.

18   *Men in the Movement to End Violence Against Women: Training and Education*, National Online Resource Center on Violence Against Women (2004), <http://www.vawnet.org/nrcdv-publications/print-document.php?doc_id=1045&find_type=web_desc_NRCDV>, consulté le 21 octobre 2015.

parfois également suivis de formations en direction de grands-mères, qui, lassées de l'engrenage violence-sida, attrapent, au sens strict, leurs petits-fils afin de les empêcher de nuire ou tout simplement de mourir, mais ne savent pas comment les entreprendre. Ces formations, proposées dans leur grande majorité par des associations de femmes, leur apportent alors une grille d'analyse de genre de la pandémie comme de la pauvreté, ce qui leur permet de transformer leurs relations avec leurs descendants masculins mais également de servir à leur tour de transmetteurs de savoirs. Les jeunes garçons trouvent ici une place qui ne leur est proposée nulle part ailleurs[19].

Dans une démarche semblable à la personne qui parle, celle qui recueille sa mémoire, en retranscrit inévitablement une interprétation, emprunte à son observation puis à son imaginaire, sa subjectivité. Et à son tour, cette interprétation se diffuse, s'imprime, se montre et forme connaissance, voire nourrit mouvement, force, socle de lutte (pour la libre expression de la sexualité, pour les sans terre, pour le droit à la santé, à l'éducation…). À son tour, son savoir se révèle.

Ces femmes, qui recueillent les paroles, sont des militantes de leurs organisations. Le plus souvent bénévoles, elles se sont proposées pour apporter leur soutien, lutter pour l'accès à la terre ou encore contre les discriminations sociales dont des Sud-Africaines font l'objet. Elles connaissent au moins deux langues locales, souvent plus, pour être en mesure de servir de relais à ces femmes qui se racontent, et éventuellement d'écrire leurs paroles. Elles connaissent bien les régions et cultures des personnes qu'elles accompagnent. À ce titre, le savoir est parlé «pur», c'est-à-dire qu'il s'installe sans intermédiaire superflu.

Et l'échange préliminaire ou nécessaire à la transmission du savoir de la femme qui parle son histoire requiert des aptitudes, pas formellement reconnues. Une écoute, une patience, un recul, une réactivité, des capacités d'animation, acquis le plus souvent dans le militantisme, notamment la lutte contre l'apartheid, et maintenant dans la lutte contre le sida, ou pour les droits des femmes au traitement, à la terre, à une vie décente... Ce deuxième *savoir* confère à ses détentrices un statut d'*avant-gardistes* d'un système national où les institutions et

---

19   Éléments recueillis au cours d'un entretien avec la directrice du *New Women's Movement* en novembre 2008.

leurs soutiens utilisent leur passé pour mieux oblitérer les savoirs liés à la résistance qu'il engendre, notamment la lutte pour l'accès à la trithérapie et la longue obstination du gouvernement sud-africain à nier le fléau sanitaire.

Dans un contexte pour le moins morbide, adossé à celui de violences, celles qu'on peut qualifier d'interprètes deviennent des *passeures* de mémoires. Elles s'investissent dans cette fabrique de savoirs parce qu'elles sont convaincues que c'est la seule chose qu'il reste à faire. Cette assertion pourrait sembler fataliste, mais elle vise au contraire le réalisme, et surtout la révélation du grand écart auquel se livre le gouvernement sud-africain, entre discours et réalité, législation et vie quotidienne.

Ces militantes sont le plus souvent d'une classe sociale un peu plus élevée que celles qui parlent, parfois blanches, et sont engagées dans un processus de lutte pour une justice sociale, dépassant justement le seul clivage prolétariat/bourgeoisie, mais aussi de «race», blanc/noir. En effet, la situation de violences que le pays connaît ne pouvant uniquement se résumer à une situation conflictuelle de classe ou de «race», dévoile au contraire une obstination des élites noires au pouvoir de passer l'histoire des femmes, si ce n'est les femmes elles-mêmes, à la trappe d'une société, passée et contemporaine. Subroger cette détermination délétère participe d'un engagement fort, transgressant l'ordre social sud-africain.

La confrontation de ces deux *savoirs,* celui de celles qui parlent et celui de celles qui écoutent et recueillent, engendre création de pensée et dynamique de transmission. En effet, le dispositif de la rencontre en lui-même est déterminant. Il est localisé – là où le témoin vit ou a vécu, au village, dans le *township*, chez une d'entre elles, à l'hôpital, autour d'un feu de bois…, tous des lieux de vie et de rencontre –, il ne se fait presque jamais en tête à tête mais en présence de plusieurs détentrices de chacun des savoirs, les histoires qui se racontent peuvent prendre du temps, se dérouler en plusieurs séances, y compris entrecoupées par d'autres, et surtout libre. Il n'y a pas de règle, pas de récurrence.

Ces dispositifs permettent la baisse des défenses, l'identification des filtres sociaux, culturels, politiques qui nuisent à la visibilité de la réalité : une situation difficile, économiquement ségréguée, socialement inégalitaire et violente, notamment entre les genres. Cette unité de lieu engage davantage ces femmes à se mettre en situation, celle de se dévoiler, de se «déshabiller»[20] devant leurs semblables, qui se montrent souvent totalement indifférentes, voire méprisantes au départ de la narration. L'oratrice ne se présente pas. Ce n'est ni un passage obligé ni un pilier méthodologique, ce qui installe définitivement sa liberté d'expression. C'est elle qui choisit comment et en quoi elle divulgue son identité. Petit à petit, des regards se lèvent, et les activités manuelles qui les occupent s'interrompent dès que les interstices des histoires se révèlent.

Durant toutes ces étapes, la recueillante aiguise, scrute, plus que les tréfonds de chacune des mémoires, les invisibles. Et un à un, elle fait sauter les écrans, les barrières, les frontières, y compris en utilisant celles qui ne sont que les objets momentanés de mémoire, les incitant par là même à fouiller leurs propres résistances personnelles. En cela, elles se mettent elles-mêmes en scène, se dénudant à leur tour, pour mieux gagner la confiance de celle qui se raconte. Elles exposent parfois leur impatience, leur exaspération, leur empressement, leur générosité aussi. Elles sont tellement convaincues du bien fondé de leur entreprise qu'elles cherchent des résultats. Et cela n'échappe à personne. L'observante devient observée. Le centre de gravité de l'observation se déplace. Il y a donc des jeux qui se mettent en place, bousculant la lenteur des unes et l'ardeur des autres. Cette négociation implicite permanente crée en soit un nouveau savoir. Au moins celui de l'agrégation des aptitudes à la perception, à défaut d'analyse, de l'autre. Sinon ce jeu d'interfaces instaure définitivement un espace de *captation mutuelle* de savoirs, qui à son tour crée un savoir.

Ces récits oraux de femmes créent changement social, voire transgression. Les stratégies mises en œuvre contredisent l'immédiateté et l'abondance des systèmes dits collaboratifs techniquement permis par les TIC. De fait, en n'étant pas connectées, les femmes auteures de ces récits s'abstraient de l'autoroute universaliste et rentable (aux niveaux financier, social, politique, économique, sécuritaire…) des sociétés contemporaines. La constance de ces récits et leur archivage fait alors *alternative* épistémique, tant pour la lenteur du rythme qui

---

20 Parfois même au sens propre – ma participation à une séance me permet d'en témoigner personnellement.

leur est octroyé que pour leur objet, le plus souvent ancré dans l'intime, le vécu, le non superficiel, le non éphémère, la non *chimère* et la non force. L'alternative se complète par la représentation accordée à la pensée de celle qui parle. Sa parole se transforme alors en savoir.

Ensuite, le dispositif de recueil n'a pas vocation à porter assistance, à victimiser la personne qui parle ou écrit, ou à la renvoyer à sa seule introspection. Non seulement il favorise l'expression collective mais surtout il contribue à l'élaboration d'un possible futur commun. En soi, il esquisse des stratégies de démocratie directe, permettant au témoin d'exprimer un point de vue sur l'environnement dans lequel elle vit, voire de l'analyser.

Par ailleurs, l'environnement économique et social joue ici un rôle prépondérant. Le chômage, extrêmement important, et la maladie, le sida, particulièrement prévalent, créent un contexte de désœuvrement, en ville ou en milieu rural. Ce contexte est particulièrement propice à une disponibilité, quasi constante. Cette disponibilité a pour conséquence directe de distordre le temps, celui-ci étant plus à perdre qu'à gagner. Cette temporalité spécifique implique que les chômeuses ou les malades s'arrêtent là où elles se trouvent, au moment où elles s'y trouvent, sans vraiment savoir pourquoi. La notion de rendez-vous est ici peu présente. La convocation encore moins, si bien que ce sont plus souvent les lieux ou le temps qui créent l'occasion du récit et non une opération concertée de collecte mémorielle. Ce système vient également en totale contradiction avec l'hypermodernité qui réclame accélération, surenchère et excès temporels et spatiaux.

Toutefois, ces expériences de récits de femmes restent minoritaires. Elles préfigurent une démarche innovante et alternative au sein d'un féminisme sud-africain en transition. Plus globalement, de plus en plus d'organisations de femmes y recourent afin de refléter leur parti pris politique de remettre le réel et le quotidien à l'avant-scène des mouvements et des débats qui les traversent dans la perspective de dépasser un féminisme institutionnalisé. Elles s'engagent ainsi sur la voie d'une refondation nécessaire. Le champ des dominations s'est tellement élargi et accéléré qu'elles vont chercher/construire les espaces de résistance dans la moindre démonstration quotidienne du pouvoir de chacune des femmes et de ses inter-imbrications. Dans le contexte contemporain de colonialité numérique, l'opposition volontaire entre domination et pouvoir devient ainsi sujet de transgression.

Théoriser et transgresser

Formel/informel, fil du rasoir de la transgression

L'informalité communicationnelle, une alternative

Entre gestion du formel quotidien et appropriation/détournement des cadres virtuels, les organisations de femmes ou féministes au Sénégal et en Afrique du Sud témoignent de représentations différenciées. Ces représentations se juxtaposent-elles simplement ou forment-elle un ensemble cohérent? Se contredisent-elles? Ces questions ont pour but d'identifier, voire de définir, des mécanismes et des stratégies de valorisation de pensées ou savoirs propres à ces organisations, liés à leur contexte géopolitique et à son historicisation. La communication associée à cette valorisation présente les attributs de ce qui peut être qualifié d'informel, c'est-à-dire, en dehors de cadres, normes, régulations et revendications. Cette spécificité fait identité africaine, en cela qu'elle se détache des pratiques de communication des organisations sur les autres continents, notamment en matière de mobilisation. Elle incarne une piste de réflexion dans la théorie féministe.

UNE EXPERTISE INVISIBLE DANS LE RÉEL ET DANS LE VIRTUEL

La communication, tel que le terme est utilisé habituellement, s'est toujours située à la lisière du privé et du public[1]. Elle créé les termes d'un échange entre émetteur et récepteur, intérieur et extérieur, intime et groupe. À ce titre, elle croise les bases qui fondent le patriarcat: la division, non seulement de classe ou de «race», mais aussi de sexe, une division qui s'exerce entre la sphère privée et la sphère publique. À l'inverse des hommes socialement assignés à l'espace public, les femmes se retrouvent dans une situation de re-production dans le privé et de production dans le public. La communication, comprise dans son sens étymologique du latin *communicare* qui signifie «mettre en commun», prend alors ici toute son importance. À la croisée du public et du privé, les femmes de la «base» et la communication jouent un rôle similaire. Elles mettent en commun des informations qui servent à la gestion de la vie quotidienne. Elles légi-

---

1 MIÈGE Bernard, *L'information-communication, objet de connaissance*, Bruxelles, De Boeck & INA, 2004, 248 p., p. 148.

timent une connaissance et des savoirs liés à cette gestion, une *expertise invisible*. Dans un système à domination masculine, seule la sphère publique est valorisée. Aussi ces femmes sont sociologiquement et historiquement écartées du contrôle et de la gestion de cette sphère publique, lieu officiel et socialement instauré de prise de décision. Il en va de même pour les politiques de gestion des TIC, qui, tout en étant assimilées à de simples outils, se révèlent porter de véritables enjeux de société, auxquels les femmes sont confrontées mais non invitées à publiquement décider.

Ce grand écart permanent entre effets du virtuel sur le réel et gestion permanente du réel fait nouveau paradigme des usages des TIC. Les usages des TIC ne sont pas neutres en termes de genre et la mise en exergue des inégalités et identités de genre est liée aux TIC. Plus le virtuel empiète sur le réel, plus les impacts différenciés de genre sur la vie quotidienne connaissent une inflation, tout comme les manifestations différenciées des identités de genre. Ce paradigme est implicitement identifié au quotidien par les organisations de femmes ou féministes qui gèrent ses manifestations dans l'informalité. Cette informalité peut facilement se traduire par l'observation d'un décalage entre objectifs de l'organisation et stratégie de communication de l'organisation. Cette non adéquation justifierait alors le choix – que n'ont pas fait la majorité des organisations de femmes ou féministes africaines – de souscrire au modèle développé par certaines organisations en Amérique latine[2] où la communication est conçue comme d'utilité publique, vue comme un bien commun, appartenant aux populations, où la notion de communication populaire ou de communication citoyenne, au service des changements et justice sociaux, est mise en avant.

EN AFRIQUE, UNE COMMUNICATION INFORMELLE FACTEUR DE TRANSGRESSION

En Afrique, il n'existe pas d'approche revendiquée, voire de connaissance, d'une telle communication. Je peux plus aisément attester d'une vision *holistique* de la communication, dont les multiples élé-

---

2   Voir à ce propos les expériences menées depuis plus de vingt ans en Amérique latine, <http://www.movimientos.org/>, consulté le 21 octobre 2015.

ments ne peuvent se comprendre ni se définir en dehors de ce tout. Ce mode de communication consisterait principalement à gagner en visibilité. Ce qui compte, sans que cela soit systématiquement prémédité ou que cela soit le résultat d'une intuition, est davantage de donner quelque chose à voir, simplement. Il s'agit d'être, d'exprimer son existence, au moment et là où on se trouve, dans la multiplicité et les différences, et sans objectifs spécifiques.

Les bases d'un nouveau mode de communication que je qualifie d'*informelle* peuvent alors se révéler, qui donne une visibilité des actions aux niveaux local et global, en ordre dispersé. Elle se manifeste par l'aptitude à répondre aux demandes des bailleurs qui revendiquent désormais une présence systématique sur le Web et dans la foulée par la seule volonté d'«être visibles» au moment où cela se présente. Cette visibilité devient alors le centre du sujet de communication. Et la diffusion des contenus échappe volontairement et complètement aux organisations et à ses bénéficiaires. C'est en fait localement dans les villes ou ailleurs, en dehors du continent, qu'une grande proportion de personnes peut se connecter à l'Internet, par l'utilisation des mobiles ou des ordinateurs.

Aussi, dans cette perspective, la communication des organisations de femmes ou féministes prend toute sa force dans son informalité car elle ne s'inscrit pas dans des codes théoriques ou professionnels définis où toutes les étapes se réfléchissent: objectifs, cibles, usages, messages, diffusion. Elle ne s'intègre pas à un ordre du jour précis hormis celui d'utiliser à son profit celui déjà installé des bailleurs. Elle ne s'inscrit pas dans des lieux réels ou virtuels prescrits. Elle ne revendique pas d'objectif idéologique. C'est la diffusion de contenus non formalisés qui peut avoir des effets idéologiques ou politiques. Et non l'inverse. Par exemple, en Afrique du Sud, en publiant des contenus anachroniques, comme des récits de vie quotidienne de femmes en milieu rural, cette communication peut libérer des espaces d'expression dont les responsables locaux peuvent prendre connaissance. Cette narration de la vie quotidienne, habituellement considérée comme des «affaires de femmes», peut alors influer les ordres du jour institutionnels. Par le simple fait qu'elle transforme ce qui est entendu comme des «affaires de femmes» en enjeu politique, cette informalité provoque des changements social et épistémique et peut faire subversion.

Par ailleurs, cette informalité ne s'arrête pas aux frontières de l'économie, comme elle est plus communément admise de surcroît quand il s'agit de femmes. Si nous empruntons la définition de l'informalité proposée par Jo Beall, nous pouvons affirmer que par ses fondements non codifiés ni régulés, non normatifs, non incontournables, non revendiqués, non institutionnalisés, cette informalité fait écho à la représentation de l'État et à ses dérégulations[3] et sert de miroir inversé d'un système qui se veut et se revendique hypermoderne sans pour autant avoir les moyens de faire face aux effets néfastes de cette hypermodernité. Cette informalité permet la transgression, au moment où elle se présente, car elle crée des opportunités d'entrave à la formalisation. Elle démystifie les rôles et responsabilités traditionnellement assignés de l'État et des populations. Elle renvoie l'image de ce qui est laissé à escient par l'État à la marge, à la périphérie, pour mieux alimenter ses systèmes d'inclusion et d'exclusion et asseoir son autorité[4]. En se mettant à jour, cette informalité déconstruit les frontières de l'État et par voie de conséquence remet en cause la consolidation de l'État. Elle rejoint alors la notion de subalternité qui rompt avec les normes, les cadres, les prescriptions dominantes.

Ses manifestations encore peu documentées et encore sans doute limitées m'incitent à aller plus avant. Il s'agit de repérer des expériences qui à défaut de revendiquer cette informalité en dessinent les contours et d'analyser leurs effets sur la transformation des relations sociales. Avant tout, il m'importe d'inscrire cette informalité dans une réflexion féministe contemporaine plus large afin d'interroger la mondialisation sous l'angle de la transgression des rapports de domination.

---

3   BEALL Jo, *Inside out: Informality on the margins of the state, Development Studies Institute, London School of Economics,* contribution à la conférence *Living on the Margins,* Stellenbosch, 26-28 mars 2007.

4   *Ibidem.*

Les savoirs du quotidien

Les récits oraux de subalternes, vecteurs de pouvoir

Les alternatives des usages des TIC peuvent désormais être analysées sous l'angle du contexte où elles se créent: colonialitaire. Par leur *originalité* tant méthodologique qu'épistémique, les expériences de récits oraux de femmes ou de diffusion de savoirs de jeunes sur le genre permettent d'élargir la réflexion sur la libération de la parole des subalternes dans une société où ils ne l'ont pas. Il s'agit alors d'interroger les rapports de domination et la façon dont ils sont bousculés, voire transgressés.

En premier lieu, cette parole libérée crée savoir ayant des impacts sur le changement social. Qualifier l'origine de la création de ce savoir est capitale pour renverser les déterminants sociaux et épistémiques. Il est alors fondamental d'identifier en deuxième lieu les risques d'institutionnalisation de ces processus de récits, parmi lesquels les *Digital Story Tellings* (DST), sans quoi la tendance à opérer du haut vers le bas, en mode hiérarchisé, vient juguler la transgression. Enfin, parce que les créations transgressives sud-africaines et sénégalaises enrichissent des pratiques d'appropriation *collective* de la connaissance, elles viennent composer une économie du savoir. Par sa monnaie, ses capitaux propres, ses modalités d'échange, cette économie vient contredire une épistémologie féministe occidentale elle-même dominante, aux contours fluctuants.

*DES SAVOIRS NON SAVANTS POUR INTERROGER
LA COLONIALITÉ NUMÉRIQUE*

Il existe un lien entre les alternatives observées en Afrique du Sud et au Sénégal et le contexte colonialitaire dans lequel elles se produisent. Les expériences de récits oraux de femmes ont de commun avec la recherche menée en Afrique de l'Ouest sur l'abandon de l'excision qu'elles interrogent la même hypothèse de départ: les personnes victimes des discriminations ou en situation de discrimination sont de réelles expertes des sujets de ces discriminations. Elles ne sont en revanche pas nécessairement des expertes des TIC. Par exemple, une jeune fille excisée vivant en province au Mali me dira: «je peux très bien parler de l'excision et du pourquoi de l'abandon de cette pratique, parce que je sais ce que c'est»[1]. Car il s'agit bien de savoir: «je sais». Reconnaître ce savoir et le débattre, le confronter à d'autres, consiste déjà à sortir de l'ornière de l'hégémonie verticale qui structure les relations sociales du système-monde[2]. Faire connaître ce savoir, le diffuser, l'échanger, c'est se détacher de l'idée reçue que son auteur, homme ou femme, n'ayant pas lui-même les moyens techniques ou technologiques de le faire, se soustrait à l'élaboration d'une épistémologie spécifique. C'est replacer les TIC, qui ne sont que des outils au service d'un processus de visibilité de ces savoirs enfouis et invisibles, à leur position aujourd'hui centrale dans le processus de création et de diffusion de connaissances multiples et non de révélation épistémique universelle fantasmée par Web 2.0 interposé.

Aussi, en premier lieu, je qualifie le savoir tel qu'il est mis en exergue dans les deux expériences sud-africaines de *non savant* par opposition volontaire à ceux qui s'arrogent le droit de dire ce qui fait savoir ou pas, connaissance ou pas, dont les protagonistes des politiques de TIC ou les détenteurs du savoir académique qui décident de sa diffusion.

L'université d'été du *Center of Study and Investigation for Global Dialogues,* intitulée *Decolonizing Knowledge and Power: Postcolonial Studies, Decolonial Horizons,* qui a eu lieu à Tarragone en Espagne du 8 au 22 juillet 2010, a posé les termes du débat sur la hiérarchisation des savoirs:

- qui produit et transmet les savoirs et les connaissances?
- quelles sont les institutions qui soutiennent la production de connaissances et de savoirs hégémoniques et pourquoi les savoirs et connaissances qui n'ont pas de soutien de ces insti-

---

1   Ce témoignage a été recueilli lors de la recherche sur l'abandon des MGF par l'utilisation citoyenne des TIC par les jeunes en Afrique de l'Ouest à laquelle j'ai collaboré.

2   Les thèses du «système-monde», développées par Immanuel Wallerstein, se différencient de celles de l'«État-Nation» en cela qu'elles définissent une construction sociale, basée sur une structure capitaliste, mobilisant des acteurs agissant à différents niveaux (nations, entreprises, familles, classes, groupes identitaires...), qui n'est pas figée dans le temps ni l'espace. Elles ont inspiré les thèses sur la colonialité. WALLERSTEIN Immanuel, *Impenser la science sociale. Pour sortir du XIXe siècle,* Paris, PUF, 1995, 320 p. («Pratiques théoriques») [1e éd., *Unthinking Social Science. The limits of Nineteenth-Century Paradigms,* Polity Press, 1991].

tutions ne sont-ils pas validés comme des savoirs et connaissances institutionnelles ?

- comment penser les relations entre culture et économie politique selon des moyens complexes et non réducteurs ?
- qu'est-ce que la colonialité de l'être et que penser de la décolonisation de l'être ?
- quelle est la cartographie du pouvoir du système mondial moderne/colonial, capitaliste/patriarcal et comment re-conceptualiser les luttes afin de le décoloniser et de le transcender ?

Pourrait s'ajouter à cette série de questions : en quoi les TIC changent-elles les rapports de force épistémiques ? En quoi la diffusion par les TIC de savoirs de femmes non utilisatrices des TIC transforme-t-elle les fondements de la colonialité numérique ? En répondant, il s'agit de valoriser ces expériences sud-africaines et sénégalaises tout autant que d'identifier les biais institutionnels que des approches de diffusion numérique peuvent générer. En effet, si on ne souhaite pas *plaquer* ces alternatives sur une réalité contemporaine en tant qu'épisodes superficiels, anecdotiques et anachroniques, il est nécessaire de s'engager dans leur historicisation : elles sont le produit du système-monde, qui allie oppression et discrimination de façon dynamique. Ce système est en perpétuel renouvellement et construction et réclame ajustement. À ce titre, ces alternatives sont paradoxalement productrices de *ripostes* de la part des dominants, qui à leur tour doivent s'adapter.

LES *DIGITAL STORY TELLINGS* : *DES PRATIQUES À ÉVALUER À LONG TERME*

Aujourd'hui, une poignée de sites Web présentent des rubriques dédiées à des récits de femmes sud-africaines (*Storytellings*)[3]. Ils sont

---

3   L'organisation *Women's Net* est particulièrement engagée dans ces processus, <http://www.womensnet.org.za> ; d'autres comme *Silence Speaks* ou *Stories for Change* sont plus récents et davantage dédiés aux *Digital Story Tellings*, <http://www.silencespeaks.org/>, <http://storiesforchange.net/location/south_africa>. Quelques organisations telles que *Engender* qui travaille sur l'intersectionnalité, ou *TAC* dont les actions sont totalement orientées vers la prévention et l'éradication du sida, présentent des pages isolées sur leurs sites Web.

consacrés à des domaines aussi variés que les droits des LGBT, des Sans terre, des séropositifs ou encore aux impacts des TIC sur la société sud-africaine. Ces récits de femmes injectent du vécu, facilement associable au passé (apartheid), voire à du morbide (sida, féminicides), dans du virtuel (Internet). Cette alliance inventée entre le réel et le virtuel offre l'opportunité de démystifier le réel comme le virtuel et se révèle innovante dans un pays où les deux items, réalité et virtualité, restent soigneusement tenus à distance par une partie de la société qui revendique un retour au traditionalisme.

Par leur publication, ces récits atteignent des publics imprévus et inconnus, comme par exemple les jeunes hommes nord-américains actifs voire les femmes cadres supérieures japonaises ou coréennes. Cette publication peut alors provoquer un effet retour ou pour le moins infléchir une vision du pays ou plus généralement des concepts de victimisation, de paupérisation, de marchandisation, de masculinisme... Aussi ce qui compte est-il davantage les effets du contenu du récit et de sa propre dynamique sur des lecteurs potentiels que l'acte technique de sa diffusion : les deux actions, récit et diffusion, sont dissociées, le récit restant entre les mains de celles qui ne savent pas les TIC, la diffusion sur des canaux adaptés confiée par les récitantes à tous ceux (hommes et femmes) qui savent les TIC. L'appropriation technique des TIC n'est alors plus au centre des préoccupations et ne s'imposent plus comme un passage obligé vers la justice sociale. Il s'agit davantage d'appropriation épistémique des TIC et de création de *réseaux d'auteurs,* versus réseaux d'acteurs. Les auteurs demeurent les sujets, n'ayant pas nécessairement accès aux TIC, les acteurs, des transmetteurs de contenus, ayant déjà les accès et capacités techniques requises. Le contrôle sur cette diffusion, les risques d'institutionnalisation ou d'instrumentalisation restent néanmoins présents.

En effet, l'entreprise aujourd'hui *corporate*/institutionnelle dite des *Digital Story Tellings*[4] et organisée par certaines organisations gouvernementales ou de la société civile assoient avant tout des méthodologies d'enquête participatives et fiables sur les principaux enjeux

---

[4]   Ce terme de *Digital Story Tellings* est passé dans le langage « politique » au point qu'il est de plus en plus utilisé dans les discours politiques officiels et par les journalistes.

sociaux comme la prévalence du sida, les violences sexuelles, l'homophobie, les conflits ou le handicap, voire l'analyse genrée desdits enjeux. Certaines, comme le réseau sud-africain *Women's Net* ou le programme femmes de l'*Association for progressive communication*, visent directement la création de contenus sur « les luttes, les victoires, les défis pour les femmes sud-africaines », le renforcement des capacités des femmes et de leurs organisations en matière de TIC en vue de leur mise en réseau, pour plus de « solidarité entre groupes apparemment disparates »[5], et dans un environnement plus « sécurisé et solidaire ».

Pourtant, les *Digital Story Tellings* présentent à ce jour la particularité d'être davantage présentées comme des méthodologies plutôt que des contenus et de viser une application du haut vers le bas, sans réelle concertation avec les narratrices. Les DST sont basées sur une gestion axée sur les résultats, c'est-à-dire ambitionnent des réalisations concrètes, présentées comme des vidéos, des récits oraux à la première personne, face à la caméra, la plupart sur des sites Web ou sur des DVD-Roms. Elles s'adressent d'ailleurs à un public de professionnels « du témoignage », comme les journalistes, et en particulier dans les radios et télévisions, des organismes de formation, des professionnels de la documentation, des bibliothécaires, des médiateurs, des traducteurs, des militants de l'information, autant de partenaires des programmes dans lesquels elles s'inscrivent.

Au niveau opérationnel, elles passent par des formations, principalement axées sur l'apprentissage technique des moyens de publication multimédia (logiciels d'édition vidéo, audio et image fixe) sur l'Internet ou sur supports numériques. Une sélection basée sur la rédaction d'un script est effectuée, ce qui implique que les candidats sont alphabétisés en anglais, à l'écrit comme à l'oral[6]. La formation peut prendre la forme d'ateliers, pendant lesquels des « interviewers »

---

5   D'après un entretien que j'ai réalisé fin août 2009 avec la directrice de *Women's Net*, basée à Johannesburg, et la responsable de l'aile africaine de APC-WNSP, basée au Cap.

6   Dans l'exemple d'une des formations organisée conjointement par *Women's Net* et APC-WNSP en 2007, cinquante-cinq femmes ont postulé. Seules douze ont été retenues, selon des critères géographiques, d'âge, d'organisation. Elles venaient de dix pays : Afrique du Sud, Zimbabwe, Kenya, Malawi, Gambie, Mali, Éthiopie, Ouganda, Brésil et Canada.

recueillent la parole des populations visées et les retranscrivent[7]. Ces formations ou ateliers sont payants et le plus souvent intégrés dans des programmes existants, ayant déjà leur budget. Elles ne font donc pas l'objet de recherche de fonds spécifiques, ni de capitalisation propre et ne sont pas considérées comme majeures. Elles servent de formats d'accompagnement, d'appui, à des projets préétablis.

Le plus souvent, elles sont désignées comme des «méthodologies», appuyées par de nombreux manuels, pour influencer les politiques de développement, ou sanitaires, notamment relatives au sida, ou de sécurité personnelle, des droits humains, en regard de l'extension exponentielle des violences dans le pays. Globalement, ces récits oraux et la façon dont ils sont menés servent de faire-valoir des programmes, de leur bien-fondé, en montrant, par le visuel, par l'image – à forte sémiologie –, qu'ils sont bien axés sur les populations. Certains fervents promoteurs de ces méthodologies évoquent la concurrence directe que ces récits instaurent vis-à-vis du «voyeurisme» des médias traditionnels et des «stéréotypes» qu'ils véhiculent. D'autres considèrent qu'elles représentent un «outil» d'éducation des communautés locales, de formation des prestataires de services, un moyen d'influencer les décideurs et donc de plaidoyer pour le changement social, d'évaluation de projet et de promotion de l'engagement civique[8].

L'usage qui est fait de ces *Digital Story Tellings* reste peu politique – dans le sens de l'importance accordée aux récits et à leurs impacts comme formes d'actions politiques de leurs auteurs – en termes d'analyse de genre de la société dans laquelle elles se développent.

DES STRATÉGIES D'APPROPRIATION COLLECTIVE DE LA CONNAISSANCE

Les récits oraux tels qu'ils sont pratiqués par les deux organisations dont j'ai pu observer les pratiques (SCLC et ACCT), contrai-

---

7   Ces modalités sont mises en œuvre notamment par l'Institut Panos qui considère que «la tâche [des interviewers] consiste à aider les narrateurs à réfléchir aux événements qu'ils relatent et à préciser leurs pensées». Panos Institute 2003, *Giving Voice - Practical Guidelines For Implementing Oral Testimony Projects*, Londres, Panos Institute, Panos Oral Testimony Programme, 83 p., p. 1.

8   D'après un entretien que j'ai réalisé fin août 2009 avec une directrice de projet de l'initiative internationale *Silence Speaks*, menée par le *Center for Digital Story Telling*, basé à Berkeley en Californie, États-Unis.

rement aux méthodologies décrites à propos des *Digital Story Tellings*, recouvrent davantage des stratégies qui visent à laisser la parole à ceux, en l'occurrence celles, dont le rôle social tenterait à les soustraire de cette prise de parole. Ces stratégies ont alors pour résultat direct d'inverser les relations de pouvoir entre dominants et dominés mais aussi de faire émerger des épistémologies de la santé ou de la sécurité par exemple, débarrassées de leurs préjugés moraux traditionnels, mais aussi de classe, de «race» et de sexe. En mettant les narratrices au cœur du processus d'élaboration de pensée, les organisatrices des sessions de prises de parole placent les récits oraux au centre de la transformation des rapports entre dominés et dominants, objets et sujets. Elles estiment que ces récits peuvent désuniversaliser les concepts. Ces récits introduisent une nouvelle logique d'expertise, qui repose moins sur la connaissance académique ou institutionnelle, là où se sacralise le savant, que sur le vécu du quotidien, ce qui est socialement et culturellement considéré non savant. Les femmes ciblées par ces sessions, confrontées mais surtout actrices de la survie quotidienne, deviennent alors de réelles expertes du développement, de la crise économique mondiale, du politique.

Bien que privilégiant l'écriture à l'image par exemple, ces récits, en tant qu'outils de la pensée, viennent contredire ce que Jack Goody qualifie de «raison graphique»[9] en mobilisant des modalités d'élaboration de l'écriture qui ne sont pas calquées sur des modèles dominants, européocentrés. L'analyse de la situation de violences notamment est le résultat d'un raisonnement et d'un récit de vécu oraux qui se traduit par écrit selon des mécanismes, des apprentissages et des rythmes propres à son auteure.

Par ailleurs, en ouvrant une brèche dans l'expression publique, ces Sud-Africaines qui se racontent interrogent l'exercice moderne du pouvoir qui se veut (abstraitement) universaliste et (réellement) vertical. Elles mettent en péril le fief masculin assumé par l'équipe gouvernementale. Elles créent un savoir non initié par le haut, en résistance à un mouvement de libération, aujourd'hui dirigé par des élites noires, qui revendiquent davantage un savoir de dominants[10],

---

9   GOODY Jack, *The Domestication of the Savage Mind*, 1977, trad. *La Raison graphique*, Paris, Minuit, coll. «Le sens commun», 1979, 272 p.
10   STENGERS Isabelle, *Sciences et pouvoirs. La démocratie face à la technoscience*,

un savoir qui se veut reconnu et valorisé à l'échelle internationale. En cela, ces stratégies de libération de la parole des femmes s'apparentent davantage à une approche libertaire, non-propriétaire. Elles proposent l'exercice d'une démocratie qui valorise de fait la libre expression et l'égalité des expressions, comme deux composantes vertébrantes d'une société à créer. Une pratique que l'on pourrait qualifier de *morale de l'invisible* de la construction démocratique. En éliminant des angles morts, des zones d'ombre, cette démarche ouvre des espaces embués, crée le doute, à l'inverse d'une démarche dans un cadre établi. L'invisibilité dévolue aux auteures de ces récits peut alors faire voler en éclats les encadrements, les cloisons, parois et frontières, socialement construits. Elle peut expurger le contrôle (qui barricade, légifère), et donc le pouvoir dominant (qui se sert du contrôle pour se maintenir).

Ne serait-ce que relativement à l'exemple des récits de viols, la mise en scène des intimes, des interdits sociaux, des tabous, interroge la légitimité d'un masculinisme et d'une appropriation politique du corps des femmes revendiqués au plus haut niveau à l'échelle nationale. On peut alors parler d'*intime révélateur*. En effet, cet intime invente de nouveaux modes de communication qui définissent les bases d'un changement social, puisque mettant en œuvre des codes jusqu'alors inconnus socialement. Il déroge aux lois sociale et culturelle et transgresse la frontière implicite entre sphère privée et sphère publique. L'intime établit une nouvelle langue qui permet de discourir, d'échanger, d'élaborer et de diffuser de la pensée à égalité avec les hommes, alors que les espaces réservés à cet effet dans la sphère publique, et négligemment rassemblés sous le vocable citoyenneté, n'offrent aucune place effective ou symbolique à ces expressions. Cette langue, en transformant les codes démocratiques, autorise également la projection des hommes. Elle permet de les faire réfléchir selon une nouvelle grille de lecture, jusqu'ici peu familière.

Ces stratégies s'opposent ainsi aux institutionnalisations conjointes de la communication et du genre. À ce titre, elles enraillent la mondialisation/concurrence encouragée par les rhétoriques politiciennes notamment par TIC interposées.

Paris, La Découverte, 2002, 120 p.

De manière générale, l'histoire parlée ou écrite d'une femme crée sa carte d'identité, qui permet de l'identifier, selon de multiples critères, générationnels, linguistiques, ethniques, culturels, parfois religieux, géographiques, mais aussi emblématiques, parmi son entourage. En Afrique du Sud en particulier, ce n'est pas tant l'appartenance de sexe qui fait identité, particularité ou communauté, mais la combinaison de cette appartenance sexuelle biologique avec de nombreux facteurs comme l'appartenance de classe, de «race», de culture, d'ethnie, de genre… Chaque identité qui se dit, va ainsi à l'inverse de toute démarche allant à la recherche d'un identitarisme, d'un particularisme, d'un traditionalisme, ce vers quoi tend l'équipe gouvernementale. Aussi, comme le constate Tobie Nathan, cette identité particulière fabrique à elle-seule un savoir par son unicité, son acte de propriété[11] – la femme qui se raconte a un savoir qui lui appartient – sa non-conformité intrinsèque, mais aussi par sa potentielle transmission et donc son *pouvoir* de donner à penser, de se croiser avec d'autres, semblables ou totalement différentes. À partir de cette identité, se développe une représentation du sujet, par lui-même ou par un autre, qui fait empreinte. Cette représentation, qui est fortement culturalisée ou subjectivée, à son tour crée un savoir, puisqu'elle peut alors s'exprimer, être retransmise et redonner à penser. L'ensemble de ces représentations ainsi générées peut créer les bases d'une connaissance qui se partage, se discute, se multiplie, se nomadise, voyage[12]. Aussi la connaissance personnelle crée-t-elle un savoir collectif et non l'inverse. On peut alors parler d'*identité collective.*

À ce titre, cette démarche de collecte de récits de femmes sud-africaines s'oppose à la logique qui mobilise les sociologues de l'innovation par l'appropriation des usages des TIC qui ont tendance à stigmatiser en un lieu/moyen, les réseaux sociaux numériques notamment, la puissance créative des individus. Par exemple, l'opportunité couramment associée à l'usage de *Facebook, LinkedIn, Twitter, MySpace…* de partager des photos, souvenirs, idées, avec ce qu'il est convenu de

---

11   NATHAN Tobie, «Quelques principes d'ethnopsychiatrie», *Parcours* n° 19/20, 1998/1999.
12   DESPRET Vinciane, *Ces émotions qui nous fabriquent. Ethnopsychologie des émotions,* Paris, Institut Édition Synthelabo, collection Les Empêcheurs de penser en rond, 1999, 359 p., p. 194.

nommer des «amis», se mesure dans le virtuel et le plus souvent à la quantité desdits amis. Elle peut créer dynamique, de réseau, parfois de contenus, mais c'est en respectant les codes qui régissent ces outils, à savoir l'immédiateté, la surenchère, l'excès, au détriment de la subjectivisation des auteurs. Contrairement au *Storytellings* (non numérique), elle ne crée pas à proprement parler de la connaissance et tel n'est pas son objectif. D'ailleurs, les études sur ces usages en attestent: les profils sur les réseaux sociaux numériques ou les blogs révèlent des initiatives très individuelles, qui, mises côte à côte, peuvent éventuellement créer collectif. Il n'est pas vraiment possible d'attester d'un objectif de transfert de connaissances à échelle collective puisque le principe-même du profil, nécessaire pour s'identifier sur les réseaux sociaux, repose sur l'individualité. De plus, les contenus créés sur ces outils n'appartiennent pas à leurs auteurs mais à des entreprises privées, pour leur très grande majorité, nord-américaines. Il serait alors intéressant de mesurer quantitativement et qualitativement s'il y a du savoir collectif créé par le biais des usages des réseaux sociaux numériques afin de mieux anticiper la projection fidèle de ces récits oraux de femmes par les TIC.

UNE ÉCONOMIE DU SAVOIR EN OPPOSITION À UNE ÉPISTÉMOLOGIE DOMINANTE

Dans ce souci d'alimenter une identité collective et loin de vouloir compléter les pièces d'un puzzle d'une mémoire nationale, comme celle de la Shoah ou des rescapés du génocide du Rwanda, ces stratégies de prise de parole de femmes ont vocation à construire une *économie de la transmission*[13]. Elles créent leurs monnaies d'échange spécifiques –une langue, les histoires elles-mêmes– et leurs capitaux propres –ces savoirs– et donc leurs propres modes de répartition des richesses. Elles mettent en commun une mémoire collective féminine, qui plus est noire africaine, en opposition à la «blanche mâle occidentale», esquissée par Gilles Deleuze[14] et plus récemment

---

13   ... à opposer aux théories de l'«économie du savoir», d'orientation néolibérale.

14   DELEUZE Gilles & GUATTARI Félix, *Capitalisme et schizophrénie: l'anti-œdipe*, Paris, Minuit, 1972, 470 p., p. 133.

renforcée par la société numérique colonialitaire. Cette innovation se révèle d'autant plus forte dans ce pays où les femmes gèrent au quotidien et dans l'immédiateté un socle de survie qui soutient fortement le fonctionnement de l'État. Aussi en se racontant, en prenant la parole, des Sud-Africaines dérogent à des lois qui leur ont été ou leur sont socialement imposées et investissent une démarche spécifique de transmission de mémoire. Celle-ci s'apparente davantage à une attitude d'appropriation/capitalisation d'une réalité, d'une situation prise sur le vif, de la vie réelle, en opposition à la vie institutionnelle, rationnelle, dispensée par la rhétorique étatique. Cette appropriation du *réel* passe ainsi par des modes, non théorisés qui forment eux aussi un savoir. Issue de la gestion quotidienne, de surcroît dans un contexte d'urgence, elle fait expertise et ouvre un champ de connaissance. Faire connaître ce champ de connaissance, c'est distordre les visions d'une connaissance *par le haut*. En outre, les savoirs créés par cette appropriation sortent d'une typologie classique qui consiste à faire des observations et représentations puis des analyses des comportements et environnements sociaux, des données scientifiques, valant savoir. Aussi l'appropriation du *réel* demande à être confrontée à la théorisation de l'appropriation du *virtuel*, comme nouvelle et désormais incontournable source de connaissance, telle que les organisations en charge des politiques de TIC le soutiennent.

Ensuite, la diffusion de ces savoirs non savants par les TIC ne correspond pas simplement à une entreprise de reconnaissance en tant que savoir «local» ou «autochtone», comme il est parfois nommé, notamment par quelques institutions internationales[15] ou chercheurs[16]. Ce savoir n'a pas uniquement une utilité périphérique, à un moment donné selon une situation donnée, ce qui en soit est déjà fondamental. Ce qui importe dans sa diffusion est de considérer que c'est justement le caractère périphérique, subalterne et non savant de ce savoir qui en fait sa valeur, qui met son auteur en situation d'acteur et non de victime à qui *on* donne la parole. Ce positionnement ren-

---

15   Voir notamment le programme *Links* de l'Unesco, <http://www.unesco.org/new/fr/natural-sciences/priority-areas/links/>, consulté le 21 octobre 2015.

16   BRUNOIS Florence, «Pour une nouvelle approche interactive des savoirs locaux : l'ethno-éthologie», *Journal de la Société des Océanistes*, CXX-CXXI, mis en ligne le 27 novembre 2008, <http://jso.revues.org/pdf/335>, consulté le 21 octobre 2015.

verse la place des auteurs comme des sujets de ces savoirs. Il inverse le sens de là où le savoir devient visible. Il s'agit moins d'envisager de donner la parole à ceux qui sont sans voix que de laisser les sans voix la prendre, là où ils entendent le faire. Ce renversement à lui seul remet en cause l'ensemble des systèmes de division de classe, de «race», de genre, puisqu'il met la supposée victime en position d'émetteur d'informations ce qui bascule le postulat selon lequel elle accepte définitivement sa position de dominée.

En particulier pour ce qui concerne les femmes et comme l'argumente l'historienne Michelle Perrot, par l'oralité et la création de leur *Histoire,* les femmes qui racontent leur vie en public, ce qui est le cas des expériences des récits de femmes en Afrique du Sud, en négligeant l'invisibilité qui leur est socialement et historiquement assignée transforment leur statut d'objet en celui de sujet, y compris de la révolution nationale toujours en marche, et se positionnent alors, consciemment ou non, en résistance[17]. Car ce n'est pas tant le contenu de leur message qui importe, mais la dynamique que le récit et sa diffusion créent. Il est alors facile de comprendre que ce n'est pas le processus méthodologique (de recueil ou de narration) qui fait le savoir mais plutôt son non-cadrage académique.

De plus, l'oralité mise en exergue permet d'aller plus loin dans la transgression sphère publique/sphère privée, ouvrant plus facilement à celle qui parle un champ qui lui est le plus généralement inaccessible, faute de connaissance adaptée (l'écriture notamment) ou par crainte d'exclusion sociale (la trace existe mais reste éphémère).

Cette approche va également à contresens d'un savoir mondialisé, qui a tendance à vouloir uniformiser la pensée. Elle s'accroche à chacune des identités personnelles, fortement empreintes de culture et de socialisation locale (langue, urbain/rural, riche/pauvre…). Tobie Nathan écrit :

> «[…] ces savoirs sans représentants savants, sans congrès, sans revues internationales, sans académies ni institutions […] viennent questionner une certaine pensée occidentale à visée universalisante, en ouvrant une brèche dans une unité trompeuse et en offrant d'autres visions du monde»[18].

---

17   DUBY Georges & PERROT Michelle (dir.), *Histoire des femmes en Occident,* Paris, Plon, 1990-1991, 5 volumes.

18   NATHAN Tobie, «L'ethnopsychiatrie, une morale de l'incertitude», *Revue des littératures du Sud,* n° 157, Littérature et développement (janvier - mars 2005),

En se calquant implicitement sur les fondements des ethnoscien-ces, la démarche de recueil de récits de ces femmes va plus loin en distordant une unité superficielle, créée par la période postapartheid et les luttes qui l'ont précédée, puis surtout la période contempo-raine très empreinte d'hypermodernité. Elle met en effet davantage l'accent sur les singularités, et en particulier les singularités de genre, plutôt que sur les ressemblances, entendues comme nécessaires à la fabrication et à la pérennité (y compris économique) de l'unité natio-nale. Elle ne cherche pas à adapter le savoir dominant à ses modes d'expression, mais travaille plutôt à créer ses propres valeurs.

Comme Jean-François Bayart qui invite à «penser notre temps dans son incomplétude et dans sa fragilité»[19], elle propose une autre lecture de la mondialisation. Par exemple, il ne s'agit pas de réécrire la lutte contre l'apartheid au travers d'un regard de femmes, mais plutôt de créer un regard de femmes ayant vécu l'apartheid, et ayant donc accumulé un savoir spécifique sur une société en transition. De la même manière, il ne s'agit pas de relever les témoignages passifs des principales victimes de la crise économique mondiale, mais bien d'in-terroger celles qui sont les principales actrices de son dépassement, mettant chaque jour en œuvre des solutions économiques, au sens étymologique de *oikos nomos*, «administration d'un foyer», aux situa-tions de pénurie sanitaire et alimentaire, de catastrophe, de conflits, de dégradations écologique, financière…

Au titre de cette incomplétude volontaire et incontournable, cette démarche de collecte de récits oraux de femmes s'oppose à cette forme de monolithisme globalement toléré d'une épistémologie hier importée d'Occident et aujourd'hui couplée à grande vitesse avec des influences idéologiques de l'Extrême et du Moyen-Orient, notam-ment à travers les TIC. En misant sur la diversité et la multiplicité, en démystifiant les notions d'union, de cohésion, voire de solidarité, ou encore de consultation démocratique et de participation politique, elle oppose un front implicite à la violence épistémique véhiculée par la société numérique colonialitaire. Ces savoirs non savants mal-traitent la colonialité numérique autant que la colonialité féministe occidentale, telle qu'elle peut être définie par les théoriciens du *Black*

Notre Librairie, p. 9.

19   Jean-François Bayart, 2004, *op. cit.*, p. 228.

Feminism[20], ou des effets coloniaux de la recherche féministe occidentale[21]. Enfin, en modifiant les codes de la facilitation de l'expression publique – les personnes qui servent d'intermédiaires sont peu intrusives et acceptent de croiser leurs propres savoirs avec celles des récitantes –, ces stratégies ne se contentent pas de créer l'outillage nécessaire à cette expression. Elles politisent systématiquement l'ensemble des contextes où elles s'appliquent. En cela, elles ouvrent des perspectives en matière de facilitation par les TIC. Les TIC peuvent alors servir de moyens de création d'un espace/champ de connaissances et de réflexion sur ces savoirs et sur les contextes de leur élaboration, ce qui peut enrichir une épistémologie féministe.

LA POSITION DES SUBALTERNES INVERSÉE

Dans les deux expériences, sénégalaise et sud-africaine, la diffusion des savoirs des femmes ou des jeunes sur le genre, par l'intermédiaire direct ou indirect des TIC, est centrale. C'est le caractère périphérique, subalterne et non savant de ces savoirs qui en fait leur valeur, et met leurs auteures et auteurs en situation d'agir et non de subir. Ce positionnement renverse la place de ces personnes comme des sujets de ces savoirs. Il inverse le sens de là où le savoir devient visible.

En somme, ces activités de revalorisation de savoirs de femmes ou de genre brisent beaucoup d'évidences :
- politiques : libérales, de colonialité du pouvoir, marxistes ;
- méthodologiques : elles ne revendiquent pas de démarche du type scientifique ou d'académisation et ouvrent plutôt des champs d'expérimentation peu empruntés aux outils occidentaux ;
- sociales : elles ne font pas parler les pauvres, par exemple, c'est la pauvreté qui crée le besoin de prise de parole ;
- épistémiques : elles créent un champ de savoirs à contre-courant, non savant.

---

20   DORLIN Elsa (dir.) *Black Feminism. Anthologie du féminisme africain-américain, 1975-2000*, Paris, L'Harmattan, 2008.
21   TALPADE MOHANTY Chandra, *Feminism without Borders: Decolonizing Theory, Practicing Solidarity*, Londres, Duke University Press, 2003, 312 p.

L'ensemble de ces pratiques re-situe la connaissance au sein du réel quotidien versus le virtuel. Il intègre un processus d'ouverture épistémique, c'est-à-dire un élargissement de la définition de ce qui fait science, connaissance et savoir. La connaissance, liée à la production de savoirs, n'est plus le produit des TIC, mais leur source comme tout savoir féministe : elle est le résultat reconnu d'une activité sociale intégrée au sein de valeurs personnelles, culturelles et politiques[22]. Comme le qualifie Sandra Harding, elle fait «positionnement»[23]. En effet, quand on adopte une épistémologie du point de vue (*StandPoint Theory*), le savoir est socialement situé[24]. Aussi, les femmes qui se racontent, en particulier en révélant leur intime quotidien, parlent des rapports de domination. Elles ont matière à discuter et à analyser les cadres conceptuels ou les politiques autant que pourraient le faire des scientifiques par exemple, ou des personnes qui conçoivent des usages de TIC ou des personnes qui prennent des décisions au niveau politique.

Ces récits et leurs modes de transmission alimentent un modèle d'appropriation des TIC qui n'a ni vocation à visibilité institutionnelle ni ambition économique ou d'intégration des femmes dans un ensemble universel préconstruit. Ce modèle vise plutôt l'émergence de contenus invisibles, qui, une fois publiés et diffusés par les TIC, établit le lien entre le virtuel et le réel. À ce titre, il oppose à l'injonction de connexion des Africaines la liberté du récit et de la construction de leur mémoire. Il re-légitime la subalternité qui crée des espaces de différence[25].

---

22   Sandra Harding, 1991, *op. cit.*, p. 142

23   *Ibid.*, p. 156.

24   HARDING Sandra (dir.), *The Feminist Standpoint Theory Reader*, New York et Londres, Routledge, 2004, 400 p.

25   Gayatri Chakravorty Spivak, 1988a, *op. cit.*

Dissocier domination et pouvoir

La domination et le pouvoir: deux visions du monde

Les alternatives, les démarches innovantes inventées par des femmes ou des jeunes en Afrique du Sud et au Sénégal hors des sentiers battus du genre et de la domination du modèle occidental, recouvrent des pratiques créatives et transgressives originales et permettent de renouveler certaines approches convenues ou partielles d'une épistémologie de la domination. Elles nourrissent les bases d'une comparaison réciproque avec les scientifiques spécialistes du sujet. Elles ouvrent des pistes de réflexion pour la théorie féministe, en tant que creuset de l'expertise du quotidien, de la redéfinition du genre et de l'intime. Elles font voler en éclat les portes qui cloisonnent les dominations de classe, de «race», de genre, pour mieux renseigner leur indispensable informalité et rompre avec la frontière réel/virtuel.

DES REPRÉSENTATIONS DIFFÉRENCIÉES MAIS CONVERGENTES DE LA DOMINATION

Au moment de mes entretiens et observations, fin des années 2010, les usages des TIC ne sont pas considérés par les organisations de femmes ou féministes d'Afrique du Sud et du Sénégal comme moteurs de l'action politique ou facteurs de mobilisation. Ils ne font pas partie de l'arsenal politique. La «société de l'information» n'est pas considérée comme interférant sur l'activité politique de l'organisation alors qu'elle dépolitise l'action politique.

Certaines organisations se voient soustraites de l'expression publique, ou écartées de leurs revendications principales. Elles s'engouffrent dans les politiques de genre et de TIC. Elles voient les TIC comme axe d'intégration du genre dans leur pays, au Sénégal, ou de potentielle visibilité des actions en Afrique du Sud. Les usages de ces outils, plus explicitement techniques qu'éditoriaux, sont majoritairement confiés à des personnes jugées responsables, initiées, principalement des hommes, envers qui elles ont des devoirs à accomplir plutôt qu'un pouvoir à exercer. Au sein de ces usages, on observe des singularités entre les deux pays. Elles se mesurent à l'appréciation qui peut être faite de ce qui est politique et ce que sont les rapports de domination. Il en est de même pour la subversion ou la transgression, majoritairement considérées au Sénégal comme déplacées, en désaccord avec l'idée de la démocratie alors que c'est le contraire qui peut être mis en avant en Afrique du Sud. Ces différences dans les représentations n'empêchent pas les alternatives. Que ce soit la communication informelle, spécifique au continent, ou l'émergence de détournements transgressifs construits autour de la libération de savoirs non savants, un ensemble de pratiques et de mécanismes font *contrepoint* à la colonialité numérique.

Les exemples décrits au Sénégal et en Afrique du Sud passent globalement par l'appropriation innovante des TIC selon des modes avant-gardistes, comme rendre visibles les actions et pensées des femmes ou sensibiliser des jeunes hommes au genre, par l'usage direct ou indirect des TIC, technologies davantage entendues comme relais en cohérence avec les actions sur le terrain que comme moyens incontournables pour être en relation avec les autres. La définition de nouveaux espaces et modes d'expression comme les *Storytellings* (récits oraux, numériques ou pas), les blogs mais aussi les sketchs, les pièces de théâtre, les bandes dessinées… filmés, enregistrés ou retranscrits, ont émergé ainsi que leurs canaux de diffusion par les TIC. Ces expériences africaines placent avant tout les savoirs au niveau de leurs auteurs et non de leurs interprètes et re-situent l'intime et le privé, au cœur de la problématique des rapports de domination. Les TIC jouent alors une partition expérimentale qui, lue et étudiée point par point, peut se décliner à l'adresse d'autres potentiels auteurs-interprètes.

Les espaces créés dans le cadre de ces expériences permettent effectivement de montrer que les inégalités et les discriminations peuvent générer de la créativité, aux niveaux personnel et collectif, ce qui constitue une logique à déconstruire : entre situation d'engorgement vers l'urgence immédiate et dynamique que cet engorgement fait naître, l'espace des différences et des alternatives peut s'installer, et plus concrètement, sur des lieux géopolitiquement ignorés (les banlieues, le milieu rural, les villes de province) ou sur des lieux d'actions politiques insoupçonnés. Aussi, ce jeu de va-et-vient constant entre situation d'inégalités et gestion du quotidien, exercice autonome de la liberté, de l'égalité, valide-t-il une vision critique et transversale, tant au niveau disciplinaire qu'entre les mouvements qui s'y engagent. Il permet d'aller chercher les invisibilités, de les croiser entre elles ou avec ce qui se fait de plus visible, tous secteurs confondus, économique, politique, social, épistémique, tous rapports de domination inclus, de genre, de classe, de «race», entre générations. Il évite l'impasse théorique qui consisterait à se limiter à l'analyse d'espaces d'intersections évidents, comme par exemple celui très restreint du genre et des TIC.

Sans cette approche critique, le risque d'occulter la potentialité innovante et transgressive de cette dynamique deviendrait exponentiel. Le risque de libérer les *potentiels* ou pouvoirs, individuels ou collectifs, tout autant.

Enfreindre la situation de présence-absence

En empruntant le chemin de découverte de ces potentiels, nous avons pu isoler deux groupes distincts: les organisations de femmes et féministes d'une part et les scientifiques (sociologues de l'innovation par les TIC, théoriciens des études Genre et TIC, chercheurs en études féministes, post-coloniales et subalternes, etc.), d'autre part. L'observation de la gestion des rapports de domination en leur sein et entre eux nous permet d'établir un parallèle. La faiblesse des usages transgressifs des TIC par le premier groupe et l'occultation de l'accélération de la gestion quotidienne de l'urgence par les femmes de la «base» couplée à la méconnaissance/désintérêt de leurs usages transgressifs des TIC pour l'action politique par la majorité du deuxième groupe renvoient à une conception classique des rapports de domination: hiérarchisée, masculine, institutionnelle, normée, cadrée. La remise en cause des rapports de domination qui traversent les sociétés africaines est globalement impensée alors qu'elle est discutée. Les femmes de la «base», au Sénégal et en Afrique du Sud, ont des savoirs propres qui ne sont pas reconnus ni pas leurs proches (parents, frères, maris, enfants), ni par leurs concitoyens (aînés, hommes et femmes, jeunes hommes, religieux, …), ni par les institutions politiques (partis, organisations, État, gouvernement, parlement), ni par les scientifiques, voire souvent ou généralement non plus par elles-mêmes. Ces savoirs sont invisibles. Ils ne sont pas *spontanément* publics. Si détournement il y a, si prise de parole est organisée, y compris et de surcroit de façon informelle, et par TIC interposées, ces savoirs ont prise sur les rapports de domination dans la sphère publique. Si bien que leurs auteures se rapprochent de la sphère du pouvoir, institutionnel et scientifique, dans les deux cas, dominante. Leur résistance, incarnée par une contestation des cadres et normes de cette sphère du pouvoir, a alors des impacts sur leur environnement sociopolitique car les lieux publics de leur expression se révèlent, deviennent visibles. Ces femmes agissent en vain sur le terrain du formel réel mais transgressent les évidences dominantes sur le terrain informel virtuel. De la subalternité qui leur est allouée et du contrôle par une série de systèmes de subordination (tradition, pesanteurs socioculturelles, divisions de classe, générationnels, rapports sociaux de sexe, institutions…), ces femmes libèrent des espaces de transgression. Paradoxalement, elles deviennent parfois les contrôleuses de ces systèmes, en répliquant, de façon implicite, les modes de relations de pouvoir qui construisent ces systèmes. Par exemple, elles critiquent leur propre manque de compétence, de temps ou réclament davantage d'éducation, c'est-à-dire intègrent l'idée qu'elles manquent de savoirs adaptés pour créer des savoirs, pour *faire* science. Elles placent alors l'action politique au niveau public institutionnel, pour la détacher de l'intime, de l'urgence, du quotidien, et par effet de conséquence retournent dans les espaces qui créent les causes des discriminations dont elles sont l'objet. Elles s'enferment davantage au lieu de valoriser leurs savoirs propres : l'intime, la gestion de la paix sociale… hors des cadres prescrits. Elles estiment par ailleurs que les TIC leur permettent d'«accroître leurs capacités». Cette position est ambivalente : d'une part, elle sous-entend qu'elles ont besoin des autres pour développer une connaissance jugée insuffisante ; d'autre part, elle innove par l'ambition affichée de sortir du cadre, du rôle social qu'elles décrivent elles-mêmes comme leur étant dévolu.

Les deux groupes d'acteurs —scientifiques d'un côté, organisations de femmes ou féministes de l'autre— dans leurs contextes respectifs —l'académie, les sociétés d'appartenance—, se retrouvent généralement en situation de ce que Cathy Cissé qualifie de «présence absence» : leur présence n'est pas toujours productrice d'effets. Elle est le plus souvent un alibi de représentation. Ces différents acteurs agissent dans les cadres qui leurs sont imposés et opposent différents types de réaction : l'adaptation —répondre au mieux à l'ensemble des offres, demandes et injonctions –, la réaction – contester le cadre sans vraiment proposer d'alternative –, la rébellion – contester le cadre et refuser de s'y plier sans pour autant choisir de proposer d'alternative au sein du cadre. Ces différentes stratégies sont payantes puisque qu'elles offrent au moins l'intérêt de créer débats et savoirs, ce qui en soit transgresse les normes d'invisibilité prescrites dans les rapports de domination.

En complément, les expériences de récits oraux de femmes en Afrique du Sud ou de diffusion de savoirs de jeunes sur le genre au Sénégal ne se cantonnent pas à accumuler de la documentation sur la «représentation des colonisés ou au fait des colonies», comme le souligne Gayatri Chakravorty Spivak en ouverture de son ouvrage *Critique of Postcolonial Reason*[1]. Elles rendent compte d'expériences, qui brisent les règles, les cadres et normes alloués, y compris en tâtonnant, en faisant des erreurs, et en cela, qui imposent réflexivité, éclairent des zones invisibles, y compris dans le domaine scientifique. L'enjeu est de taille : *libérer* des sujets, par eux-mêmes, à l'abri du soutien, de l'appui d'un *autre* occidental, paternaliste, colonialitaire. Ces expériences créent un subalterne qui s'auto-définit. Elles opposent à un contexte dominant multiforme des espaces où la liberté se construit, à l'écart des fondements égalitaristes institutionnels enfermants. Elles délient liberté et égalité, et en cela re-politisent l'intime quotidien et l'action politique.

Aussi, la comparaison réciproque entre la problématique des usages transgressifs des TIC par les organisations de femmes ou féministes en Afrique et celle de la recherche en sciences sociales s'impose d'elle-même afin de confirmer l'existence d'un lien historique et épistémologique entre les études sociologiques sur l'appropriation sociale des TIC, les études féministes, post-coloniales et subalternes, lien alimenté par l'appartenance de genre.

LES TIC POUR INTERROGER LA THÉORIE FÉMINISTE ?

Dans l'éditorial de l'édition 11 de la Revue *Feminist Africa*, titré *Researching for Life: Paradigms and Power*, Jane Bennett suggère que les

---

1   SPIVAK Gayatri Chakravorty, *A Critique of Postcolonial Reason. Toward a History of the Vanishing Present*, Cambridge, Harvard University Press, 1999.

méthodologies de recherche féministes relèvent un défi, celui de leur confrontation à la vie quotidienne :

> «*Aussi brutal que cela puisse paraître (et ouvert à controverses), les réalités du transport, les subtilités de la vie négociées au travers de la violence et de la pauvreté, la pénibilité du travail et les engagements familiaux, les frustrations liées à la lutte pour se frayer un chemin entre les attentes et les propres analyses d'un donneur (superviseur, bailleur, État), les frustrations en termes de ressources, le caractère implacable de la capacité de la vie à surprendre, à brouiller l'esprit, et à tout remuer, perturbent l'espoir de déplacements méthodologiques clairs.*»[2]

La philosophe sud-africaine entend ainsi poser les bases d'un renouvellement de la recherche féministe sud-africaine, confrontée à la réalité de l'horreur quotidienne. D'une certaine manière, elle autorise à repartir de la réalité modifiée de la vie quotidienne en contexte de colonialité numérique pour réinterroger le changement.

De son côté Patricia McFadden insiste sur la nécessité de ne pas réduire le concept de genre à la nécessaire mais simple question de l'égalité des droits entre hommes et femmes, souvent brandie comme alibi intellectuel. La directrice du Centre d'études féministes à Harare au Zimbabwe affirme que :

> «*L'analyse féministe radicale [...] suppose une capacité critique et profondément transformatrice à révéler de nouveaux sens et signification de l'identité en termes de féminité et masculinité, jeunesse et aînesse, citoyenneté et identité/ orientation sexuelle, situation des zones urbaines et rurales et intersections avec les notions d'authenticité et de modernité, race et privilège, contestation dans l'espace et nationalité, et même définition du présent et du futur*».[3]

La féministe zimbabwéenne considère le genre comme un outil analytique critique afin de définir une citoyenneté féministe en lieu et place d'un paradigme qu'elle juge conservateur et dépolitisant, celui de genre et développement. Par ailleurs, dans ce qu'elle qualifie de contexte de mondialisation libérale, elle alerte les militantes féministes sur les risques de se faire happer et donc à se mobiliser

---

2   BENNETT Jane, «Researching for Life: Paradigms and Power Editorial», *Feminist Africa*, n° 11, 2008a.

3   Patricia McFadden, 2000, *op. cit.*

autour des discours «masculinisés» ou des débats sur les droits et devoirs, qu'elle considère comme définis par des hommes, noirs ou blancs. Elle appelle à une appropriation et à un contrôle de l'État, en tant qu'objet oppressif, afin d'identifier des «valeurs sociales inaliénables»[4], considérées comme bien collectif. Elle insiste sur l'urgence d'intervenir contre «l'hégémonie raciale et de classe»[5], qui oriente les ordres du jour féministes, en les restreignant à une portion réduite de la transformation sociale. Enfin, elle fait le parallèle avec les «questions de militarisation et d'utilisation par les classes dominantes noires de l'État néocolonial afin de faciliter l'accumulation capitaliste rampante et le pillage des ressources par la guerre, la terreur et la brutalisation de la majorité des femmes et des communautés pauvres à travers le continent [africain]»[6].

Patricia McFadden m'offre ainsi l'opportunité de confronter le constat du *pillage* organisé désormais par la colonialité numérique avec le discours et les pratiques des organisations de femmes et féministes locales. Au Sénégal par exemple, selon les interlocuteurs, «les femmes», dans leur ensemble, «ne s'en sortent pas, subissent la pauvreté»… si bien que la *comptabilité générale* des Sénégalaises, en tant qu'individus, n'est jamais équilibrée, d'autant plus déficitaire que l'économie nationale est délétère. Pour autant, cette affirmation est accompagnée d'un discours optimiste. La qualification de la société sénégalaise par mes interlocuteurs présente en effet quelques contrastes. Cette société jugée par tous inégalitaire serait au choix en changement, normale, bénéfique aux femmes, qui savent tirer profit de cette situation duale. Ce paradoxe interroge les a priori d'une analyse simpliste d'un sexisme ordinaire uniforme de la société sénégalaise tout autant que les résultats d'une sociologie bourdieusienne, où les dominées sont les actrices, au même titre que les dominants, de leur domination. Il est peut-être à mettre au débit de l'observatrice, française –moi–, à qui les personnes qui sont interrogées ne souhaitent pas confirmer des stéréotypes qu'elles considèrent comme français, sous-entendu occidentaux, coloniaux, paternalistes, qu'elles connaissent et rejettent.

---

4   Patricia McFadden, 2005, *op. cit.*, p. 5.
5   *Ibidem.*
6   *Ibidem.*

Cette attitude représente en soi de façon non frontale un moyen d'affirmer une forme d'autonomie. Ou encore, à l'image de leur relation à la politique, mes interlocuteurs s'attachent à ignorer ou à détourner les différents systèmes oppressifs et d'aliénation dont ils vivent les effets. Ils entendent qualifier et valoriser un bénéfice secondaire, implicite, qui incarnerait le pouvoir qu'ils détiennent. Cette qualification s'opère sur un autre terrain que la politique, qu'ils assimilent à la politique politicienne. Cet autre terrain investirait davantage la sphère privée, l'intime, globalement invisibles, et les lois et codes qui les régissent.

Ces trois pistes de réflexion pour la théorie féministe – 1°) repartir du vécu quotidien, 2°) requalifier le genre à sa juste valeur par l'analyse des inégalités liées aux multiples identités dans un contexte mondialisé qui renforce la hiérarchisation des pouvoirs, et 3°) fouiller des stratégies de contournement de l'expression publique de cette domination masculine via le privé, l'intime, l'invisibilité – permettent d'analyser selon une approche renouvelée les rapports de domination.

D'un côté, toutes les réflexions critiques relatives au patriarcat se reproduisent au sein de la société numérique colonialitaire. Inversement celle-ci s'en inspire. De l'autre côté, il existe aujourd'hui des outils méthodologiques pour réfléchir à la critique politique de cette société. La révélation de la réquisition/spoliation par les pouvoirs publics du corps des femmes et de leurs savoirs impose d'investir une contre-perspective de la mondialisation. L'investigation par la révélation publique de l'intime, de la vie quotidienne, en tant que stratégie politique et non en tant que stratégie d'évitement des relations de pouvoir et des rapports de domination s'impose à mes yeux comme une piste sérieuse. D'autant que cette révélation peut amplement être facilitée par les outils de TIC au titre de canaux publics de diffusion faciles d'utilisation et, comme le distinguerait Hannah Arendt, d'outils véritables pour *isoler le pouvoir de la domination*[7].

---

7   Hannah Arendt, 1961, *op. cit.*

DÉ-HIÉRARCHISER LES DOMINATIONS

La domination est un objet classique des sciences sociales tout autant qu'un enjeu de conflit idéologique, social et politique. D'aucuns opposent à la définition bourdieusienne[8] – servitude volontaire ou encore violence symbolique – une conception politique et sociale d'une société démocratique constituée d'individus éclairés, responsables et volontaires[9]. Hannah Arendt[10] se heurte à la conception de Max Weber qui voit dans le pouvoir une domination[11] alors que la philosophe oppose la domination – système hiérarchisé de relations d'obéissance – au pouvoir, lié au «potentiel» des individus. Achille Mbembe[12] met en avant les mécanismes de domination sociale afin de dépasser les termes du débat sur la pensée raciste et de déconstruire le principe de la «race», en tant que paradigme de l'assujettissement, de la mise à mort d'autrui. Selon Gayatri Chakravorty Spivak[13], la domination est structurelle et irrémédiablement mâle et occidentale. Caractérisée par la division internationale du travail, elle implique que toutes les formes de représentation proviennent nécessairement d'une position privilégiée ou de pouvoir, c'est-à-dire une position hiérarchisée accordée par l'éducation, la citoyenneté, la classe, la «race», le genre et le lieu. D'autres la considèrent comme centrale à la théorie féministe en tant que problématique structurante du champ des mobilisations et des stratégies de libération[14]. En son sein, Léo Thiers-Vidal[15] dissocie dominés et dominées, dominants et dominantes.

---

8   Pierre Bourdieu définit ainsi la violence symbolique: «La violence symbolique est, pour parler aussi simplement que possible, cette forme de violence qui s'exerce sur un agent social avec sa complicité». BOURDIEU Pierre & WACQUANT Loïc, *Réponses. Pour une anthropologie réflexive*, Paris, Le Seuil, 1992, p. 142.

9   MESSU Michel, «Explication sociologique et domination sociale», *SociologieS* [En ligne], Théories et recherches, mis en ligne le 15 novembre 2012, <http://sociologies.revues.org/4198>, consulté le 8 septembre 2014.

10   Hannah Arendt, 1961, *op. cit.*

11   PACCIONI Jean-Paul, «Pouvoir», *Dictionnaire de la philosophie*, CNRS Éditions, 2003, p. 840.

12   MBEMBE Achille, *Critique de la raison nègre*, Paris, La Découverte, 2013. 267 p.

13   Gayatri Chakravorty Spivak, 1988a, *op. cit.*

14   Elsa Dorlin, 2009, *op. cit.*

15   Léo Thiers-Vidal, *op. cit.*

Le contexte mondialisé et occidentalisé, le cas singulier de l'Afrique, vu selon une posture féministe, ajoutent à ce débat politique. La recension des créations transgressives aux dominations masculine et colonialitaire, définies l'une après l'autre et formulées au cœur de ce débat, nous a permis de fournir une représentation empirique de la domination «elle-même». Elle ne s'est pas arrêtée à une «représentation» des dominés dans les mouvements sociaux, les organisations ou les institutions d'un côté et des dominants d'un autre côté, avec leurs modes de *ripostes* spécifiques (masculinisme, traditionalisme, paternalisme, européocentrisme). Cette nouvelle représentation, nommée «colonialité numérique», s'est imposée en tant que système. Les perspectives sur la domination ont par ailleurs été renouvelées car les subalternes ont été envisagées comme sujets pensants, créateurs de savoirs non savants. Les démarches de récits oraux de femmes ou de diffusion de savoirs de jeunes sur le genre ont des conséquences épistémologiques profondes, dépassent la notion de reconnaissance des savoirs des actrices sociales et de leur légitimation, de leur adéquation avec une méthodologie d'enquête féministe, pour développer un nouveau paradigme de la domination, celui des subalternes africaines en situation d'urgence accélérée.

Par ce paradigme, nous savons que prioriser une domination par rapport à une autre, ou les additionner les unes aux autres, non seulement n'a pas de sens, mais ne correspond pas à l'imaginaire construit des subalternes. De plus, les cas spécifiques des alternatives transgressives proposées par les Sénégalaises et les Sud-Africaines montrent que les références au *Black Feminism,* littérature majeure sur les femmes de couleur d'Amérique du Nord et sur la remise en cause du féminisme hégémonique, ne se plaquent pas *naturellement* sur l'Afrique. Elles ne se substituent pas au point de vue apporté par les femmes noires de la «base» du Sénégal et d'Afrique du Sud, très empreint d'*informalité* et d'ancrage dans l'*intime quotidien*. Imaginer le contraire pourrait créer violence épistémique. Des pistes d'un débat pour éclairer les contours d'un féminisme noir africain se dessinent et ajoutent à celui en cours sur le féminisme hégémonique global.

On peut évoquer l'idée d'un renouvellement de la pensée féministe. Ce renouvellement interroge notamment la position du scientifique dont la posture n'est ni évidente ni objective et dont les représentations, si elles ne sont pas situées, peuvent entrer en contradiction ou déformer les objets de recherche qui leur donnent sens. En particulier et dans le contexte qui nous importe, nous parlons de rendre compte de la pensée du sujet colonisé et genré. Dans le prolongement des travaux de Patricia Hill Collins, et de la proposition d'Elsa Dorlin[16] d'une épistémologie qui remet en cause les épistémologies *formelles* ou *classiques,* qui, soit invisibilisent le genre, soit valident des savoirs selon un modèle dominant, soit idéologisent des savoirs en décrétant des idées vraies autant que la manière d'arriver à la vérité, nous savons désormais qu'il est nécessaire d'éviter les écueils de l'institutionnalisation de genre comme celle des TIC et de dépasser les intersections binaires, dont celles qui consisteraient à s'intéresser aux «femmes pauvres» et à leurs «droits aux TIC».

Ce développement de la pensée de la domination oblige à prendre en compte la *concurrence quotidienne réel/virtuel* qui oppose à la création des savoirs un contexte sans cesse en mouvement, en surenchère, excessif et accéléré. Il revendique, dans la théorie féministe, une révision des impacts des TIC, de leurs usages par les femmes et leurs organisations, sur la définition des nouvelles relations sociales produites et de leur hiérarchisation, notamment dans la périphérie. Il repositionne l'épicentre des actions politiques : l'intime quotidien.

---

16   Elsa Dorlin, 2009, *op. cit.,* p. 174-175.